纺织服装经济与贸易丛书

U0738135

实用纺织服装出口
操作指南

刘昭林　王金泉　编著

中国纺织出版社

内 容 提 要

本书首先介绍了如何寻找国外客户并能与之建立贸易联系,然后分类介绍纱线、坯布、花色布、床上用品、服装面料等不同纺织服装产品出口必备的商品知识及国际贸易知识。大量采用范本表述,根据实际经验阐述了纺织服装出口贸易中合同的签订、制单结汇、价格核算以及索赔处理等事项。

本书根据作者四十年从事纺织服装出口的经验和积累而编写,内容朴素实用,实际操作性强,对于从事纺织服装出口的从业人员有较强的指导意义和参考价值。

图书在版编目(CIP)数据

实用纺织服装出口操作指南/刘昭林,王金泉编著.—北京:中国纺织出版社,2012.8
(纺织服装经济与贸易丛书)
ISBN 978 - 7 - 5064 - 8770 - 2

Ⅰ.①实… Ⅱ.①刘…②王… Ⅲ.①纺织品—出口贸易—指南②服装—出口贸易—指南 Ⅳ.①F746.8 - 62

中国版本图书馆 CIP 数据核字(2012)第 133296 号

策划编辑:孔会云 责任编辑:王军锋 责任校对:王花妮
责任设计:李 然 责任印制:何 艳

中国纺织出版社出版发行
地址:北京东直门南大街6号 邮政编码:100027
邮购电话:010—64168110 传真:010—64168231
http://www.c -textilep.com
E-mail:faxing @ c -textilep.com
三河市华丰印刷厂印刷 三河市永成装订厂装订
各地新华书店经销
2012 年 8 月第 1 版第 1 次印刷
开本:710×1000 1/16 印张:15
字数:263 千字 定价:32.00 元

凡购本书,如有缺页、倒页、脱页,由本社图书营销中心调换

前言 ▐▐

一、本书内容适合下列读者

（1）学习国际贸易、英语、纺织服装专业的，毕业后打算从事纺织服装出口业务的在校学生；刚毕业已在从事纺织服装出口业务的毕业生；在出口贸易公司和有出口权的生产工厂从事纺织服装出口业务的业务员。本书内容可作为此三类读者的具体业务操作指导和示范。

（2）有一定英语基础，想做纺织服装出口贸易，但苦于不知如何下手研究学习的人员。本书可帮助此类读者从贸易角度学习纺织服装基本商品知识，有针对性学习国际贸易知识、纺织服装专业英语、出口实际操作等。

（3）本书部分内容可供从事纺织服装出口有一定经验的业务员，以及从事单一品种出口想扩大其他品种出口时学习和参考。

（4）本书部分内容可供从事纺织服装出口多年，需要进一步总结提高自己操作技能技巧的业务员参考。

（5）本书制单收汇一章可作为从事制单人员和财务人员制单示范和参考。

二、本书的内容和安排

根据不同类型产品生产加工和出口的实际情况，本书将产品分为五大类，分别叙述其出口所需的商品知识、英语推销函电范例和最终达成的出口合同。对于国际贸易方面的知识，以合同条款中所涉及的内容逐条进行详细介绍，并对如何根据实际情况给出相应变通提示。由于这部分内容对不同大类纺织服装产品出口合同具有共性，所以集中在一章讲述。目前在一些大的出口公司中，出口推销签约和制单收汇是分人而做的，但大部分中小出口公司是由一人兼做。为了适应在中小出口公司的出口业务员的实际情况，本书单设"出口制单收汇"一章。在此章中详细介绍了目前国际贸易付款方式中的信用证、托收和主要单据具体制作，也可作为单独从事出口制单收汇人员的操作示范和参考。

各类纺织服装出口价格的计算办法和报价，对刚刚参加工作的新业务员来说也是一件困难的事情，所以单设"关于如何计算各类纺织服装价格"一章。此外，在实际业务中，牵涉各种计算、转换换算、专用术语和概念的解释，大部分都具有共性，所以单设一章叙述。

纺织服装专业英文单词、短语和习惯用语是本书主要内容之一，其数量也不少，作者尽量将其使用于实际函电、合同、单据等范例之中，无法安排的则可以从专业词典中查到。

一位出口业务员掌握了以上内容，也只可以达到一个全能初级水平，需要进一步学习和提高，方能臻于化境，所以最后单设一章，提出一些如何学习提高的建议。

三、如何阅读和使用本书

本书的内容和安排虽有"对号入座""即学即用"的效果，但是从纤维纺成纱，纱织成布，布漂染印花，再做成成品，是一个很复杂的系列加工过程。每一个工序的前后工序与本工序都有关联，即使出口业务员只做一类纺织服装出口，往往或多或少也牵涉到其他相关类别的知识。

所以建议读者先大体从头到尾浏览一遍，知道内容的大体情况和位置，再详细阅读自己所需要的章节。本书除第一章和最后一章内容可以算是独立的，其他各章之间或多或少都有关联，读者应避免"断章取义"。

四、本书的语言

为了便于各个层次的读者阅读，所以尽量使用普通语言叙述专业知识，并用简单讲义式语句，使读者阅读起来快而容易理解，避免使用条约式长句，读过以后还须再分节推敲文字词义才能理解全句之烦。英语以单句为主，复合句为辅。凡是主谓宾完全的单句全用句号。对本书中、英文语言风格，作者认为虽然浅薄，但易写易读易理解。作者希望做一尝试，望读者、专家和学者指正。

记得中学一位美术老师讲过一个故事，唐朝一皇帝问大画家吴道子，什么东西最难画？什么东西最好画？吴道子说，人最难画，鬼最好画。画人有真人形与画比对，两者达到完全一样很难。而鬼形无人见过，画什么样是什么样。本书大部分内容属画"人"，作者虽然尽了力，不"像"之处在所难免，还望读者发现并提出，以便再版时修改、纠正、补充。

五、关于 E-mail 和传真格式的建议

目前对通信发达国家的书面业务联系都采用电子邮件（E-mail）和传真（FAX），偶尔用正式书信。对不发达国家最差也用传真。关于书信的书写格式，在所有讲函电的书中都有介绍，凡学过函电的学生都比较熟悉。至于目前普通大量使用的 E-mail 和传真，根据作者多年收到的欧美国家客户发来的 E-mail 和传真所用格式，提出下列书写格式的建议供参考。因为 E-mail 和传真普及时间不长，尚不如书信那样已形成约定俗成的定式。一种新事物往往都是从旧事物中演变而来，总会带有旧的痕迹，有一个逐渐变化改进的过程，到一定的时候才能变成约定俗成的定式。

目前，传真广泛用于传送正式合同、证明文件、单据等资料，在一定的程度和范围

内具有一定的法律效力,因为传真传送的文字、图像、签字等在接受方机器正常的情况下是不变的。所以其格式应有所讲究。所用的书写传真纸,应该有印好的公司名称、地址、传真号,没有印好的纸临时打上也可。开始要打上发送日期、收件人公司名称、传真号。然后再打正文。正文格式有两种书信格式,缩进式和平头式皆可,唯文字大小写要注意。如果用打字机打,字体较小,特别是小写字体,传过去往往看不清或对方看起来特别费劲,可以全用大写字母。如果先用电脑打,再印出来,则可将字体适当放大加粗,大小写并用或全用大写皆可。结尾像写书信结尾一样,有问候语和署名。

对于 E-mail,其书写格式相对于传真来说,比较自由得多。第一条必填的是接受 E-mail 人的 E-mail 地址,类似于收件人的地址和传真号。第二条是抄送 E-mail 地址,类似于书信中 C.C.(抄送)。第三条是本 E-mail 的标题。下边即可书写正文,正文可用缩进式或平头式,像写书信一样。有的 E-mail 在署名之后还有发 E-mail 人的公司名称、地址等相关资料,可以在电脑中预先设定做出模板,自动标上。

书写 E-mail 有两点须特别注意:一是标题要简单准确,便于收件人一眼即可看出正文要叙述的事情,以便其缓急处理;二是字体,有人全用小写或全用大写,都不好。若全用小写,收件人会认为发件人草率;若全用大写,据西方人说,像发件人对收件人大喊大叫,不礼貌。应该采用写书信那样,每句话开头第一个字母大写。

编著者
2012 年 2 月

3

目录 ▌▌

第一章 如何寻找客户并能成功与之建立贸易关系

内容提示

　　本章是为了帮助刚刚从事纺织服装出口业务的新业务员,怎样寻找国外客户和如何才能找到并成功与之建立贸易关系。列举分析国外买方和国内卖方的情况,提供一些作者的实际经验;最后列出一封英文联系函范例,并进行讲解,供实际操作时参考。

第一节 国外客户情况

如果将国外客户简单划分,可分为以下三类。

一、进口商

　　一个商人想从事国际间的进出口贸易,除了语言基础外,还须有其他方面的专业知识和经验。因此,在国际间商品流通中,具有专门知识和经验的进口商起着重要作用。所以,进口商是出口商要寻找的主要目标。这类进口商又可根据其经营方式不同分为两类。一类是规模较大的进口商,同时经营多种或多类商品,内部有明确的分工,分部门或分人专营一类或几种商品。联系这类进口商时,必须找对具体经营部门或人,否则很难成功。另一类是规模较小且专营某一类商品的进口商,他们有两种基本进口方式:一种进口方式是根据具体要货商(如百货公司、零售商)的要求,对外寻找供货方订货,对外订货进口一切事宜由他们负责,并垫付货款,进口清关后把整批货交给要货人,要货人即付给进口商全额垫付的货款和相关费用。在欧美国家的进口商一般有 20% 的毛利润,除去自己应承担的费用,会有 10% ~ 15% 的净利润。由于这种方式的定价由最终要货人决定,而负责进口的进口商在上面合理加价,一般来说,价格容易谈。另一种进口方式是进口商自己根据市场的需求情况,自己决定进口品种和数量,进口后批发销售,自己承担销不出去和价格风险,一般会有 100% 毛利润。这种进口方式价格难谈,遇到大公司的雇员好谈,遇到小公司的老板最难谈,因为牵涉到他的利润高低。大进口商这两种方式都采用,小进口商采用后一种的较多。在品种方面,纱线和坯布往往交易数量较大、动用资金较多,因此往往由资金雄厚的大进口商经营。对于服装、家用纺织品,各类进口商都有经营,中小进口商占多数。

二、大超市和连锁店自己的采购部

目前,欧、美、澳大利亚等国的大超市和连锁店都有自己的采购部。凡以轻纺产品为主的大超市和连锁店大都在中国和亚洲其他各国设有采购部,负责采购自己零售的产品。他们的特点是下订单的对象主要是生产工厂,很少与纯贸易公司打交道。所以,如果读者在纯出口贸易公司,与他们联系是白费力气,只会给他们提供价格信息,很少有机会接到实际订单。他们的作法是先给你一大堆资料和订货数量让你报价,费了很多时间计算出价格报给他,再无音信。当你催问时,即告诉你价格太高。而他们拿着你的报价去向生产厂谈价,以低于你的报价直接从生产厂订货。年轻没经验的读者往往是空欢喜空忙活一场,千万注意。

三、代理商

正因为国际贸易有语言和国际贸易知识及商品专业方面的知识问题,因此,需要专业的人员来操作。一些没有财力和人力而具备这方面技能的人利用自己具备的技能为一些想进口而无能力的中小商店做代理,这在国外是很普遍的。他们的特点是:由具体要货人提出自己的要求,并出资金,由代理寻找卖家,价格、品质由具体要货人确认,其他联系卖家、具体进口事宜皆由代理操作,他们只收取一定的佣金,承担部分费用。佣金率一般纱和坯布在2%左右,服装一般5%,其他品种视订货的难易程度而定,在2%~5%之间。代理商有一种特别的心理,他虽然是买方的代理,但在价格方面却站在卖方一边,希望价格高些,可以多拿佣金。卖方想知道买方和买方市场情况,可以向其询问,他会毫不保留地告诉卖方,目的还是促成买卖双方多成交。佣金有明佣暗佣之分,代理商允许卖方在合同中标明的为明佣,一般代理只从卖方拿一份;不允许标出的称为暗佣,代理商还会从买方拿一份。佣金须在卖方收回货款后付给代理商,这是行规,千万不能接受提前付的要求。

第二节 国内出口单位的情况

目前,国内纺织服装出口单位大致可划分为四类。

(1)纯出口贸易公司,自己没有生产工厂。

(2)出口贸易公司,另有规模不大的生产工厂,以贸易为主,以生产为辅。

(3)生产工厂,只出口自己的产品。

(4)生产工厂,又有较多数量的出口人员,除出口自己厂生产的产品外,还从别的生产厂进货再出口。

买卖双方都在互相寻找适合自己的对象,卖方要知道自己是上述四类中的哪一种,买方是否愿与自己做生意;在介绍自己和了解买方后看是否有可能,行则继续,不行则止,以免浪费时间劳而无功。

第三节　寻找客户的渠道

一、参加国内举办的展会

参加国内举办的广交会、华交会、哈交会等各类国际型的展会,通过展示自己的产品接触客户。

二、到国外参加专业展览会

通过展示自己的产品接触客户,成功概率比较大。因为客户认为你能花钱跑到国外参展,肯定有一定的实力,否则你不会去。

三、在网上寻找客户

在网页上很容易寻找到成千上万的客户,大致可分为三类。

(1)一些正规大中进口公司都在网上发布自己的网页,介绍自己经营的品种。既为了寻找卖家,也为了寻找买家。而他们的买和卖都已有了自己的渠道和客户,当然也希望发展新客户。如果你想出口卖给他们的产品是他们正在经营的一般产品,则很难打入这类公司。除非你有新品种,或者正好他们想扩大你的品种进口,他们才会有兴趣与你联系。此类客户虽难打入,但一旦有机会打入,则生意会稳步做下去,逐年增加。

(2)一些新成立的进口商一般也会在网上发布网页,寻找卖家。如果找到此类进口商最为理想。假如你所在的公司在网上也有网页,他们也会找到你主动与你所在公司联系,属送上门的客户,要认真对待。

(3)代理进口商也有在网上发布自己的网页,这类客户潜力很大,业务范围广,但鱼目混珠,情况比较复杂,需仔细试探他们,看其是否真做生意的,还是骗子公司,避免上当受骗。目前,有不少骗子公司在网上发布网页,抛出诱人的"橄榄枝",设计陷阱骗人。

四、别人介绍客户

当一位好心热情的朋友知道买卖对方都在经营同类商品,而他不经营此类商品,他会给双方进行介绍。对此类客户,生意成功率很大,要认真对待。这不仅是国内贸易的传统,也是国际贸易中的传统。因为介绍人从某种角度将起到"信誉担保"的作用,所以成功率大。

五、偶然碰到的客户

在乘飞机、火车时,在机场、车站候车时,参加某一集合时都可能碰到你所需要的客户。甚至在街上你帮助一个迷路的外国人,他也可能就是你要找的客户。如果你能与他谈得融洽,让他觉得你诚信可靠,他便会主动要求互递名片,回去联系你,或让你联系他。

六、驻国外商务处的介绍

向国内介绍驻在国客户是商务处的职责之一。当你去某国贸易推销时,不妨去拜访我驻该国商务处,要求他们介绍对口客户。通常,当地想从中国进口的公司也会去找我商务处帮助介绍中国出口商。通过商务处介绍的客户,由于商务处居中介绍,双方都会有安全感,成功概率较大。在国内也可以从网上查到我国驻某国商务处联系方式,请他们介绍对口客户,有时也能成功找到对口客户。另外,还可请商务处帮助解决有关贸易纠纷。

第四节 联系客户的技巧

从上节介绍的情况看,找到客户并不难。但为什么有的人能联系成功,建立起关系并做成生意,而有的人联系不成,发给客户的信函、E－mail 和传真如石沉大海无回音,关键在于联系技巧。下面将试述个中缘由。

一、要"门当户对"

要想找到一个客户与之成功建立业务关系,并能稳定地做生意,好比中外古今人们恋爱婚嫁之事,要讲"门当户对",否则很难成功,即使成功也难持久。如果你是个小本经营的贸易公司,去攀一个大进口商,即使攀上了,人家来一个大订单,你的人力和财力跟不上,最终还是不会有好结果;如果你是一家出口商或生产厂,有一个小进口商或小代理商要与你建立贸易关系,最终来的订单品种多,数量少,组织和安排生产非常困难,很难保证按期交货,最后还是无法合作下去而分手。所以,要根据自己的实力规模、所主营的品种找"门当户对"的客户才能建立关系并平稳有发展地做下去。

二、在品种方面要"专",找对口客户

纺织服装行业是专业性较强的行业,不管是买方或卖方经营者须具备一定的商品知识和经验,否则会出质量问题无法销售。特别是服装,季节性很强,尺码、质量方面都有特定性,一旦出现问题,后果很严重,并非所有公司都可经营。国外中小进口商大都经营一个或几个品种。大的进口商经营多类品种的,则采用分部门经营的组织方式。一个部门经营一类商品,在部门中分人经营不同品种,像中国大的出口公司经营组织形式一样。所以,要找与出口商品品种对口的客户和大公司中对口的商品部门方能成功。

三、发出去的 E – mail、传真和信函内容要专业化

做生意的人都很忙,大都无暇咬文嚼字,特别对于那些英语非母语的商人,遣词用句更要注意。既不要随便乱用生僻字句,也不要太随便,要给对方一个好的印象,最好采用平铺直叙和简单明了的语言风格。总之,要使买方看起来舒服,自然也就增加了几分成功的机会。

第五节　怎样写建立业务关系的 E – mail 和书信

一、第一封建立业务关系的 E – mail 或书信大致须有下列必不可少的内容

（一）标题

一般教科书上都用"关于:建立贸易关系"、"要求建立贸易关系"等语做标题内容,这是常规,当然可以。但是遇到买方忙,或意向不大时,则会不读甚至删去。为避免出现这种情况,可以把标题内容改一下,如:"关于:我们的产品"或"关于:介绍我们的产品"。如果有新产品,可以标为"关于:我们的新产品"或"介绍我们的新产品"。但是一定真有新产品才能这样标,不能故弄玄虚。这样一变化,便会引起买方更多注意,起码会读一读,不至于不读即删去。

（二）得知买方的来源

你是如何得知买方的名称和地址及所经营的商品情况,应该有所交代。特别是由买方朋友介绍时,要点出朋友的全名,以便对方能立刻想起此人。因为是通过朋友介绍,对方会特别重视,因而成功率很高。

（三）介绍自己要出口的产品

你的产品能否引起买方重视,是成败的关键。一种产品在原料、纺织、印染、后整理直到成品,质量的高低牵涉到很多因素。因此,同种产品的外观虽然相同,但内在质量却会存在差异。一定要用恰当的语言,把你出口的产品外观和内在质量方面不同于一般的特点表述清楚。如果是新品种,则更需将其独有的特点表述清楚。最好采用对比的方法,如你所经营出口的品种比别人的当时流行的品种有什么特别之处,需要一一列明。有的人愿采用省事省时的办法,寄一份目录,或者告诉人家网页。如果有很好的目录和网页,寄送和介绍是完全必要的。但是在 E - mail 中,最好有针对性地介绍其中主要的品种和其独特之处,以引起对方重视,否则人家也许不会看你寄的目录和查找你的网页。

总之,商品方面的说明是能得到对方回音的关键内容。有经验的老业务员可能别处都不看,第一眼就落在商品内容这一段,所以,成败在此一段内容。

（四）礼貌用语

在一封完美的 E - mail 或书信中,要有恰如其分的结束语。有些教科书中,在介绍商品方面后,提出自己的贸易条件,如要求"即期信用证付款"、"见证生产"、"交货期多长"等,这些话在第一次联系中不宜写入,待以后在恰当的时候再讨论不迟。如果写上,对方会以为是"霸王条款",产生厌恶感而不给你回音。一般写些希望的话:"如有兴趣,请联系我们,祝好!",即可。

二、第二封建立业务关系的 E - mail 或书信

第一封 E - mail 或书信发出后,一种情况是对方可能没有回复。原因可能是对方无兴趣、外出、休假不在公司或者暂时忙。在弄不清原因时,也不要轻易放弃,隔一周后可再联系一次,如联系三次仍无回复,则可不再烦人家,或许将来某个时候对方会联系你。

另一种情况是对方回复。如果你的产品是新品种,对方一般会让你寄样品,有时会让你同时报价,有时也会待收到样品后再给你有关品种、规格等资料让你报价。这样的客户通常是真的想与你做生意。如果是一般普通品种,对方会让你先报价。这种情况要认真对待。如果你现在有此品种出口,则报现行出口价,不必留有讨价还价的余地;如果没有此品种出口,一般会出现三种情况,有的人采用偏低,有的偏高,有的适中。偏低之法虽有利把客户订单引来,但再提价,又会失去订单和客户,不宜采用。建议采用适中和偏高。偏高也不能太高,一般纱布简单品种,最多偏高 1% ~2%,服装类应在 5% 以下为宜。

报价要特别慎重和认真。影响价格的高低,除市场供求变化外,还有许多其他因素,如款式的简繁、尺码、搭配、花色、标志、包装、付款条件、货币种类、运输方式等。有的客户提供详细要求,有的不提供或很简单。当然可以要求客户提供后再照以报价,也可以在报价时同时附上报价的条件,以免以后被动。往往有些爱占小便宜的客户,让你

报价时要求简单,如尺码为 S/M/L,后来下订单时为 S/M/L/XL/XXL,本来你报价时是均配,具体订单上大码数量多,中、小码数量少。如报价时列明条件,则以后不会被动。

第六节　英文联系函范例和讲解

Dear Sirs,①

|Re：Introducing Our Products. ②

We③ got④ your (company) name and address from Mr. Paul Williams⑤ who told us that you are importing garments from China. Hereby we would like to introduce ourselves to you. We are also handling garments and have been exporting to Japan, Europe, America⑥, EEC. for years. We have a medium size sewing factory and good relations with about 10 sewing factories for both woven and knitted⑦ Garments. As to our main items, please see the attachment of this E – mail. ⑧ If you are interested in any of the items, please let us know and we shall be glad to quote you our competitive prices⑨ upon receipt of detailed requirements. ⑩

Waiting for your early reply. ⑪

Yours faithfully.

Liu Ming De

Attachment：Are our main export items at present.

Contact details：

Qingdao Garment Co. ,Ltd.

No. 200, Zhongshan Road,

Qingdao, China.

Tel. 0532 – 8288×××× ,

Fax：0532 – 8299×××× ,

Contact person：Liu Ming De

Mobile：130 – 05320000 ⑫

注释：

①直译为"亲爱的先生"，"亲爱的阁下"，"迳（径）启者"，也有译成"敬启者"。是商业书信沿用下来不知具体收信人名称时的一种称呼。泛指收到并处理此信所述之事的人。如用中文写此信，当用"迳启者"为宜。如果是一封 E‑mail，现在几乎每人都有一个个人专用的 E‑mail 地址，用那个 E‑mail 地址就是写给那个人。所以，还是写为："Dear + 具体人名"为好。当自己与客户非常熟悉时，Dear 一字也可省去，特别在年轻人之间。如果是年岁大的，建议仍带"Dear"为好，有尊敬之意。美国人有创新精神，有人把"Dear Sirs"改用"Dear gentleman 或 Dear gentlewoman"。

②也可写为"Re：Introduction of Our Products"。如果是新产品，再加"new"。单纯想建立业务关系可写为"Re：Establishing Business Relation"。

③用"We"或"I"意思有区别。用"We"有表示一个团队或公司之意，"I"只表示个人。如处理某事需承当责任，向对方致歉，用"I"为宜。一般情况下用"We"为好。

④得知，了解到，一般有好多写法，get（got, gotten），know（knew, known），owe, indebt。最常用意思清楚的是"get"和"know"。此处"get"要用过去式"got"，而 know 可以用现在时或过去时。

⑤如果是从某人得知对方，最好写全名，因为重名的很多，名和姓都写出便于对方想起。

⑥介绍自己的产品已经出口到那些国家/市场时，市场排列先后也有讲究。全世界都知道日本对质量挑剔最严，欧洲次之，美国再次之。如果自己的产品能向日本出口，在欧美客户脑海中马上会产生高质量联想。但是，在美国人脑子里也会造成有质量太好而怀疑价格会高的效应。

⑦介绍自己是家纯贸易公司还是纯生产工厂或者是贸易公司又有生产厂，也是有讲究的。如果国外买主在中国有分公司、办事处专门验货，则愿从（也可以说他们敢与）生产厂直接订货。发货前由他们到厂验货，把住质量关，同时省去通过贸易公司环节一块的差价（也就是贸易公司那块利润）；对一些欧美进口商，如果在中国没有人帮助验货把质量关，一般他们不愿直接与生产厂打交道。因为生产厂自己管自己，如果货生产出来有质量问题，为了自身利益，也会把有毛病的货装给他们，待货到后发现也就晚了。这既影响销售，又难以索赔回已付的货款。通常这类进口商愿通过贸易公司订货，而不直接与生产厂打交道。

另外，国际贸易需要专业知识，通常他们会认为生产厂缺乏具备国际贸易专业知识的人。在欧美发达的资本主义国家，生产和流通分工比较清楚。随着市场经济的完善，中国的生产和流通分工也会越来越清楚。所以，遇到这种情况，要多做一些介绍，点明你是个生产厂，但是出口业务又有一个独立的出口公司，虽是一家，但出口业务又是独立的，它负责对外订货，又负责检验生产货物的质量。这样可免去客户的担心。

⑧过去为了宣传自己的产品,都印制商品目录,现在都制成网页,在网上发布,告诉客户网址就可以了。有些小公司未在网上发布信息,可以自己制作一些介绍自己产品的目录,放在电脑里,作为附件发给客户。这既免去印刷费用,又节省寄送印刷目录的费用和麻烦。所以,如有在网上发布的网页,可在此把网址告诉客户即可。

⑨有人用"lowest price"(最低价),希望以此来吸引客户,须知有时会适得其反。一般说来,"物美价廉"是人们买后使用后才感觉出来,在买时如果发现低于一般市场价,会认为是"质次价廉"的破烂货,如果用"competitive price 或 reasonable price"有竞争性价或合理的价格,则不会引起买方的疑虑。

⑩因为纺织服装的价格是由很多因素决定的,没有具体要求,很难报出准确的价格。要求对方提供具体规格等要求,不仅便于报出准确的价格,也能向客户表现出你不是个外行。

⑪此处"we are"可以省略,也可不省。用进行时表示一种生动的状态。还有其他一些写法,如 We are looking forward to hearing (receiving) your early reply. We look forward to your early reply。但 We look forward……和 We are looking forward……显得过于着急。

⑫如果你写 E-mail,最好事先把此块内容设置在电脑里,每次都会自动附在后面,便于对方联系你。通常规范的商户都这样处理。

◆ 本章小结 ◆

寻找国外买主,要做到知己知彼、门当户对,否则白浪费时间,很难成功。

不要小看第一封简单的联系信/电子邮件,其格式、内容安排、遣词用句、字里行间都关系到成功与否。内容不多不少、不卑不亢、语言朴实流畅,让买方读时能眉展目亮,产生一种无形的吸引力,方为完美,才能达其目的。

当买方接到第一封信/E-mail 后,如果有回复,一般会针对某种或某些商品提出具体要求,如报价寄样等。如何回复,请参照以下有关章节有关内容。

本章所涉及的英语单词都是一般通用单词,专业词不多,故不列举。

第二章　纱和线类的出口

内容提示

　　买方买纱,先看质量。质量的高低,首先取决于所用纤维的质量。由纤维到纱线,要经过至少七道工序,每道工序所用机械设备先进程度,对成纱的质量高低影响很大。为了做出口纱线的读者在出口时应对买方提出的问题,本章先介绍纤维方面的知识,再介绍纺纱工序及工序中可能出现影响纱线质量的因素。了解了这些基本知识,可以应对推销过程中遇到的一些问题。

第一节　纺纱所用纤维

目前可用于纺纱的纤维分为三大类:天然纤维、再生纤维和合成纤维。

一、天然纤维

如棉纤维、麻纤维、羊毛、羊绒、兔毛、蚕丝等。目前用于出口纱多为棉纤维和羊毛。其他纤维纺的纱多在国内用于织布,再做成品出口。

棉纤维分很多种,如根据细度不同,分为细绒棉和粗绒棉;根据长度不同,分为长绒棉和短绒棉。在纺不同纱线时,根据其特性被选用或搭配使用,以便纺出所需要的特定纱线。

二、再生纤维

如莫代尔纤维、粘胶纤维等。

再生纤维是从木材、植物秸秆中提取天然高分子物质,经过一系列的物理加工制成。目前纺成的纱线出口很少,主要用于国内织布做服装出口。

三、合成纤维

如涤纶、腈纶、锦纶、氨纶等。它们是以石油、天然气、煤等为原料,用化学合成的方法合成高分子化合物,经纺丝和后加工而制得。用于出口纺纱的主要是涤纶,与棉花混纺的涤棉纱数量最大,还有纯涤纶缝纫线。

随着市场的需求和纺织技术的发展,不断出现一些具备特殊性能且适合某种特别要求的纤维,如超细纤维,纳米纤维,耐高温、抗燃、高弹、耐磨、异形纤维等。人们的环保意识越来越强,一些天然纤维的使用由减变增,像蛋白质纤维、蚌壳制纤维等。需要读者随时注意捕捉市场信息,吸收学习新东西,才能跟上市场发展的脚步。

第二节 纺纱过程

从纤维到纱线,中间要经过 7 ~ 8 道连续过程。每道工序的机械设备都不一样。机械先进程度对纱线的质量影响很大。中国自己产的纺织机械设备,有的过关,有的仍达不到纺出口纱线的质量要求。采用国产加进口互补组合使用,效果很好,所纺纱的质量可以达到出口标准和国内织高档坯布和针织品用纱的需要。

本节只介绍每道工序的作用和对可能出现纱疵的提示,使读者在出口纱线时碰到纱疵能知道其原因所在,以便采取正确的处理方法。

一、开清棉(OPENING AND CLEANING)

即在纺纱开始阶段对用于纺纱的纤维,有的是散装,有的是压捆成包,必须对其进行松解;有时一种纱是由不同成分的纤维纺成,必须均匀混合;有时纤维中难免混有各种杂质,必须进行清除。经过此道工序松解、混和、除杂后,供梳棉工序使用。

棉纤维中通常混有很多种杂质,有些杂质像沙石、金属条块和一些较重的杂质,比较容易除去,而一些与棉纤维相似的其他纤维则很难除去,随棉纤维进入下道工序,在后面几道工序中与棉纤维一起纺入纱中。这是纱中有异形、异色纤维的“发源地”,在此工序不能除去,以后的工序会一直存在。目前对此问题尚无有效的机械办法,一些工厂采用人工除去的方法,可以解决部分问题。这是一个使生产厂非常头痛的问题。美国棉花采用机械收割,含草杂较多,异性纤维较少。中国农户种植,采用手摘,运储不规范,混入破布、毛发、塑料带等异性纤维较多,草杂较少。新疆棉近几年采取严格防范措施,取得较好效果。

二、梳棉(CARDING)

即把经过开清后的纺纱纤维梳理成单纤维状态,组成网状纤维薄层,再集合成纤维条的过程。经过梳理后的纤维条,许多杂质再次被排除,使不同品质和色泽的纤维得到进一步的混和,使纤维初步伸直,具有方向性。这些都是生产品质优良纱线的必要条件。但纤维大多仍旧带有弯钩,有待后序继续理直。

梳棉工序有时分两道工序。上面所述为普梳,主要目的是初步理直纤维和除去大的杂质,如棉结、死棉等。然后进入并条工序,最终纺出的纱称为普梳纱。在纺高质量高支纱时,在普梳之后还要增加一道精梳工序,除了更进一步理直纤维和除杂外,主要目的是将较短的纤维梳理掉,纤维长度整齐度提高。纤维经过精梳纺出的纱条干均匀、光洁度、强力明显提高,织出的织物纹路清晰、条影少、表面匀净。由于人们对质量的要求越来越高,因此精梳纱生产的比例也在逐步增加。目前出口的纯棉和涤棉纱大多是精梳纱。

三、并条(DRAWING)

并条是把若干根梳理或精梳后的纤维条合并成一条具有一定要求的纤维条。其作用是通过拉合并改善条子内部纤维的排列结构,使条子粗细均匀、重量均匀,使条子中的纤维平直,减少弯钩,使不同种类或不同品质的纤维混合均匀,适合下道制作粗纱工序。并条一般要经过多次,普梳纱一般要二次,精梳纱要三次,混纺纱为了使各种纤维混合均匀,达到要求的比例,一般也要三次。

并条次数在棉纺行业中,一般为二次到三次。一种纤维纺纱一般用两道。混纺产品为了混合均匀一般用三道并条。毛精纺混合道数很多,根据具体的产品也有不同。并条次数越多,可以使纤维越平直,混合越均匀,纺出的纱线条干好。坏处是并条拉伸次数多,拉断的纤维也增多,纱的强力降低,并非次数越多越好。

四、粗纱(ROVING)

即把并条后的条子经过牵伸和加捻制成粗纱,并卷绕在粗纱管上,以适应细纱工序。

粗纱看起来很粗,但它的粗细是否均匀对细纱的条干(粗细均匀度)影响很大。很多情况细纱条干不匀是由粗纱条干不匀引起的。所以,粗纱的质量对于细纱有很大的影响,它的条干均匀度以及它的捻度都会影响细纱的质量。

各种纱的纺制,一般都需要有以上四道工序。这四道工序所使用的机械设备是否先进,管理如何,对后序细纱的质量影响很大。出口业务员要出口纱,需对这四道工序的设备先进程度应有所了解,如果都是陈旧或落后的机械设备,很难纺出适合出口标准的纱线。

五、细纱（SPINNING）

细纱工序主要采用三种纺纱机:环锭纺纱机、转杯纺纱机(也称气流纺纱机)、走锭纺纱机。具体分述如下。

(一)环锭纺纱机(RING SPINNING FRAME)

在环锭纺纱机上,把粗纱经牵伸、加捻、卷绕成细纱管纱,可以纺出各种支数(注:本书表示细度的指标,一般指英支)和捻度的细纱。目前,出口的高支数、高质量的纱都是环锭纺纱。

(二)气流纺纱机(OPEN – END SPINNING FRAME)

它是近代新型纺纱方法。它的原理是把喂入的纤维条子先松解成单纤维,用气流输送并使纤维凝聚,在一端呈自由状态下加捻成纱。

环锭纺和气流纺的设备不同、成纱原理不同,所以所纺出的纱各有其不同特性。气流纺主要用于纺粗支纱,可纺细度为 3~45 英支。一般捻度较大,近几年气流纺设备有所改进,捻度可以降低,可以达到与环锭捻度相近。而环锭纺可纺细度范围较大,最细可纺 100 英支以上,捻度变化范围也比较大。气流纱中,长纤维在外,短纤维在里,毛羽较少,而环锭纱正相反。由于纱线结构的缘故,故气流纱耐磨性较好,一般用于牛仔布的生产,很少用于针织布的生产。近几年由于设备的改进,气流纱也用于针织布。环锭纱既可以用于梭织布也可以用于针织布的生产。针织用纱和梭织用纱的区别在于针织用纱的捻度要比梭织用纱捻度低。由于这两种方法纺出的纱有所不同,出口业务员在推销时须问清买方用途,向买方说明,合同要注明是环锭纱还是气流纱,以免产生误会。

(三)走锭细纱机(MULE)

走锭细纱机的基本原理是参照我们古老的纺车设计的,锭子在走动中完成牵伸、加捻和卷绕。走锭细纱机主要生产毛针织用纱上,生产一些高档的毛针织用纱,如开司米纱(山羊绒纱)、兔毛纱等,其特点是手感柔软、纱线蓬松、条干均匀。

六、络筒（WINDING）

即将细纱机上纺出的管纱或绞纱重新卷绕成适合不同用途的各种形式的筒子纱的过程。

络筒工序是纱在使用前最后一道改善纱质量的工序。目前对出口纱的质量要求都比较高,络筒时都需要经过一道电子清纱器。它的作用是,根据后续使用对纱的质量要求,把超过要求的粗节、细节等疵点切除,以保证纱的质量达到使用要求。

对于没有学过棉纺专业新入行的读者来说,理解本节所介绍的六大工序比较困难。最好的学习方法是到一个纺纱厂看看,向生产厂的技术员虚心请教,再回来看本节内容就容易理解了。

第三节　纱和线

目前中国的纺纱能力和产量当是世界第一,但是出口所占比例不大,大部分用于中国国内深加工用。本节内容适合两方面需要,一是出口,二是深加工。纱线从表面只能看出粗细和色泽不同,所以买卖双方须用纱线规格、质量数据确定和定性,再看实际样品。本节对推销、签约、生产和交货后可能出现的质量问题的处理,做详细介绍,以帮助刚入行的出口业务员尽快进入"角色"。

一、纱线的分类

纱从制成方法上分可分为两类:一类为长丝纱,是不需要经过纺的过程而制成,如蚕丝、锦纶丝等;另一类为用各种短纤维或中长纤维经过纺的过程而制成的纱。

纱从形态上分有多种,有单纱、双股纱、多股纱、线等。

二、纱线要求

买方要进口某种纱或线,有一定的使用目的和具体要求。卖方生产需要知道按什么规格要求生产,为了买卖双方对所买卖的纱规格、质量不出现错误或误会,合同中要对纱的相关内容订明确,还有一些在商谈时口头达成的内容,而不必定入合同。到底有哪些内容可以对某种纱定性? 下面将详细分解讲述。

(一)纱的成分(COMPOSITION)

纱有单一成分纱和多成分混纺纱。多种成分的纱还要注明各种成分具体各占的百分比。决定了成分,生产厂才能安排选用纤维原料。合同中必须定明此项内容。

(二)纱的支数(YARN COUNT)

支数表示纱的粗细,也是生产厂选配纤维原料的依据。高支纱选用原料要求好于低支纱。合同也必须定明支数。

在国际贸易中,棉纱一般用英制支数来表示。毛纱用公制支数来表示,化纤长丝用丹尼尔来表示。在与客户沟通时,一定要搞明白对方需要的是哪一类纱线。这几种不同纱线细度的表示方法,其纱线细度差别很大,不能混淆。

(三)纱的捻度(YARN TWIST)

捻度是指在一定长度的纱上有多少捻回数,长度计量单位有 10cm 和 1 英寸(2.5cm)。不同用途的纱对捻度要求不一样,一般梭织布用的纱比针织布用的纱捻度要高些。纱的捻度高低是通过调节细纱机上的有关部件来控制,所以生产厂需要这一数据,不然无所适从。但在合同中有个习惯,不注明具体捻度,而通常只注明:for weaving 或 for knitting（梭织布用纱或针织用纱）。

（四）捻向（DIRECTION OF TWIST）

捻向指加捻时扭转的方向：Z 捻向，也称右捻向，S 捻向，也称左捻向。用一种捻向织布，特别是针织布，容易向一个方向偏斜。近年有同时用两种不同捻向纱交替织布以纠正偏斜。国内见过，出口未见有同时订购两种捻向纱的情况。如果碰到，则须在合同中注明两种捻向和数量比例。在外包装箱上也必须标明捻向，以便使用纱时辨认捻向。

（五）普梳、精梳和半精梳（CARDED，COMBED AND SEMI - COMBED）

普梳和精梳的概念在上边第二节中已经介绍。半精梳是将一个普梳条子和一个精梳条子合并纺成粗纱，再纺细纱。在这三种情况下，纺出的纱的成本价格和质量不一样，所以在合同中必须注明是哪一种。

（六）热定型（STEAM SETTING）

由于纱都经过加捻而纺成，具有回捻性，特别是强捻纱，在织成布后造成布面扭斜不整。所以有时要将纺成的纱用蒸汽蒸一下，或用热风烘一下，特别对一些混纺纱，以降低其回捻性，俗称热定型。如果纱要求热定型，合同中要注明，而且价格上要加一些。

（七）上蜡（WAXED）

在纱线络筒时，在纱线外涂一层蜡，其目的是将纱上的毛羽倒黏附在纱干上。纱在使用时，可以减少摩擦力，减少断头。上蜡后也会增加纱的强力。上蜡纱主要用于针织用纱，合同中要注明 WAXED。

（八）接头（JOINT）

纱在细纱机上纺纱时，是缠绕在一个小锭子上，每个都比较小，不适合后工序织布用。所以在成形时，便产生接头问题。接头有手工接头和机械接头两种。手工接头要用手工打结，所以能看出结头，而且结头较粗。织布时，结头会在布面显露出来，同时在织针织布时通过细小孔隙时会通不过去，而断纱、停机、手工再接、再开机既浪费时间又会造成织出的布面不匀整，所以现在针织用纱都要求无结头。自从有了自动络筒机后，由机械自动接头，用的是气流接头，看不出结头，避免了手工打结的弊端。目前出口用纱，特别是针织用纱都是无结头纱，所以合同中可以不必注明无结头。

三、细纱成型

纱纺成后要根据后使用工序的不同需要和运输存放的需要成形。主要有两种：筒纱和绞纱。最早的纱线都是采用绞纱成形，供运输和后工序供用。现在除特殊需要用绞纱外，大都用筒纱成形。筒纱成形，即用圆柱形管或圆锥形纸管，把纱缠绕在上面,圆锥纸管角度目前使用有 9°15′和 5°57′,然后装纸箱,每箱通常重量定为 100 磅(1 磅 = 0.4536kg),箱外要刷上要求的标记,即可供下道工序使用。

四、纱质量高低和测试

推销出口纱线除了要讲规格还要讲质量,两种规格完全一样的纱,但其质量不一定完全一样。怎样确定纱的质量高低,目前有三种办法:一是用乌斯特仪测试,用测得的数据表示;二是目测;三是用实样织出布来观察。

乌斯特统计值主要有 CV% 值(EVENESS CV%)、细节(THIN PLACES)、粗节(THICK PLACES)、棉结(NEPS)和单纱断裂强度(CN/tex)。每一个指标项都有不同数值,根据数值分为三档,5% 表示纱质量最好,25% 次之,50% 再次之。当买方要求提供乌斯特统计值时,让生产厂测出上述五项的具体数值,然后提供给买方。买方会与标准表核对,便会了解纱属哪个质量档次。

五、公定回潮和重量

各种纱线都会含有一定的水分,所含水分随外部温湿度不同和纱线纤维不同而不同。同一种纱在陆地工厂生产,再经过海洋运输,再到买方陆地工厂,所含水分在不断变化。如何解决重量方面的变化所产生的争议,国际上采用公定回潮的办法解决。即对各种成分的纱,在一定的温度和湿度下测出其所含水分量与其干重量之比,确定其回潮率。如纯棉回潮率为 8.5%、腈纶 2%、涤纶 0.4% 等。以纯棉纱为例,它的公定回潮率为 8.5%,在工厂纺成纱后,装箱前,测试当时纱的实际回潮率,据测得的实际纱的回潮率计算交货重量,若实际回潮率为 8.5%,那么 100 磅实际重量即为交货重量。如果测得的纱的实际回潮率为 6.5%,那么 100 磅合同重量装 98 磅实际重量就够了。如果回潮率为 9.5%,那么 100 磅的合同重量则需装 101 磅实际重量才行。

往往有些买主并不了解纱的重量计量需依据公定回潮率来确定,对自己收到的货的重量按实际重量称重发现与合同不符,向卖方提出索赔。所以卖方需向买方做解释。但合同中不一定非订有此条款。但读者需明白这方面的内容,以便向买方解释。每种纱的具体公定回潮率和混纺纱的回潮率的计算办法届时可向生产厂了解。

第四节　英文函电范例和合同及讲解

范例一

背景:一封来自瑞士买方的 E - mail,询问高质量的棉纱。卖方是中国一家纺纱厂。

Dear Sirs,

Re: Yarns.

We got your company name and email address from your Commercial Counselor's Office in Swissland and also found your website on the internet. We know you are a big spinning\weaving mill producing various kinds of yarns and grey fabrics. We are an importer \distributor dealing with many knitting factories and weaving mill in European countries.

Now we would like to find a stable supplier of yarns. As you know, European knitting and weaving factories only produce high quality articles and consequently they need yarns in higher quality. Please quote CIF main European ports for those yarns you are good at producing and exporting to European countries. Besides, if possible, please tell us some details, such as quality standard, packing, delivery time after signing official contact, payment terms, etc.

Wait for your early reply.

Best regards.

Mike Dali.

范例二
背景:卖方接到买方范例一 E - mail 后的回复。

Dear Mr. Dali,

Re: Yarns.

Thank you for your E - mail. It is also our hope to have stable and potential buyers. From our website you have got some information about us. We are an old spinning\weaving mill, but have advanced machinery. Our yarn and grey fabrics have been exported to European markets for yarns. You need not worry about the quality of our yarns. We are now exporting to European markets following items, Ring Spun Yarns in counts from 40s up to 100s, composition 100% cotton and T/C 65/35 or T/C 35/65, yarn twists adjustable both for knitting and weaving use, autowinding with electronic yarn cleaning, packing on cone and then in carton. As to quality standard, we can supply you test data based on main USTER STATISTICS and some cones of actual sample for you to test.

Hereunder we quote you 2 current prices for you to study and suggest you to place a trial order.

A. Ring Spun Yarn for knitting, yarn count 40s/1, composition 100% cotton, combed and waxed, knotless joining and electronic yarn cleaning, packing on cones and carton, price at USD × × ×/kg.

B. Ring Spun Yarn for weaving, yarn count 100s/2, composition 100% long fiber cotton, combed, knotless joint and electronic yarn cleaning, packing on cone and carton, price at USD × × ×/kg.

For both above A and B: price terms CIF NET main European ports, payment by irrevocable Letter of Credit available by draft at sight, shipment within 30 days after signing official contract.

More details to be supplied upon request.

Wait for your reply.

Best regards.

Liu Ming De.

范例三

背景:买方收到范例二 E-mail 后,回复卖方的 E-mail,试订一个柜的针织用纱。

Dear Mr. Liu,

Thank you for your E-mail and quotation.

Your price level compares with some Far East countries is a little higher. As we do not know your quality, we would like to accept your price for a trial order. After we got your shipment and checked your quality, we shall discuss the prices for future regular buying. Hereby we confirm to place a trial order, one 40 FT container, Ring Spun Yarn for knitting, 40s/1, 100% cotton, combed and waxed. Please make your contract and fax to us for us to sign.

Kind regards.

Mike Dali.

范例四

背景:卖方接到买方范例三 E－mail 后,先在电脑上制作出合同草稿,以 E－mail 方式发给买方确认内容。

Dear Mr. Dali,

Re: Yarn S/C No, ××/××.

Our S/C for one container of 40s/1 yarn is made ready. Please see the attachment of this E－mail. If the contents are OK, please confirm by return and then we print and fax to you for you to sign.

Kind regards.

Liu Ming De.

范例五

背景:买方接到卖方范例四 E－mail 后,确认合同内容。

Dear Mr. Liu,

Re: yarn contract No. ××/××.

We have studied the contents of above mentioned contract and no objection. Please fax to us for signing. You can prepare to start production and L/C will be opened within one week.

Kind regards.

Mike Dali.

范例六　售货确认书(见下页表)

背景:根据范例二卖方报价和范例三买方的确认,卖方缮制的售货确认书。先发 E－mail 让买方核对内容无误,再打印出来,由卖方先签字,再以传真方式发给买方签字后,买方再以传真方式传回卖方,合同正式生效。

以下为范例六售货确认书的内容注释和讲解。

即使是同一种商品的合同,其内容细节也不会完全一样。对于一个新手出口业务员来说,如果掌握不了其中的规律,谈判和订合同时会遇到一定的麻烦。其实每种商品的谈判内容和合同主要内容是有规律可循的。本书内容的特点之一是告诉新手

售货确认书

纺织服装出口有限公司
TEXTILES & GARMENTS EXPORT CO.,LTD.
No.78,Zhongguo Road,Qingdao,China.

售 货 确 认 书
SALES CONFIRMATION

电话(TEL):0086－532－×××××
传真(FAX):0086－532－×××××
E－mail:×××××@163.NET

To Messrs:Textile Import Co.,Ltd.
No.1,Victoria Street,
Bern,Swissland.

确认书编号 S/C No. ___Y11/09___
日期和地点 Date & Place ___9th July,2010___

兹确认经买卖双方协商一致,卖方售与买方下列商品,特签订此确认书,其具体商品细节和成交条款如下:

We hereby confirm that,through consultation in a consensus,the Buyers agreed to buy and the Sellers agreed to sell the following goods on the terms and conditions as set forth hereunder:

(1)品名及规格 DESCRIPTION OF GOODS:
100% Cotton Ring Spun Yarn for knitting.(1)
Yarn Count:40s/1,(2)combed and waxed,(3)knotless jointing,autowinding
and electronic yarn clean.(4)
Packing:(5)on 5°57′ cone,(5A)covered by a polylag,24 cones(100 1b)per
carton,(5B)marked with inner packing details.(5C)

(2)数量 QUANTITY:80 Bales(one 40FT full container).(8)
(3)单价及价格条款 UNIT PRICE & TERMS:USD600.00 CIF NET main European ports per bale.(6)
(4)总金额 TOTAL VALUE:USD48,000.00(17)
　　　IN WORDS:U.S.DOLLARS FORTY EIGHT THOUSAND ONLY.(7)
(5)交货期 SHIPMENT TIME:(9)
(6)目的港 DESTINATION:(10)
(7)保险 INSURANCE:(11)

(8)付款方式 PAYMENT:(12)

(9)特殊条款 SPECIAL CLAUSE:(14)

注意:开立信用证时,请在证内注明本确认书号码:
IMPORTANT:When open L/C,please indicate the number of this S/C in the L/C.
一般条款(见本合约纸背面)
GENERAL TERMS & CONDITIONS(PLEASE SEE OVERLEAF)

(16A)　　　　　　　　　　　　　　(16B)

买方签章 **Buyers'Signature**　　　　卖方签章 **Sellers'Signature**

请在本合同签字后退回一份供存档 **Please sign and return one copy for our file.**

出口业务员每样商品谈判内容和合同内容的规律,掌握规律就很容易了。

为了表述各种商品合同内容的规律,先对"项目"和"内容"二词确定其概念定义。比如要填一张履历表或写一个自己的应聘简历,其中有姓名、性别、年龄、学历等,我们定义为"项目";具体"项目"中应填的具体姓名、性别(男、女)、学历等,我们定义为"内容"。

一个纱线合同一般应有 17 个项目,除非有些项目不存在内容,可以省去,否则一个不能缺少,缺了就是一个内容不完整的合同。现以此合同为例,进行项目和每个项目内容分解叙述和说明,只要掌握和理解了这些项目,了解了每个项目内容的变化之法,既能在实际谈判中知道必须谈判的内容,又会在谈判后做出一个完整的合同。

下面每段开头数字为合同中的项目号。

(1)全棉针织用环锭纺纱。这是该合同的商品名称项目,内含三层内容:成分(100% cotton)、纺纱方法(ring spun)和纱的用途(for kniting)。此项目中的内容要根据实际情况变化来写。纱的成分是多种多样的,如 T/C 65/35, Ramie/Cotton 51/49, CVC[Chief value of cotton(主要成分为棉)]等;纺纱方法,目前出口纱主要有两种纺法,环锭纺和气流纺。在买卖双方相互默认时,对环锭纺的纱可以不写上,但对气流纺的纱最好注明为 open – end spun yarn(简称 OE yarn);纱的用途,包含捻向和捻度两方面的含义:针织用纱的捻度一般比梭织用纱要少些。但多少捻度一般不写具体数字,只注明 for knitting 或 for weaving。捻向分 S 捻和 S 捻,目前针梭织用纱大多为 Z 捻,因是常规,一般不必注明。如果买方要求为 S 捻,因不是常规,属特殊要求,则需注明。写为 for knitting in S(twist)Direction,for weaving in S(twist)direction. TWIST 一词可省略,一般不会产生误会。

注:千万别小看商品名称,目前世界进出口贸易越来越国际化,各国政府对进出口商品都进行分类统计,政府为了对进出口品种和数量进行限制,征收关税,将商品进行分类编码,进出口报关文件上,单据上都需详细准确注明编码。所以商品的名称不仅是商品本身的习惯名称,而且要按照有关规定调整描述。对于不清楚买方海关具体要求归类的品种,最好向买方询问清楚,确定后再写入合同。只有清楚地弄准正确名称,卖方报关出口和买方报关进口时才不会出现麻烦,特别对那些出口和进口国海关联关联网管理时,品种和编码千万不能错。

(2)纱的支数。此"项目"不能缺少,合同所定的纱是什么支数即写什么支数。

国际上通用两种表示方法,支数和号数,出口一般都用英制支数。

(3)精梳和上蜡。此"项目"中必须写上普梳、精梳、半精梳中的一种,不能缺;而上蜡按实际情况,不上蜡可以不写。但需注意,不管是函电成交还是面谈,必须确定买方知道是否上蜡。因为有些买方认为针织用纱都是上蜡的。如果有热定型要求,也写在此项目内,没有要求则可不写。

(4)无结头和电子清纱。当前市场上存在两种纱,有结头不经过电子清纱和无结头经过电子清纱,所以要有此项内容,同时也表示纱的质量水平。当买卖双方交易多年,都清楚是某种纱时,方可省略。

(5)包装。纱线生产出来后出口,从卖方运输到买方,要经过多次装卸搬运,必须保证不受损坏,到达买方后用途不一样,对纱线成型包装要求也不一样。这些要求都要一一订明。此项目内容大致应该包括三层内容。

(5A)是筒纱型还是绞纱型,必须写明。因为存在两种纱型,当然应该写明。筒纱又存在不同形状和不同角度的内纸管,所以具体形状和角度要订明。当然目前出口纱都是筒纱,几乎没有绞纱型。

(5B)此合同要求 24 个筒纱一纸箱,也有不是 24 个筒子一纸箱的,所以买方要求的具体数目要订明。每箱净重 100 磅(1 磅 = 0.45kg),虽然是习惯,但牵涉到具体数量,所以要订明。要注意 covered by(包装)和 per carton(每箱)的习惯用法。

(5C)箱外刷上内装纱的内容。在箱外刷上这些内容,是为了供买方使用时不必开箱便知道箱内所装何物及细节,这样堆放、取货使用就方便了。

通常必须有下列内容。

①批号(LOT NO.),通常纺纱厂在纺一种纱时,要按要求配出一定数量的纤维,对这一批纤维纺出的纱给出一个编号。织布厂使用时,也是一个批号一个批号单用,不能混批使用。因为不同批号的纱染色时着色会不一样,混用会出现色花、色差等疵点。为便于买方按批使用,批号必不可少。

②纱线支数,精普梳。

③净重量。

④原产地。如 MADE IN CHINA。

⑤如买方有特殊要求,也要照刷。

⑥唛头和箱子的顺序号。

(6)这一项目必须有三方面内容。

①价格条件及交货目的地。

②计价单位。

③价格,货币代号 + 具体价格数。

此项目中的三项内容要根据实际情况填写。

(7)大写金额必须有。开头可写 SAY 或 IN WORDS。货币名必须用全称,以防混淆,如 DOLLAR 一字。如 UNITED STATES DOLLAR, AUSTRALIA DOLLAR……数字每个字的第一个字母要大写,字与字可以连写,也可断开写,最后要加 ONLY,即中文"整"的意思,也表示结束。

(8)合同总数量项目。要有两层内容:一是数量数字,二是数量计量单位,一般要与计价单位一致。

(9)~(16)项详见第七章的相关内容和讲解。

(17)小写总金额。有时有多个品种,每个品种的数量和单价都不一样,单个品种的总金额相加得出的总金额写在此,与大写相一致。

第三章　梭织坯布和针织坯布的出口

内容提示

　　坯布的种类、设计和织造涉及的内容很多,本章只从出口贸易方面介绍当前国内在使用的基本织机类型和其能织出的基本坯布类型,出口人员必须掌握的出口方面的基本坯布商品知识、坯布贸易知识。

　　新机械和新布料在不断地出现,这方面的知识须由出口人员根据实际情况进行有针对性的学习。最好的学习办法莫过于虚心向生产厂有经验的技术人员学习。学习内容重点不在坯布如何设计和织造,而在于织造过程中通常会出现什么疵点和用途等问题。因为买方通常关心的不是坯布怎么织造出来的,而是坯布的质量和使用方面会出现的问题。

第一节　梭织坯布

　　坯布种类的划分,按编织方式可简单地分为梭织布和针织布两大类。此节介绍梭织布方面的主要相关内容。

　　梭织布的织成,一般必须经过以下几道工序。

一、络纱

将管纱、绞纱等形式的纱重新卷绕成各种形式筒子纱的工艺过程,供整经使用。

二、整经

　　在织布机能织出最宽的布幅宽范围内,再根据具体生产要求的布幅宽度、经纱根数、布的长度要求,把经纱平行卷绕在经轴上的工艺过程。整经方法有几种,是生产工艺方面的事,在贸易上很少谈到,所以此处略去不谈。唯独要注意整经中每根纱线的张力要均匀,不然织出的布会产生疵点。

三、浆纱

在经纱上施加浆料使纱中纤维抱合牢固,表面毛羽减少,增加纱线的光滑度和强力,以适应纱线在经停片、综筘的反复摩擦、延伸、弯曲等作用下不会大量起毛和断纱。

浆纱的方法有多种,浆料也有多种。因为目前使用的浆料大都符合环保和健康方面的要求,故在贸易中很少谈及。

四、穿经

纱线经过上浆以后,再将织轴上上过浆的纱线一端依次穿入经停片、综筘的工艺过程。通常有手工和机械两种穿经方法。这一过程在贸易中很少谈及。(以上一至四为经纱准备工序。)

五、纬纱的准备工序(卷纬)

纬纱有单纱、双纱、线等,根据织物的要求决定使用何种纱线。为了便于梭子带动纬纱往返穿过经纱,必须先将管纱、筒子纱、绞纱形状的纱重新卷绕成适合装入梭子内腔的纡子形式。贸易中很少谈论此工序。但是,如果卷绕时纱线张力不均匀、不紧密、成形不好,则会在织布时造成脱纬、断纬等织疵,同时增加纬纱断头和停机时间,影响织机生产效率。

六、织造

经纱和纬纱准备就绪后,便可在织机上织布。其过程可简述如下:经纱由筘和综控制提升,按织物的不同要求,一定数量的经纱有规律地由筘和综提起,另一部分不动,这样升起的纱和不动的纱根部形成一条梭口,或称开口。纬纱由梭子带动由一端穿过梭口到另一端,接着由打纬装置将纬纱打紧,接着提升过的经纱落下。下一组经纱由筘综提升,又一次形成梭口,梭子带动纬纱返回,依次循环,经纬纱便交织成布。布面或称品种的变化全由筘综控制经纱升降变化而来,如平纹布、锻纹布、提花布等。

作为贸易人员必须明白以上坯布织制的基本内容,以便谈到坯布质量、规格等方面的问题时,容易理解。同时,没有学过纺织的人还应知道并非每种织机什么样的布都能织,而是有一定限度,如布幅宽度。由于织机轴的宽度限制,所织的布有一个最宽限度,超过此限是不可能的。通常从经济效益上考虑也有个最窄限度,窄于此限通常叫"大马拉小车",产量低,成本高,工厂不予接单。织物组织结构,一般织机都能织平纹织物。但要织提花组织纹的布,则该织机必须有相应的提花装置才行。即使配有提花装置也不是什么提花布都能织出来,而仍有一定的局限。有的装置只能织小面积的花,有的可以织大面积的花,俗称大提花和小提花。织机的具体情况决定能否接受买方的具体订单是最重要的。

七、坯布整理(检验、分级、打包)

在织布机上织成的布从织机上取下后,还需经过一系列的整理、检验、分级,再打包或成卷包装,供出口销售。

涉及出口销售和供印染加工的坯布整理内容主要有下列几项。

(一)匹长

在出口合同中都订有匹长的内容,所以,坯布下机后要按合同要求的匹长截成段。对匹长的长度,买方希望越长越好,因为在印染时可减少缝连次数;对卖方/生产方来说,则越短越好,因为很难保证很长的段中没有疵点,所以短些比长些容易达到合同要求。但有个约定成俗的习惯,合同匹长一般在 80~120 码范围之内。在定长之内没有疵点或允许有不超过几个疵点。在合同中有时注明 100% 定长;有时注明定长占××%,非定长占××%。非定长也有一个最短匹长的限制,规定××码(米)以上乱码包装。另外,还有一种做法叫假剪开,即本来因为疵点的关系要剪断,因为印染加工时须再缝连,增加印染工序的工作量,所以供货方不剪断,允许定长长度有几个假开剪,这样做便于印染工序省去多余的缝连操作。

(二)验布

将坯布放在验布机上用目光检验坯布表面的疵点,并将所发现的疵点标记在布边上,以便于后工序分档、分等、修织、洗刷等工作。

(三)刷布、烘布、修织、洗刷

刷布,即用刷布机刷去坯布表面的部分棉结杂质,以改善布面外观。

烘布,即将布绕过几只以蒸汽加热的烘筒,经过正反面的烘干,使坯布干燥,便于较长时间的储存,避免织坯在梅雨季节发生霉变。烘布工艺并非一年四季都须烘干处理,只在夏季高湿天气时用。

修坯布和洗刷坯布是增加正品率很重要的工序。布在织机上织造的过程会产生一些织疵点、油污脏迹,必须进行修补和清洗,以提高正品率,符合出口合同品质要求。特别对那些在普通旧织机上织出的中低档坯布,由于疵点较多,需要修整,如稀密路、破洞、油污、断经、断纬等。

(四)折布和包装

以上几道工序进行完毕后,即可将选出符合合同要求的坯布折叠和包装。目前,坯布出口采用两种包装方式:一种按传统方式,在折布机上以 1m(码)长的折幅折叠起来,然后一匹一匹摞起,外加包皮布再打包;另一种新法采用卷装,将布卷在硬纸做的空心筒上,根据要求的长度卷成一卷,外罩包装物。

（五）标识和刷唛

坯布包装后，要经过卖方的仓储和运输才能到达买方；买方也要经过仓储和运输，再到实际使用。在这一系列的过程中，相关人员要识别坯布的相关细节，不可能打开包装查验，都是凭包装时所加的标识及包装外部所印刷的标识来识别。所以坯布包装上的标识特别重要，要把包装内部的主要内容在外部标识清楚。

外销员在签订合同时，特别是对新买主，要么向买方问清楚他们具体的要求，要么你向买主介绍卖方通常所用的标识，由买方确认和补充，千万要设法弄准确。在安排合同生产时，要通知生产厂买方的具体标识要求，以便生产车间将合同要求的标识以吊牌或者印刷的方式标明。

虽然标识与价格、品质、规格等内容比较起来微不足道，但也马虎不得，要认真对待。对于新买主、新要求，往往第一次确定下来，以后很少变化，即使有变化，买方也会主动告诉卖方。

第二节　织　机

织机有很多种类，按加工原料不同，分为棉织机、毛织机、丝织机、麻织机等；按产品组织结构不同，又可分为毛巾织机、罗帐织机、地毯织机等；最常用的分类方法是按引纬方法分类。本节主要采用分类方法介绍目前出口坯布所用织机种类。

目前织制出口用坯布的织机可分为两大类：有梭织机和无梭织机。有梭织机大部分为国产，用于织中、低档坯布，所织的坯布质量可以达到出口质量要求；无梭织机主要靠进口，用于织中、高档原色坯布和色织布。由于国内可供高质量的纱线，所织出的坯布质量具有国际一流水平。无梭织机中带有提花装置的又可织出高档大提花和小提花坯布，是欧美市场很受欢迎的品种，进口后经染色、印花加工后，用于做品牌高档成品。

无梭织机有下列几大类。

（1）喷气织机：用气流代替梭子送纬。

（2）喷水织机：用水代替梭子送纬，适用于纯化纤织物，不适合织纯棉织物。

（3）剑杆织机：用剑状的杆叉或夹持式代替梭子送纬。

（4）片梭织机：用片状夹纬器（或称片梭）代替梭子送纬。

以上四种织机的织布方式和原理都同本章第一节所述，只是纬纱在织机上往返移动与有梭织机用梭子送纬不同，而是由气、水等带动纬纱往返移动。

对于出口业务员，要知道自己推销的坯布是有梭或无梭织机织的。因为同一品种在不同机型上织，质量会有差异，同时买方会询问此事，所以，事先应有所了解。如果样品是无梭织机所织,生产时也必须由无梭织机生产,特别对中档品种。还须注意布边,有梭织机织的布边都是光边,无梭织机织的有光边和毛边两种。

第三节　出口坯布的检验和主要织疵

目前,坯布出口业务中发生质量争议比较少。由于国家质量技术监督局制定的检验标准参考了国际上有关国家的相关标准,大多数生产厂都有生产出口坯布的经历和经验,执行国家标准比较严格,所以,大多数出口产品质量都能被进口商接受。

另外,坯布业务既是凭规格又是凭样品成交的商品。买卖双方都是老客户时,双方一般采用规格标准,双方是新客户时,往往买方要求卖方提供所买规格坯布的实样。最早买卖双方甚至采用封样的办法,以备实货到达后发生质量争议时的凭据(封样,即将一定长度的坯布一撕两半,双方各执一半,封起来备用)。

尽管大多数出口坯布在质量方面很少出现大的争议,但小的质量问题也时常发生。特别对那些新建成的生产厂,由于管理、技术等原因,时常出现问题。出口业务员一定要在装货前对产品进行认真检验。因此,出口业务员必须了解有关织疵和产生的原因。作者根据自己的实际业务经验,认为作为一个出口业务员起码须了解下列织疵。至于其检验方法和标准,则需找专业书籍学习,虚心地向工厂技术员学习和咨询。

一、布幅宽度、布密度和布边

(一)布幅不足

出口业务员到生产厂查验坯布,首先要量一下布幅宽度是否符合合同要求。有时生产厂会有意无意把经纱总根数弄错,布下机后变窄。特别是那些在老式织机上织的坯布和一些密度稀的坯布,很容易出现幅宽不足。所以,合同中一般订幅宽时,允许有一英寸的增减,如写成43/4″,意思是在43～44英寸范围内算符合合同要求。国内标准允许:优等和一等 +1.5%～1.8%。

(二)布密度

布的密度与用纱量有关,当然也与成本相关。生产厂有时会有意无意减少用纱量,以降低成本,但用目测很难看出来,须用仪器检测才能发现。出口业务员须留意。

(三)布边疵点

坯布直接使用的情况很少,都需经漂白、染色、印花等加工后供做成品。在这些加工过程中,由于经向拉力作用,布幅都会变窄,最后都须经扩幅整理一道工序,此工序中有一种装置夹住双边横向拉伸。如果布边有问题,会出现过多破边疵品,影响成品布的利用率。

虽然目前出口坯布的布边问题较少,但去生产厂检验布时,还是要检验是否有布边不良的情况,如锯齿边、荷叶边、边纬缩、边穿错、边撑疵、烂边、毛边、有规律性不平整等疵点。

二、由纬纱产生的疵点

经纱在织机上只是上下移动,基本处于稳定状态,纬纱虽然只是横向移动,但处于不稳定状态。往返横向运动是由梭子、片梭(片梭织机)、剑杆(剑杆织机)、气流(喷气织机)、水流(喷水织机)运送。由于纱的质量不良、捻度过高、回潮率过低、机器不良等原因,都会影响纬纱的强力和顺利滑行,因而出现一些疵点。

最明显的疵点是"纬缩"。当纬纱由于各种原因形成了扭结而不平直地织入布内时,在布面上造成和出现星状扭结或毛圈形的小辫。纬缩疵点在细特高密纯棉织物品种上,如府绸、卡其、贡缎等,是常见疵点,在检查质量时要多加注意。

有时由于各种原因,多根纬纱一同进入梭口,合并隆起在布面上,称为脱纬;如果缺少一纬或半纬而使两根纬纱合在一起,称为双纬。这两种疵点都会造成纬纱隆起在布面上,不仅影响织物外观,还会影响布的牢度。

目前出口的一些纬密较低的织物,特别一些用老式织机生产床上用品较低质量的坯布,由于机械方面的原因,纬纱常出现疵点。在一段布上有纬纱过稀、过密、缺纬,在布面上造成密度不均匀(俗称稀密路)。在印染加工过程中,由于密度不同,吸收染化料不匀,而布面形成深浅不同的染色横档,影响成品质量。出口坯布在一些老式织机上生产时,要特别注意查看是否存在这方面的问题。

三、由经纱产生的疵点

经纱虽然在织布前做过相应的整理,以适应织布的需要。但由于机械或管理的原因,仍然会出现一些问题。最明显的问题有:一根或多根成片出现纱的张力较其他纱松或紧,织成的布的布面上出现不平整的波纹(较轻者)或浪纹(较重者);有的经纱扭缩,纠缠邻纱,使开口时纱序不正常,布面会呈现跳花、跳纱和星跳疵点;有时经纱未按织布组织要求形成织点,而沉浮于经纱上、下,称为沉纱;断经再接,在布正面或反面会浮现接头;另种疵点是经纱断裂后,未及时停机处理,纱尾织入纬向布内,称断疵;未织入布内而布面呈现缺少经纱,称断经。

四、非织疵疵点
(一)含异性纤维的纱线疵点
目前大量使用的棉花纤维在收获、储藏、运输过程中会混入其他纤维,如毛发、化学纤维、有色污染纤维及其他杂物,其本身也有死纤维、不成熟纤维。不管是纯棉纱线还是棉与其他纤维混纺的纱线都会带有这些纤维杂物,有时在纺纱过程中也会有飞花、车间漂浮的污染物纺入纱线中。使用这类纱线织布,自然将这些异性纤维织入坯布中。而且在织布的过程中,如果车间卫生不佳,漂浮物也会织入布中。这些疵点不仅影响坯布外观质量,而且影响印染加工后成品使用率。如纯棉织物混入化纤,在坯布上看不出来,染色时化纤不着色而出现白条或白星。带色的纤维在漂白时,会出现明显的色条或色点。

但目前异性纤维问题是世界性的,并非只有中国有。国际上有一定的标准,允许在一定的面积上不超过一定的数量即为合格。如梭织和针织坯布 $1m^2$ 只允许 0.1 个异性(异色)疵点,一般梭织布 $1200m^2$ 不超过 15 个,针织布 $1080m^2$ 不超过 10 个。

(二)黄白档疵点

植物纤维和动物纤维由于产地、气候、成熟度、品种变异等不同,化纤纤维批次不同,纤维色泽或多或少存在着差异。尽管在纺纱时经过多道不同的工序将各种纤维混合,尽量使其色泽看起来无差异,但也难免有不均匀的情况。而且此批原料与另一批原料的色泽很难达到一样。所以,对同一批原料纺成的纱都标有同一批号,以便后工序使用时选用同一批次的纱线。如果织布时错用了不同批次的纱线而每批纱线色泽又不一样,或者虽然用的是同一批次的纱线,但由于纤维混合不均,织出的坯布在色泽上会出现不均的现象,俗称黄白档。此种疵点在漂白和染色时会出现色花和色差,影响坯布使用率。对出口低档次的坯布要仔细查验。

(三)煤灰纱疵点

由于工厂附近大气环境不佳,空气中飘浮的以煤烟为主的黑色微小颗粒,会从工厂空调系统和车间窗户进入纺纱和织布车间,附着在纱线和布上而织入布内,当数量达到一定量时,就会在布面上呈现出来。带有煤灰疵点的坯布在漂白印染加工中较难除去,严重影响成品质量。尽管目前工厂都采取相应的防范措施,防止此类疵点,但验货时也要多加注意。

一些疵点正常视力目测可见,但要经过整理分等,挑选出符合出口标准的部分。在这部分坯布上,大部分上述疵点已不存在。如果有的话,也应该是允许存在的部分疵点。不过生产工厂也有漏验的时候。为稳妥起见,建议出口业务员在工厂成包前去查看一次,以防有不合标准的坯布混入,避免买主开包验货时发现问题。

五、坯布上隐形而深加工后才显的疵点

目测可见的疵点并不可怕,经修整后大部分可去除,不能去除时则不用于出口。可怕的是有些疵点在坯布上用肉眼,甚至用仪器也难发现,但在漂染印花后会显露出来,引起买方抱怨甚至索赔。对出口业务员来说,处理这类案例是比较麻烦的,也须

详细了解这方面的相关知识。处理这类疵点,还须与生产供货厂认真研究后妥善处理,以免影响以后的生意。

坯布隐形疵点大致有以下几类。

(一)白星和白条

如果纺纱时用的棉纤维中有死棉、棉僵片、带纤维的棉屑和棉结,而这些杂质在成纱前未能清除而纺入纱内,或者有不易染色的白色异性纤维纺入纱内,用这类纱线织成的坯布,这些杂质在坯布上并不显露出来,而当成正品布出口。如果买方用于漂白深加工,这些杂质一般也不显露;如果用于印花,问题也不会太大;如果用于染色,特别深色,由于这些杂质不着色或染液不能充分渗透而布面上出现白星或白条。白条是由白色异性纤维造成的。如果白星白条太多,会影响染色成品布的利用率。如果做成的服装上发现这类疵点,须去除,如不能去除,则该件衣服即成次品。这类疵点一般都在纺纱时形成,去除比较困难,去除时会对布面有所损伤。如果出现于衣物的关键部位,势必造成次品。

如果疵点严重,买方会抱怨,甚至提出索赔。遇到这种情况,可向买家索取一块 1~3m 长的染色布样,查验疵点情况和数目。如果确定很严重,说明生产厂有问题,不仅以后要注意该生产厂的供货品质,还要与生产厂商量赔付;如果问题并不严重,则要利用国际上通行的允许疵点的标准据理力争不赔,只致歉意。另外,买方染色使用的染化料如果进行适当调整,增加对纤维的亲和、渗透和被覆功能,也能减少布面上此类疵点的呈现率。如果处理得当,可赔可不赔的可以不赔,必须赔的可以少赔。

(二)裙子皱疵点

如果涤/棉织物使用的涤纶型号不同、涤纶纱线热处理温度不同、使用的纱线支数用错、捻度不同,织物在印染加工过程中,由于纱线经过热和碱的处理,产生不同的收缩,使布面产生类似裙子褶皱形状的疵点,称为裙子皱织疵。不同密度的织物出现此类疵点的数量不尽相同,涤/棉稀疏细布织物易出现,涤/棉府绸类不易出现,涤/棉卡其粗厚织物则不出现。

由于在原坯布上不呈现,须待印染加工后才显出来,而且必须剪掉,这样增加了零布、次布的数量,降低成品率。但此种疵点在生产工厂提供的交货中不应该存在,必须在修整布时去掉。

(三)白斑疵点

在涤纶或涤纶与腈纶、粘胶纤维及其他纤维混纺的纱线织物织造过程中,由于机械性能不佳,梭子在往返过程中,高速有规律或无规律地撞击经纱上的涤纶,由于涤纶玻璃化温度较低,当经纱受冲击摩擦后,受击点处温度变高,使涤纶表面部分分子结构产生变化。这在坯布上没有留下痕迹,但印染加工时,受击点处涤纶分子结构的变化造成吸色程度不同于织物的其他部分,形成较浅的白斑点,显露于布面,称为白斑疵。白斑疵严重影响成品率。有资料报道,严重时由于白斑点而降等的降等率可达到40%~50%。

这种隐形的织疵多发生于机械设备老化、管理不善的生产厂。如果出口盲目追求低价,订单选择在这类生产厂生产,则有可能产品出口后遭到索赔、中断交易。因为出口方和进口方很难发现,只有实际用户使用后才能发现,所以才可怕。

第四节　坯布出口业务洽谈

在实际出口业务洽谈中,不管是面对面或书信往来谈,内容都是谈坯布,很少谈及织布机。只有当一种坯布既可用普通织布机生产,也可用先进的织机生产,而且质量和价格有区别时,买方才会问是用什么织机生产的。

与买方洽谈时,通常卖方会遇到三种情况:老品种翻单,只讨论价格、数量、交货期等,当然卖方很清楚品种规格是什么;买方告诉卖方一个买方要买的坯布新规格,问卖方能否供应、价格、交货期等;买方给卖方一块布样,要求按布样订货,买方也不知道是什么成分、什么规格。或许卖方认为他应该用肉眼判断出该布的规格,不然会被对方认为不懂行。卖方的新业务员应该明白,一块布的成分、规格等用肉眼看是无法完全确定的,必须使用相关仪器才行。当场判断不出来是很正常的,只需告诉买方待生产厂用仪器测出规格后,才能决定能否生产。同时要问清买方订购的数量和交货期等相关细节。一般生产厂知道买方确实想订货,才肯认真花时间研究一种新布料,增加所需的新配件,再进行试织样品。

坯布是一种既凭规格又凭样品成交的商品。作为一个新业务员怎样准备洽谈资料,应付具体洽谈业务? 很简单,如果你在一个生产出口企业,先弄清该企业过去和现在出口的品种规格,该企业的织机情况和能生产的品种。有了这些资料便可以立刻判断出买方提出的品种可否供应;如果你在一个贸易公司,那你手中必须积累相当多的供货生产厂的资料,只要肯用心去积累,会很快积累很多。

要表述一个完整的坯布规格,必须有下列内容。

(1)纱的成分:写在规格最前边,如全棉、T/C等。如果经纱和纬纱成分不一样,要分别注明。

(2)经纬纱支数,股纱股数。如45英支单纱,只写45,双股写45/2。如30×40,"×"前表示经纱支数,后表示纬纱支数。

(3)经纬纱根数:表示该布每平方英寸里经纬纱的根数,用数字表示。如120×120,"×"前表示经纱总根数,后表示纬纱总根数。

(4)织物组织结构名称:用文字方式或文字加数字方式表示。如平布或1/1平布、4/1 贡缎、3/1 斜纹等。

(5)布幅宽度:表示该布下机后成品的布幅宽度。如果布幅不允许有增减,只写布幅宽度,如 43″;如果允许增减,如允许有一英寸增减,则写为 43/4″。幅宽用数字和计量单位合起来表示,通常用英寸或厘米。

合在一起的规格写法如下:

100%　COTTON　COMBED	30×30	76×68	1/1	PLAIN	WIDTH	63″
100%　COTTON　COMBED	60×40	173×121	4/1	SATIN	WIDTH	104″
①	②×③	④×⑤		⑥		⑦

①纱的成分。

②经纱支数。

③纬纱支数。

④经纱总根数。

⑤纬纱总根数。

⑥织物组织结构名称。

⑦布幅宽度。

这些内容和写法及排列顺序是行业习惯,不能随便排列。不管卖方是接受买方订货品种,还是卖方有意向买方推销某一种品种,这五大类资料都须问清楚和说清楚。当生产厂让你推销某品种时,除取得样品外,还须把这五大类资料问清楚。

洽谈生意,双方都是针对某品种的细节达成买卖协议,最终签订一合同确认。所以,最有效的洽谈是对合同的项目内容了如指掌,很自然地围绕合同内容逐项达成一致意见,然后以合同确认。因此,双方签订的协议有时称之为“合同”,有时称之为“售货确认书”。合同签订以后,买卖双方分头按合同内容组织生产、付款、接货等准备工作。

通常一个坯布合同应该有下列商品项目内容(贸易项目内容详见第七章)。

(1)坯布织物组织名称,如平布、斜纹、府绸等。

(2)规格,必须有上述(1)~(5)的内容。

(3)匹长,包括定长长度,所占比例;不定长(乱码)的最短长度,所占比例。

(4)卷装匹长,布包匹长,段数,允许疵点数(即假开剪数)。

(5)包装,布包或卷装,内层和外层使用的包装物料。

(6)注明是印花坯或染色坯。染色坯要求的坯布质量比印花坯高一些。质量不高的坯布染色后会出现色花、色差,但用于印花时,对一些疵点可以掩盖一些。如果是印花坯而合同上未注明,买方用于染色,出现了色花、色差等问题,买方会提出索赔。如果注明了用于印花而买方用于染色而出了问题,卖方可不负责任。

第五节 梭织坯布推销函电和合同范例及讲解

　　一封推销 E – mail 的内容,开头结尾部分就是那么几句话,有时读的人一掠而过或根本不看,注意力全集中在中间商品内容上。商品内容的介绍也有主次。第一封主要让买方知道供货能力和大类品种情况;第二封再进入具体品种;有了具体品种这一目标,才能深入到品质、价格、付款方式、交货期等细节;各种细节达成一致以后,才有具体合同。本节按此顺序列举范例,供刚入行新业务员参考。

一、梭织坯布推销 E – mail 范例一

　　背景:推销人是刚工作的新业务员,在一个纺纱和织坯布的生产企业做出口业务员。

Dear Mr. Smith,

Re: Grey Fabrics.

From our Commercial Counselor's Office in your country, we know you are importing various kinds of grey fabrics from China. Therefore, we would like to introduce ourselves to you, and hope to establish business relation with you.

Our enterprise has our own spinning and weaving mills. Machinery is advanced. They have about 100,000 spindles and 500 looms, among which there are 100 sets of air – jet looms, 100 sets of rapier looms. They can weave width of fabrics from 43 inches to 100 inches, ends can reach more than 200. Also there are some looms having jacquard devices for weaving jacquard fabrics.

Please let us know by return what specific items you are handling, so as to enable us to tell you what we can supply and quote you prices.

Wait for your reply.

Best regards.

Liu Ming De.

二、梭织坯布推销 E – mail 范例二

　　背景:与范例一内容相似,只是推销人来自一家出口贸易公司。

Dear Mr. Smith,

Re: Grey Fabrics.

From our Commercial Counselor's Office in your country we know you are importing various kinds of grey fabrics from china. Therefore, we would like to introduce ourselves to you and hope to establish business relation with you.

We are an import and export company established for 10 years. Our main export items are various kinds of grey fabrics, printed and dyed fabrics, knitted and woven garments. We have skilled salesmen and good relation with spinning and weaving mills, printing and dyeing mills and garment factories. We also have special technicians to follow the quality of contracts.

Please let us know what specific items you are handling, so as to enable us to quote you prices.

Wait for your reply.

Best regard.

Liu Ming De.

三、梭织坯布推销 E－mail 范例三

背景:买方收到卖方范例一或范例二后,要求卖方试报价。

Dear Mr. Liu,

Re: Grey Fabrics.

We are glad to receive your E－mail and noted that you can supply grey fabrics. It is true that we are importing grey fabrics and other textile items from your country. As to grey fabrics we have different kinds of buyers for different qualities.

Now please quote your prices for following items, thus we can compare your price level with other suppliers.

A. T/C 80/20 carded 45×45 110×76 plain width 47″.

　　Cotton carded 30×40 68×76 plain width 63″.

B. T/C 65/35 combed 45×45 110×85 1/1 plain width 105″.

Cotton combed 40 × 40 100 × 80 1/1 plain width 103″.

C. Cotton combed 60 × 40 173 × 124 4/1 satin width 67″.

Cotton combed 60 × 40 173 × 150 4/1 satin width 116″.

You may also quote similar specification which is under your current production. Meanwhile, please also tell us your other terms, such as minimum quantity, payment terms, shipment time, etc.

Best regards.

Adam Smith.

四、梭织坯布推销 E – mail 范例四
背景:卖方回复买方范例三报价。

Dear Mr. Smith,

Thank you for your E – mail and hereby we quote you our prices in the following:

1. T/C 80/20 carded 45 × 45 110 × 76 plain width 47″ price at USD0. 39/Y.

2. Cotton carded 30 × 40 68 × 70 plain width 63″price at USD0. 65/Y.

3. T/C 65/35 combed 45 × 45 110 × 85 plain width 105″ price at USD1. 40/Y.

4. Cotton combed 40 × 40 100 × 80 plain width 103″price at USD1. 38/Y.

5. Cotton combed 60 × 40 173 × 124 4/1 satin width 67″ price at USD1. 57/Y.

6. Cotton combed 60 × 60 173 × 150 4/1 satin width 116″ price at USD3. 15/Y.

All above are on terms CIF NET London per yard, payment by irrevocable Letter of Credit available by draft at sight, shipment normally within about 60 days after receipt of L/C, maybe earlier if the items are under current production, min. quantity about a full 40FT container.

Please study and let us know your comments and decision.

Best regards.

Liu Ming De.

五、梭织坯布推销 E – mail 范例五

背景:针对范例四买方收到卖方报价后还价并订货

Dear Mr. Liu,

Re：your quotation.

Thank you for your quotations. We have studied and compared with our buying prices and found that some items are a little higher and some are competitive. Therefore, we would like to place a trial order for 2 items, one is lower quality and one is higher quality. Details are as follows:

1. T/C 80/20 carded 45 × 45 110 × 76 plain 47″, accept your price USD 0. 39/yd, quantity one full 40FT container.

2. Cotton combed 60 × 60 173 × 150 4/1 satin 116″, accept your price USD 3. 15/yd, quantity one full 40FT container.

Accept payment by L/C, not at sight but at 30 days sight, shipment before end of May.

Please prepare the contract and fax to us to sign.

Best regards.

Smith.

六、梭织坯布推销 E – mail 范例六

背景:针对范例五,卖方做出合同,接受买方付款方式为 60 天。并将合同用传真发给买方签字。此 E – mail 为用传真发出合同后,卖方发给买方的 E – mail。

Dear Mr. Smith,

Re：S/C No. GF 09/009.

According to your E – mail, we have made ready the contract and faxed to you.

If the contents are ok, please sign and fax back to us for our file.

Please arrange to open your L/C earlier, so as to enable us to have more time to organize the production earlier.

Best regards.

Liu Ming De.

七、梭织坯布合同范例七

背景:根据买卖双方范例四和范例五相互确认的细节,卖方缮制的售货确认书(表3 – 1)。

表 3 – 1 售货确认书

纺织服装出口有限公司
TEXTILES & GARMENTS EXPORT CO. ,LTD.
No. 78 , Zhongguo Road , Qingdao , China.

售货确认书
SALES CONFIRMATION

电话(TEL) :0086 – 532 – × × × ×
传真(FAX) :0086 – 532 – × × × ×
E – mail : × × × × × × @ 163. NET

To Messrs : London Import Co. , Ltd. ,
　　　　　No. 2 , Lond Street ,
　　　　　London , UK.

确认书编号 S/C No. ___GF09/009___
日期和地点 Date & Place ___15th Feb. ,2009___

兹确认经买卖双方协商一致,卖方售与买方下列商品,特签订此确认书,其具体商品细节和成交条款如下:

　　We hereby confirm that , through consultation in a consensus , the Buyers agreed to buy and the Sellers agreed to sell the following goods on the terms and conditions as set forth hereunder :

(1)品名及规格 DESCRIPTION OF GOODS:

A) : T/C Plain Grey Shirting , (1) made of T/C 80/20 carded. (2)
　　Specification : 45 × 45 110 × 76 width 47″. (3)
　　Piece length : 100 yards 80% , 40 yards up 20% . (4)
　　Packing : 400 yards in a bale , marked outside with the detail of inside contents. (5)
　　Price at : USDO. 39 CIF NET London per yard. (6)

B) : Cotton Grey 4/1 satin , (1A) made of 100% cotton combed. (2A)
　　Specification : 60 × 60 173 × 150 width 116″. (3A)
　　Piece length : 120 yards 90% , 60 yards up 10% . (4A)
　　Packing : in roll , 120 yards rolled on a paper tube , covered by a polybag , then in container , each roll with a paper tag marked with packing details. (5A)
　　Price at : USD3. 15 CIF NET London per yard. (6A)

(2)数量 QUANTITY : A) : 110,000 yards ; B) : 50,000 yards. (7)

(3)单价及价格条款 UNIT PRICE & TERMS : As mentioned above.

(4)总金额 TOTAL VALUE : A) : USD42,900.00 ; B) : USD157,500.00 ; total amount : USD200,400.00(9)
　　　　IN WORDS : U. S. Dollars Two Hundred Thousand and Four Hundred Only. (8)

(5)交货期 SHIPMENT TIME : (10)

(6)目的港 DESTINATION : (11)

(7)保险 INSURANCE : (12)

(8)付款方式 PAYMENT : (13)

(9)特殊条款 SPECIAL CLAUSE : (14)

注意:开立信用证时,请在证内注明本确认书号码:
IMPORTANT : When open L/C , please indicate the number of this S/C in the L/C.
一般条款(见本合约纸背面)
GENERAL TERMS & CONDITIONS(PLEASE SEE OVERLEAF)

_____(15A)_____
买方签章 **Buyers' Signature**

_____(15B)_____
卖方签章 **Sellers' Signature**

请在本合同签字后退回一份供存档 **Please sign and return one copy for our file.**

下面每段开头数字为合同中的项目号。

（1）和（1A）坯布名称。T/C PLAIN GREY SHIRTING 译为：涤棉平纹细纺坯；COTTON GREY 4/1 SATIN 译为：全棉 4/1 贡缎坯。

（2）和（2A）坯布的成分。MADE OF T/C 80/20 CARDED 译为：成分为 T/C 普梳纱；made of 100% cotton combed 译为：成分为全棉精梳纱。注意：made of 的用法，这是个定式，布由纱织成，衣服用布织成，但只限于起物理变化；起化学变化的要用 made from。

（3）和（3A）规格。详见第四节有关讲解。

（4）和（4A）匹长。100 yards fixed 80%，40 yards up 20%，译为：100 码定长占 80%，40 码以上乱码占 20%，120 yards fixed 90%，60 yards up 10% 译为：120 码定长占 90%，60 码以上乱码占 10%。注意定长和乱码的长度是变化的，也有 100% 定长，但乱码不定长的比例一般不低于 20%。

（5）和（5A）包装。要有三层内容：一是包装方式，布包还是卷装；二是每包数量；三是包外标识。

（6）和（6A）CIF NET LONDON PER YARD 译为：CIF 伦敦净价每码单价。如果只有一个品种，则可写在单价栏。

（7）单项数量也可以写在上面每项开头或价格之前。

（8）和（9）总值。合同中必须有这一栏。特别是有多个分总值，而且要与大写总值相一致。

（10）～（15）详见第七章有关讲解，此不重述。

本章第四节中曾介绍过用于印花动坯和染色坯问题。因本合同品种质量较高，自然用于染色（FOR DYEING），所以可以不订入。如果是质量差的布用于印花时，最好注意：FOR PRINTING。

第六节　针织机种类

针织坯布和漂染过的成品针织坯布出口很少，其主要原因有两个：一是产品质量问题。由于纱线质量不高、织机不先进、漂染设备陈旧，所织坯布的档次不主同，质量又不稳定，所以，主要用于国内加工成衣出口。有些原坯出口，出口后主要用于做人造革背面垫布，或其他工业用布，用做成衣的较少；二是市场问题，在 2008 年金融危机之前，美、日、德等发达国家放弃中低档服装加工，转向从发展中国家进口。尽管近几年中国的针织坯布档次和质量有了很大的提高，但出口量仍旧很少。再者，我们的生产组织结构中也没有专门生产出口针织坯布的专门生产厂家。大针织服装厂的织布、漂染、缝纫生产能力基本配套,没有余力生产原坯布或漂染成品坯布出口。即使有,但没有专门人员组织推销,忽视或浪费了多余的生产能力,实在可惜。

笔者在业务中曾对针织坯布出口做过调查和研究,认为今后出口针织坯布,特别是出口漂染过的成品坯布,有较大的前途。其理由有三:一是中国的针织坯布质量档次有所提高,近几年进口了大量国际上先进的织机,国内又可提供质量很好的纱线,坯布织地花色档次有了提高,进口了大量先进的漂染印花设备,利用进口的染化料和助剂,成品坯布织质量稳定。国际市场也发生了变化,发达国家关闭了劳动密集型生产工厂,改由进口以供市场,想把人员集中于高科技生产领域,以控制世界高科技产品市场。但是他们的愿望很难达到。第一,发达国家仍旧存在大量受教育程度不高,不具备生产高科技产品技能的人员。特别从2008年开始的金融危机后,失业主经大幅升高,证明他们想放弃劳动密集型产品的生产而全由进口代替并不现实。至少在今后十几年内他们需要回过头来重操旧业,扩大服装生产行业,而且贸易保护主义势必抬头和加强。针织服装行业是一个系列行业,纱线、织造、漂染、印花投资较大,需要相当资金、技术、管理和时间,不可能很快建成并达到相当的水平,同时利润并不高。而缝纫环节需要资金少,技术简单,容易很快建成并达到相当的水平,况且利润较高。所以,发达国家和一些小的发展中国家在很长一段时间都会进口档次高些的品种,用于加工中高档服装;而那些小的发展中国家会进口中低档品种,用于加工中低档服装本销或出口到发达国家。

而中国目前都具备相当的生产能力。笔者曾接触过在山东的一个专业生产针织坯布的韩国独资企业,每月生产500吨以上成品针织坯布,供应拉丁美洲一个国家的缝纫厂,做针织服装出口美国,而且利润不薄,笔者估算,我国坯布织造、漂染能力闲置消费很大。针织服装中,特别外衣,季节性强,织机大部分也分季使用,很少有常年使用的,织完一季服装用坯布则停机,等到下年度再用,一年会有4个月以上的闲置时间。如果组织得好,这段闲置时间正好可以用于出口坯布和内销坯布的生产,可充分利用织机能力,降低生产成本。可惜都被忽视而消费。一些大的综合性针织服装厂既没有精力对市场进行研究,也不配备专门推销人员,所以做不起来。建议一些大的综合性针织服装出口企业仔细研究一下,配备专职出口业务员推销,一些有能力的出口针织服装的业务员在推销服装的同时,认真调查市场,寻找和培养有潜力的进口批发商。因为缝纫厂都比较少,无能力自己组织进口成品针织坯布,必须培养一个进口批发商。该进口批发商从小针织缝纫厂收集订单,集中订货进口,再批发给小针织缝纫厂。

下面对出口坯布和国内加工成衣出口有关内容作详细介绍,供有意开展此项业务的生产企业和出口业务员参考,希望能对开发扩大此品种出口有所帮助。

一、针织机的一般原理和特点

针织机的特点是利用织针把纱线串连成横向和纵向相连的圈而成布，按其形状分为圆机和横机。圆机的织针安装在两个圆形钢圈上，一个固定不动，另一个转动。横机是织针安装在两片长条钢板上，原理与圆机一样，只是动的一片横向移动。圆机和横机都是筒纱直接喂入，叫纬编。还有一种像梭织一样把经纱预先拉好放在织轴上经编机，利用经编特有的方法将经纱钩成圈成布。这三种针织机从形状上很容易分辨。

针织机上使用不同形状的织针和相关配件及装置来织不同品种的坯布。目前使用的织针有单头和双头舌针、钩针、槽针。槽针目前主要用于经编机上，纬编机上刚开始使用。

圆机需要知道筒径大小，横机和经编机需要知道横幅多宽。买方非常关心，因为不管坯布是用于做服装还是工业用布，都有一个合理用布问题。如做橡胶底布，最好是布幅宽与橡胶一样宽，才不致浪费布料；如做服装套裁，布幅越宽裁下的边角会相对少些；如果是不开边缝做内衣，则布幅须与胸围一样才最省料。买方在订购坯布时会提出布幅的宽窄要求。所以，要知道生产厂横机的幅宽和圆机的直径大小，以便计算出布幅的宽度。

一般用厘米或英寸来表示圆机直径和横机幅宽。需要注意的是，机器的宽度与织出布的宽度是不一样的，布会回缩，特别是经漂染印后的成品坯布。这种变化只有生产工厂的技术员能掌握。出口业务员与生产厂订合同时，注明要求的幅宽即可，到底应在多宽的织机上织，由生产厂负责安排。

有时坯布的纱支和克重确定后，买方会问卖方针织机所具备的针织机号数，有时针织机不具备相当的号数，很难织出要求的坯布。所以出口业务员也要提前做到心中有数。所谓"针织机号数"是指针筒上或针床上规定长度内的织针数，用以表明相邻两根指针之间的距离，俗称针距。机号数越大，表示针距越小，所用的织针、沉降片或导纱针等成圈机件的各部分尺寸相应减少，能编织的针织物越紧密，所能用的纱线也越细。所以，坯布纱支和克重确定之后，必须有具备相应号数的织机才能织出合乎要求的坯布，各种针织机使用的"规定长度"都有一个习惯长度，有的针织机用英制英寸，有的用毫米(mm)，有的1英寸(25.4mm)，也有用1.5英寸(38.1mm)，还有2英寸(50.8mm)。机号范围也不同，同一种针织机号数有2~16针/英寸，也有4~75针/英寸，可通过调整机号数来编织不同密度的坯布。

二、主要针织机种类介绍

上面介绍了各种针织机的总情况，希望刚入行的读者明白针织与机织、针织布与机织布的不同，因为笔者在刚入行学习时就存在这方面的疑惑。

下面介绍一些出口坯布或做针织服装时主要用到的一些具体针织机,同时结合介绍这些针织机所能织的主要坯布品种,这样或许会帮助读者将针织机品种和坯布品种相对应地了解。需说明的是,一种针织机添加不同的装置后,会变换织出许多品种。在此只能列举一些有代表性的品种,不能也不可能全部列出。

(一)台车

台车是圆形纬编针织机的一种。钩针固定在直立的针筒上,一般针筒固定在一个平台上,卷布装置在台上转动卷取筒子上织出的坯布(也有卷布装置在台下的),这或许是台车名称的来源,很好辨认。针筒直径范围20~178cm(8~70英寸),调换不同粗细的钩针和相应的成圈机件,便可改变机器的机号,机号数范围为5~50针/1.5英寸。台车转速较高,具有翻改品种和上机调整简便、加工纱支数适用性广和便于操作等特点,主要用于生产平纹织物、集圈织物、添纱织物、衬垫织物、毛圈织物的内、外衣用坯布和其他装饰、工业用织物等。

(二)棉毛机

棉毛机是双面圆形纬编机的一种,也叫双罗纹机,由编织机构、给纱机构、牵拉卷取机构、传动机构和辅助机构组成。它的特点是通过特有的装置将二层罗纹复合成一个双罗纹织物,从而从织物的正反两面都能看到正面线圈。其生产的棉毛坯布,柔软厚实,横向弹性好,适宜做春秋冬三季的内衣衫裤和运动服等;使用的纱成分,主要是纯棉,也有棉与化纤混纺或交织的,一般使用纱支数为35~70英支。棉毛机的筒经和机号数变化范围不大,因为织的坯布主要做内衣成衣,而且为了穿着舒适,内衣都无边缝,因此坯布的筒幅都是按成衣的胸围大小进行设计和选择相应筒径的织机。

至于棉毛机的筒径大小和机号数,机器造成后是不能变动的。推销针织棉毛坯布,要特别注意了解生产厂已有的棉毛机的筒径大小。适合亚洲人胸围的筒径,对欧美人来说小了些,必须有较大筒径的棉毛机才能配套生产供应。

(三)罗纹机

罗纹机是织罗纹组织针织物的双面圆形纬编针织机。罗纹机的构造与棉毛机相似,也是由编织机构、给纱机构、牵拉卷取机构及传动机构等构成。它的特点是通过调整机器可以生产出正反面一样多线圈罗纹织物,也可以生产出正反两面线圈不一样的罗纹织物。其除能生产具有一定弹性的内外衣用坯布外,还可用来编织领口、袖口、裤口和衣服下摆等辅料织物。罗纹织物的特点是在横向拉伸时,具有较大的弹性和延伸性,主要用于需要一定弹性的内外衣,如弹力衫、弹力背心、套衫领口、袖口、裤口等。罗纹组织坯布的种类很多,通常用数字表示,如1+1、1+2、2+2等。数字分别代表正反面线圈纵行组合情况,前面的数字表示正面线圈数,后面的数表示反面线圈数。

由罗纹组织派生出来的复合组织很多,主要有罗纹空气层组织和点纹组织等。

推销有关针织坯布出口和国内做成衣,有时需要提供罗纹组织坯布做领口、袖口、下摆等。要注意两点:一是能否供应,二是用纱要用同一批次的纱,不然染色后会出现较大色差。

(四)多角机

它是圆形纬编针织机的一种,因三角成圈系统多而称多角机,用于编织单面针织坯布,主要是单面色织坯布;也可以安排各种选针机构,按花型要求控制织针编织,可织较大花型的单面提花针织坯布,调整后便称单面提花圆机。

(五)提花圆机

它是编织提花织物和复合组织针织物的圆形纬编针织机,分舌针单面提花圆机、舌针双面提花圆机和双头舌针提花圆机。其特点是由机械、电子和射流控制选针机构,再由选择机构控制织针,织成不同花色织物。提花圆机适用于生产针织外衣和装饰用品的坯布。

(六)衬经衬纬圆纬机

它是编织衬经衬纬编织物的圆形纬编针织机。其特点是编织平纹织物的同时,衬入不参加成圈的经纱或纬纱,形成衬经衬纬织物。其所织的坯布有两个极端的特点,如果衬入普通纱时,则可减少坯布横向的延伸性;如果衬入橡筋纱或弹性纱时,织物又会有很好的横向延伸性。

这两类坯布主要用于制作外衣,特别横向弹性大的坯布适合做女装紧身外衣。

(七)横机类

简单地讲,它们的编织原理与纬编圆机一样,只是织针平列配置在平板型针床上。编织时,可以在针床的宽度内根据需要选择参加工作的针数,以编织不同宽度的坯布,织成成形衣片。其织物组织结构有平纹、罗纹、双反面组织、提花、色织等,有手动和机动二类。

横机主要有用于生产成形衣片、成形衣坯、沙发布、窗帘布等织物。特别是生产羊毛衫,织成衣片而不用裁片,会节省很多原料。

在羊毛衫生产中,其常与圆机提花机配套使用,圆梭织身料,横梭织衣袖料。因用圆梭织袖必须裁掉一些才能成形,毛料比较贵,会因浪费原料而增加成本。

目前,国内有不少进口的圆机提花机和配套横机,可以生产出高档毛衫衣片,能在欧美市场找到买家,完全可以组织出口衣片。买家再进行缝制,标上他们的品牌可以卖很高的价格。当然我们的出口价格和利润也会很高。

(八)经编机类

经编机是先把纱线像梭织经纱一样平行排到,只是不用纬纱,而是用经纱本身,用钩针、舌针、复合针编织成经编针织坯布。经编机种类很多,按结构特点主要有特里科型和拉舍尔型两大类。特里科型经编机机号和机速较高,适用于编织组织结构和花型比较简单的经编针织物;拉舍尔经编机,机号与机速较低,适合编织组织结构和花型比较复杂的经编织物。其他还有一些特殊用途类型的经编机,如用于编织渔网、长毛绒等织物的专用经编机。

经编机主要可生产的品种有毛圈组织、提花组织、添纱组织、集圈组织、衬纬组织等织物。

经编坯布出口潜力较大,有条件的生产厂应该大力推销。尽管经编机在世界上出现较早,但过去中国很少进口该类针织机。由于该机种速度快,要求纱的质量高,特别是强力。当时国产纱线质量较低,开机后断头较多,效率和质量都不高。近几年进口的机器较多,纱线质量提高了,完全可以生产出口织物,特别一些工业用针织坯布前景广阔。但是国外对我们的产品质量有个了解过程,所以推销起来要多尽力才行。

(九)毛圈针织机

它是用以编织毛圈组织针织物的针织机。毛圈针织机的种类很多,有纬编机型,也有经编机型。它不仅可以织单色织物,在安装提花装置后,还可以织提花毛圈织物。

针织毛圈的形成原理与梭织不同。梭织毛巾布的毛圈是由地经、地纬夹住形成的,当单只毛圈被用力拉或被有勾刺的外物勾拉时,毛圈即被拉脱,相邻的由同根纱形成的毛圈被拉平消失。而针织毛圈梭织的毛巾布,不管是纬编方式形成,还是经编方面形成的毛圈,都与相邻的毛圈套在一起,不会像梭织毛巾那样拉脱。毛巾坯布不仅做浴衣用量大,而且家用毛巾制品销量也很大,毛圈针织坯布不仅国内做服装和家用毛巾制品用量大,而且出口也有潜力。特别一些针织花色剪绒类坯布,出口潜力更大。

(十)长毛绒针织机

它是编织长毛绒组织针织物的机器,也称人造毛皮针织机,有纬编和经编两类。其主要生产人造毛皮,主要用来制作冬季防寒服装。

第七节　针织坯布的结构和品种

出口业务员要推销针织坯布,必须对该产品有一定的了解才行。据作者的实际经验,必须先掌握以下知识。

一、针织坯布的特殊性、局限性和用途

梭织布是由绷得很紧的经纱和纬纱交叉织成,弹性很少。针织布是由带钩的针将单纱织成圈,圈圈相套织成,圆形圈是不稳定的,在外力的作用下,形状会起变化,

所以针织布会有较大的延伸性和弹性,质地松软,有良好的抗皱性、透气性,很适合做内衣。此外,在工业上还可供做塑料、橡胶、人造革布等背面衬布。

虽然用针织布做的服装穿着松软舒适,但也给成品带来一定的难度,尺码难以掌握。如果缩水率太大,做成的成衣有时经水洗后会变得横宽竖短而不再合身。所以,加工成衣时必须采取一系列特别措施。

一个在行的买主首先会问卖方所卖漂染的成品针织坯布缩水率是多少。缩水率即布经水洗后面积比原布缩小的比率。缩水率又分纵向和横向缩水率。由于针织布是圈圈相套而织成,漂染和后整理过程中,布经纵向拉伸,圈圈都变为纵向椭圆形,当再经水洗以后,纵向拉伸减少或没有时,圈又恢复为原形。这样自然地整体布面纵向缩短、横向变宽。这是针织布制作服装时存在的一种缺陷。所以,买方首先关心这一点。目前,中国所用漂染整理设备已比较先进,通常纵向缩水率可达到5%以内,国际上也基本承认这一标准。另外,服装设计师们在设计针织服装时也会适当考虑放宽尺寸,特别是纵向尺寸,会稍长一些。这样成品经水洗后缩短一些,会适合正常穿着时的尺寸。所以,推销员推销前,要从生产厂取得缩水率数据。千万记住,如果卖方不能提供出这一数据,生意就无法往下进行。

二、针织布的种类

从织造工艺特点上可分三类:纬编、经编和纬经编结合织。目前纬编占绝大多数,经编次之,纬经结合再次之。

至于具体坯布品种,数目很多,而且新品种层出不穷。可以组织生产出口的品种,应该首先是质量过硬的大路品种,有些生产厂有进口的先进织机和设备,能够生产出质量稳定的高档品种,则应该组织向发达国家出口,因那里有名牌服装产品可以使用,而且价格一定会很高。

从坯布外观分,有平面、平面抽针、正绒面、背绒面或毛圈、提花、色织等,当然每种又有许多具体品种。

从用途上分,可分为内衣用和外衣用。内衣在四季皆可穿着。外衣以春夏秋为主,冬季主要有运动装、毛衫等粗厚织物。

通常情况下,买方想买针织坯布,他会给卖方一个具体品种的布样,问能否供应。买方有可能提供具体规格方面的细节,也可能提供不出。如果客户提供不出具体规格,即使有经验的出口业务也只能大致判断,很难弄准确,因为大多数规格数据必须由技术员凭仪器测定。在技术员测定时,虚心认真地向技术员请教是最好的办法;如果国内生产厂家提供样品让你推销出口,应先把规格、生产情况了解清楚。要想集中推销,那就需要先收集样品,了解规格和生产方面的问题,也是了解和学习有关品种的好方法。具体品种不再多述。

三、推销前必须了解、掌握的商品具体内容

上述一至二条内容是针对针织坯布的所有品种,而具体到某一品种,能把该品种定型的内容必须弄清楚。有的内容须在合同中订明。下列三条必须弄清。

(一)所使用的纱线

织布要用纱或线,首先确定用什么成分的纱线(纯棉的、精梳的、半精梳的、涤棉的、纯涤、纯腈纶等)和纱的支数。这两点必须在合同中订明。还有捻度,普通捻度还是强捻度。还有针织坯布布面易产生歪斜,有时采用一根左向捻度的纱配一根右向捻度的纱,防止布面歪斜。这些虽不必订入合同内容,但也须向买方说明,价格可以稍微提高些。

(二)针织坯布的厚度

针织坯布是按重量销售的,行话叫"克重",即 1 平方米面积有多少克;也叫"干克重",即将 $1m^2$ 的坯布中水分蒸发掉再称重量。合同中必须写明。因为针织成衣厂做衣服前是按每件衣服的重量计算用多少布,然后订购布料。如果订购的布料厚了,虽然重量够了,但面积不够,不仅做不出足数原订数量的成衣,无法履行成衣合同,而且因为布料太厚也会引起成衣买主退货或索赔,吃亏不讨好;如果布料薄了,又用不完,买主又会认为卖方偷工减料而退货或索赔。

另外,合同中为什么要用"干克重"这一专用计量单位,因为坯布中所含水分在不同环境中所含水分是不同的。在自然非人为的环境中,一年四季的湿度是不同的。春秋冬季的空气湿度比夏天低,故夏天时,坯布相对会重些。如果出口经海上运输,货物在海上会吸收湿气,到达目的地后重量有所增加。如果按自然重量,不按干燥后净重,往往买卖双方会发生争执。用"干克重"则给双方一个解决重量争执的合理标准。还有一种情况,原坯布克重是一样的,但经漂白、染色后,漂白的会比染色的轻些,深色会比浅色的重些。主要原因是布吸收染料的多少不一样造成的,虽说通常可忽略不计,但解决重量争执时,选漂白的、浅色的还是深色的做样品,也有所区别,应选用浅色比较合理。

克重是生产中比较难掌握的问题,买卖双方为此常发生争执。出口业务员在开始生产时就要去生产厂测试,待生产完再测就无法补救了。出口前再测试一次,取得坯布实际回潮率和干克重,保留数据和实样,以备买方提出异议后做到心中有数,方便妥善处理今后可能出现的索赔和理赔。

(三)针织坯布疵点的处理方法

针织坯布与梭织坯布一样,不管是原坯布还是漂染后的成品坯布,都难免有疵点。梭织坯布有一道修、洗、补的工序,而针织坯布没有这一工序,又不采用梭织坯布剪断的办法,不管是原坯布还是成品坯都得保持原匹整匹出口。对于疵点,采取"让布"的方法,对于不同的疵点,采取给买方一定的长度不计量的办法,如对于一个较大

的破洞疵点给予 1 米长的布不计量收费,即免费给买方。这种处理方法对买卖双方都比较方便和互不吃亏,卖方免去剪断去疵的麻烦,而用布做成衣的生产厂在剪裁后把有疵点的衣服片换一块好料即可解决。一般情况下卖方出让的面积大于带疵点换片的面积,稍麻烦一点,但不吃亏。

至于各种疵点出让多少面积,出口业务员需要先与生产厂协商达成协议,以方便与买方商谈签约时使用,具体疵点将在另节详谈。此条内容可以原则订入合同,也可不订入而达成口头"君子协定"。

第八节　出口针织坯布的检验和主要疵点

针织坯布下机后,每匹都在有荧光屏的验布机上检验,并将疵点用穿线法在布边标出;经过漂染后还要检验一次,标出疵点位置。如果织布和漂染分别在两个工厂加工,推销人或主管生产跟单人员既要去原坯布生产厂验看原坯质量,也要到漂染厂验看质量。因为出口公司要付款把原坯买下,到漂染厂加工,再付漂染厂加工费。最终成品布的质量如何、疵点多少、回潮率多大,这都与原坯有关。为了妥善处理这些问题,事先必须做到心中有数。

因为除了工业用针织布出口原坯较多外,服装用布出口主要是漂染后的成品坯。所以,只将服装用布可能出现的主要疵点作简单介绍如下。

一、纱线方面造成的疵点

(一)云斑

在一些稀薄织物组织坯布上,由于纱的条干不匀,布面看起来出现有规律或无规律纹路疏密不均的外观,经染色后,由于稀处吸色多,密处相对吸色少,布面会出现云斑一样的外观;粗厚织物则不明显。

(二)白星

纱中棉结较多,染色后布面上出现白星,原因是棉结不吸色造成。

(三)异性纤维

纱中有白色或有色异性纤维,漂白后,白色异性纤维不显露,而有色异性纤维在浅色布与布色不一样的色的异性纤维显露,深色一般不显露。

(四)粗细路

原坯布错用较粗或较细的纱支,所以布面出现粗或细有规律的纹路。漂白后的显粗或细纹路,染色后不显纹路粗或细,但颜色却显示深或浅纹路。这一疵点的特点是纹路有规律,有时整匹布都有;有时一个筒纱用完,再换纱是正确的,则粗或细纹路消失。此种疵点并不常出现,如果出现则是致命的,必须剪去。

（五）油污

织机的传动多处轴承需用油润滑。如果管理不善,原坯难免会有油污沾染。一般油污在漂白过程中都可漂掉。漂染过的坯布也可能再沾油污,这就是疵点了。

二、织造过程中造成的疵点

（一）色挡

由于喂入织机纱的张力不均匀,织出的线圈大小不一样,造成原坯布面不匀,漂白后仍会与原坯一样不匀,染色后由于线圈大小松紧不同,吸色不一样,还会出现色档。

（二）破洞

在制造过程中,由于断纱或者其他过程外力作用造成。

（三）漏针

原坯织造过程中,由于线圈漏套造成。

（四）夹杂物

由于卫生管理不善,织物织入飞花或纤维等杂物。

三、漂染过程造成的疵点

（一）白色色头不对

通常说的白色基本有三种白色,一种肉眼看上去带蓝头,一种带黄头,一种纯白,分辨有一定难度。当生产厂做确认色样时必须保存配方,不然大批生产时现用现配,很容易出现与确认样不符。推销人员为了节省时间,在寄给买方确认时,可同时寄三种色样让买方确认,省得往返寄样浪费金钱和时间。有经验的生产厂有时自动打出三种色头样品供买方确认一种。

（二）色花、色差和匹色差

针织坯布由于柔软和弹性较强不宜采用梭织布的漂染法,而是采用堆集在一起的缸染法。布堆集在一起互相挤压,弄不好会有吸色不匀的情况。所以,很容易出现色花,即在同一匹布上出现一块深一块浅不匀的情况。如果花得很厉害,则不能用于做服装,应作为疵布处理。有时同一匹布上一块地方色较深、一块较浅些,正常的肉眼便可看清,也不能用于做服装,不然做出的服装上会显深浅不同色。还有一种情况是,这一匹或几匹布与另外的布色有色差,叫匹差。匹差用有匹差的织物制作服装时,如果加工厂把同一件衣服用同一匹布尚可使用,但匹差太大就不行了,会引起买方索赔。色差分四级,一、二级正常肉眼看不出来,三级肉眼可以看清,四级非常明显,应作二等品,不能出口。

第九节　针织坯布出口业务洽谈

针织坯布的出口应先考虑买方进口后的用途是什么。在工业上,如做橡胶、塑料背面垫布,大多使用原坯布,也有一些高档皮鞋和外衣的人造革使用染色坯布。这类用途的坯布,不管是原坯,还是染色坯,要求的质量不像做内外衣那样高。但也有特别要求,如布幅宽必须与加工成品面幅一致,破洞疵点不能多。至于异性纤维、色差、色花、粗细路、油污等疵点,要求不像做服装用坯布那样严格。知道买方的实际用途,在组织生产、检验质量和计价时要区别于做衣服用坯布。必要时在合同中可注明用途为工业用途,而非做服装使用。

如果是做服装使用,则要特别注意做服装使用的坯布必须具备的质量。

由于目前坯布出口量不多,主动推销非常重要。要主动推销,要事先做好相关准备,做到心中有数。以下几方面的情况和资料须提前准备好。

一、用途和季节性

工业用坯布基本没有季节性,一年四季都可销售,但会受到一些生产织机的限制。如果同时使用生产服装用坯布的织机,往往要先生产服装用坯布,剩余闲置时间才能用于生产出口工业用坯布。如果有专用于生产出口工业用坯布的织机最好。目前国内已有不少只生产针织坯布的专业生产工厂。

服装用的针织坯布,原坯出口较少,主要是漂染后的成品坯布。其原因是发达国家生产分工不同,针织坯布织造、漂染印花、服装缝纫三大工序基本独立,不在同一生产厂生产。一般缝纫厂不会进口原坯,再费时在当地漂染厂加工,资金、能力都不允许。另外,进口原坯质量也难以掌握。如果卖方用纱不是同一批次、白色异纤较多,原坯不易看出来,但漂染后会暴露出来,所以一般都进口成品坯布。

推销服装成品针织坯布(梭织成品坯布也相同)必须了解进口方使用时间。欧、美、加、俄、日等北半球市场,秋冬季服装都在每年的9月1日上市,夏季货在5月1日上市。上市前批发商需要提前一个月从生产厂进到货,需一个月的时间整理批发给零售商。缝纫厂需要一定的时间缝纫加工。如果缝纫厂从中国进口成品坯布,运输途中需要30~40天,清关后再到达生产厂也需10天左右,再给缝纫厂1~2月的生产时间,出口方的装船时间应提前,秋冬季服装用布在五六月份交货,夏季服装用布在12月至下年1月交货,这是对欧美进口方来说最安全的交货时间。实际当地服装缝纫厂从批发商到零售商之间不需一个月的时间。秋季服装在9月1日上市后即会有人买。冬季服装尽管上市摆上货架,但须拖一段时间天冷后才会有人买。布的交货期可以相应晚一两个月。

出口推销要注意的是,中国出口到欧美国家的服装备料基本完成,则织机开始闲置。如果组织成品坯布出口,正是时机。在漂染生产环节,如果组织衔接得好,生产用时较短。

以上季节时间的计算是指北半球市场,南半球市场正相反。织梭织完供北半球市场用的秋冬服装用布,接着可织供应南半球秋冬服装用布。这样有些织机全年可以使用。

二、生产能力的组织

由于单一专业织布厂较少,必须利用综合生产厂的剩余能力。有时原坯在一个厂生产,漂染印花又在另一厂生产,生产衔接就显得非常关键。如果出口推销员在一个综合生产厂,比较容易了解和掌握生产衔接情况。如果出口推销员在一个贸易公司,则事先需找到可以供织布和漂染的生产厂,详细了解织机品种、机台数及生产能力,可供原坯布的品种时间,收集具体品种的布样,与漂染厂协商漂染质量问题和时间,当然还有价格等问题。这样才可做到对供货的数量和交货期心中有数,才不至于在签订合同后被动。

三、具体品种的准备

首先要准备样品,显示织物组织结构,查准英文名称。针对具体样品,需要准备下列资料。

(1)坯布用纱,纱的成分和纱支数。如果买方提出换纱,要知道可以换纱的范围。

(2)坯布干克重及重量(厚度)可变化的上限和下限。

(3)可供坯布筒径大小范围或割幅品种的幅宽范围,每匹坯布的重量或长度。

(4)纵向和横向缩水率各为多少。

(5)染色牢度级别。

(6)出口价格。计算价格时要分段把数据列出,以便在买方提出变化时能准确地相应调整价格。

四、具体推销洽谈

如果是通过函电推销,则首先要寄样品并告知买方所寄样品上述(1)至(6)有关数据;如果面谈,先示样品再介绍有关数据。不管函电往来还是面谈,如果对上述情况事先明了在胸,买方绝对不会认为你是个外行。数据是死的,要灵活运用,那就是技巧问题了,得经过一段时间的实践和琢磨才行。

以上内容基本包括合同中商品方面的内容,谈妥后即会做出一个完整的合同。

第十节　推销函电和合同范例及讲解

范例一　针织坯布推销 E – mail

背景:买方是从网络上找到的一个代理公司,代理十几个服装缝纫厂的原辅料进口和服装销售,他们只负责对外联系,具体进销品种规格、价格等细节,由厂方决定(这类客户在欧洲、意大利、西班牙、希腊、法国等服装业发达的国家有很多,可以通过一定的渠道找到)。

卖方是一个大的综合针织厂,有织布、漂染和针织服装缝纫三大工序。织布和漂染能力大于缝纫能力,有潜力生产出口成品坯布。

由于是在网上找到,客户应有 E – mail,所以先以 E – mail 联系。

Dear Sirs,

We got your company name and Email address from your website and know you are an agent representing your factories for buying and selling business. Therefore, we would like to ask you whether some of your factories need bleached and dyed knitted fabrics for making knitwears.

We are a knitwear factory having knitting, bleaching/dyeing and sewing garment procedures. We are exporting big quantity of knitwears to Japan, Europe, America, etc. Our capacity of knitting and bleaching/dyeing are bigger than our sewing capacity. Therefore, we have capacity to export knitted fabrics. We can supply the fabrics for sewing knitwears for all seasons.

Please give this information to your factories and see which factory would like to have a try. There are two ways, one way is that you can send us a piece of fabric cutting and then we shall make a counter approval sample for them to approve, another way, we can also send you some representative fabric cutting samples, which we are now using for making our knitwears for export for them to study.

A short reply will be highly appreciated.

Best regards.

Liu Ming De.

范例二　针织坯布推销 E – mail

背景:此 E – mail 发自一家贸易公司,该公司与买方已有多年针织服装业务,建议买方扩大业务范围,增加进口针织成品坯布品种。在欧美国家,有不少进口批发商先是从当地生产商进货再批发,建立起自己的销售渠道,然后扩大到进口。也有很多自产自销的生产厂,缩小了自己的生产量,改为自产和进口相结合,他们有自己的品牌。2008 年的金融危机使欧美国家失业率大幅上升。为解决失业问题,加之贸易保护主义抬头,这些生产厂恐怕要重新扩大自产的旧业,对进口坯布也会有需求。这类客户往往与其他同行生产厂也有联系,可以把他们培养成坯布进口批发客户。

Dear Mr. Smith,

Re: Knitted Fabrics.

Recently I am thinking about how to enlarge our business. I knew you are a manufacturer and an importer. During the past ten years you reduced your production and changed to import to make up. The reasons are that our prices are competitive and your local labour cost is high. Such condition and way are not only in your company, but also in other manufacturers. Since the financial crisis from 2008, the rate of unemployment is going up, and a lot of people are facing long – term unemployment. I think they do not like to live on government unemployment benefit, and government also will give some measures to help to reduce/tackle unemployment. Some sewing factories may use government measures to restore or to restart their production. Therefore, there is possibility that you help them to import knitted fabrics. On our side, we have capacity to supply. Since you are importing our ready – made knitwears and you knew the quality of our bleached/dyed fabrics. We can organize to supply basic and also fine jacquard knitted fabrics.

Please consider my suggestion and let me know your opinion. If you think there is possibility, please collect fabric cuttings from your buyers and send us. We also can arrange to send you some fabric cuttings for you to show your buyers.

Wait for your good news.

Best regards.

Liu Ming De.

范例三　针织坯布推销 E – mail

背景:在买方收到范例一后的回复。

Dear Mr. Liu,

Glad to receive your E – mail. We have 5 knitwear sewing factories needing knitted fabrics. In the past we organized to buy for them from the local and neighboring country manufacturers. Since you can supply they would like to try. As they are not familiar with your supply condition, such as quality, delivery time, payment terms, etc. they need to see and study your samples. Therefore, please arrange to send us your sample first in basic, medium and high qualities, each in 6 copies so as to facilitate us to show our 5 factories.

Best regards.

Smith.

范例四　针织坯布推销 E – mail
背景:在买方收到范例二后的回复。

Dear Mr. Liu,

We quite appreciate your good idea to enlarge fabric business. If your company can organize to supply, we would like to try.

As you know, our local sewing factories normally make higher quality knitwears, accept orders in famous brand and quantity per design or color are not too big, but prices may be good for you. We shall collect samples to send you for you to deal with your factories.

Meanwhile, please also collect those higher quality samples on your side for our buyers to study. Of course we need those higher qualities for making famous under wears, such as: cotton fine yarn interlock, rib, etc.

Best regards,

Smith.

范例五　针织坯布推销
背景:范例一和范例二是卖方发给买方的 E – mail,都收到买方的回复。在具体业务实践中,并非每次都会得到回复。在很多情况下,买方没有兴趣购买,干脆没有回音,有的可能礼貌地回复暂不需要。作为范例,我们只当买方回复有需求对待,书才能继续写下去。

范例三和范例四两封 E - mail 都需要看样品,研究卖方能供针织坯布的品种和其质量。如果品种很多,难以全部寄给客户,只能选有代表性的寄送。通常采用把有关规格细节写在一个纸吊牌上,挂在样品上;也可以正规打印或写在纸上,贴在布样上。这样买方看起来更方便些,以免看样时还要在电脑上或列表中核对。对于每种布样,应标明①针织坯布的结构组织名称(品名),②所用纱的成分、纱的支数,③坯布干克重、可供干克重的范围,④布幅或筒径、可供布幅或筒径的范围。至于缩水率、色差色牢度、疵点处理等方面寄样时不必注明,待下一步客户选中具体品种后再谈。

对于回复范例三和范例四买方的 E - mail,综合采用两个范例回复,一是将卖方样品寄出后的回复,二是收到买方样品后的回复。

(1)卖方寄送样品后的回复 E - mail。此 E - mail 应该打印一份,用信封封好,附在所寄的样品包裹里,以便买方收到样品后知道是怎么回事。有时大公司里有专门人员负责收发信件包裹,便于很快送到该收的人手中处理。

Dear Mr. Liu,

Re: Samples of Knitted Fabrics.

Under separate cover we are sending you 10 kinds of knitted fabric cuttings, each kind marked with its name, composition of yarn, yarn count, dry weight, width and its changeable scale.

Hereby we would like mainly to introduce 2 kinds of them, one is Cotton Interlock, made of 100% cotton combed yarn in count 40s/1, weight round $140g/m^2$, fabric tube width from $12'' \sim 18''$; another is Yarn - dyed Fabric, made of 100% cotton combed yarn double mercerized and double singed, yarn count 100s/2, dry weight round $140g/m^2$, fabric tube opened, width round $70''$. The Interlock is used basically for under wears, but now used for making fancy under wears and outwears, especially for women.

The Yarn - dyed Fabric is in different colors, for making men's, boy's and women's outwears. The quality is good enough for famous brand knitted garments.

Please study and let us know your working result.

Best regards.

Liu Ming De.

(2)收到买方寄来的一片布样,没有详细规格说明,询问能否照客户样品织出小样寄给买方,并报价格。

在此情况下,收到后应立即给买方一个 E - mail 回复,告诉买方已收到样品,并

将于近期找生产厂研究,测出用纱、克重、试织样品,核算成本并报价格。此 E – mail
内容简单,不写范例。

此封 E – mail 是样品试出后、寄出样品时应该写的。

Dear Mr. Smith,

Re：your sample of knitted fabric.

Our factory studied your sample. Its specification is that the yarn used is 100% cotton
combed, in count 40s/1, dry weight 150 g/m^2. According to its specification, our fac-
tory made the counter sample. Under separate cover we sent you today.

Hereby we quote you our reference price as follows：

Cotton Interlock, made of 100% cotton combed yarn, count 40s/1, dry weight 150 g/
m^2, bleached and dyed, dark colors no more than 20%, price at US $ × ×,× × ×
per dry kilogram, CIF London, packing 1 whole piece in a roll covered by white cloth
then in container.

Please study and let us know your working result.

Best regards.

Liu Ming De.

范例六

背景:在前面五个范例中,有卖方推销、买方索样和寄样、卖方寄样报价。在实际
业务中,通常又会有卖方报价、买方还价、卖方确认等往返 E – mail 或电话联系。报
价时要留有还价的余地,但不宜太大,不然有失去做成生意的机会,还价也不宜太低。
一般第一次成交后,如果市场,特别是原材料市场,变化不大时,不宜调高价格,这好
像是一条行规。所以,第一次定价要特别慎重。

当买方最终确认价格和相关的规格细节后,要给买方发一封简单确认 E – mail,
通告即将做售货确认书传真给买方。

笔者发现有的年青业务员先在电脑上做个售货确认书草稿,通过 E – mail 发给
买方确认一下,收到确认后再正式做出来,签字后传真给买方签字,并传真回来。这
样做也可以,以免有修改时往返传递。

此范例内容是在买方确认价格和有关规格细节后,卖方做出正式售货确认书,签
字后传真给买方后发的 E – mail,有通知性质。如有合同内容以外的事情需要说明,
可一并叙述清楚。

Dear Mr. Smith,

Re: S/C No. KF 10/01, Knitted Fabric.

Thank you for your confirmation of the price and now all the details are finalized. We have made out our sales confirmation and signed. After we send you this email, we shall fax the same to you. Upon receipt of the same please sign and fax us for our file.

As the fabric is seasonal and delivery time must be kept in time, please arrange to open your Letter of Credit earlier, so as to enable us to organize the production earlier. As soon as you opened the L/C, please inform us by email.

As to color samples for S/C, please get from your buyer and send us.

Best regards.

Liu Ming De.

范例七　针织坯布合同

背景:根据买卖方双方商定的细节,卖方缮制的售货确认书范例(表3-2)。

范例八　针织合同 No. KF10/01 的注释和讲解

(1)Dry Weight:由于针织坯布在不同的温湿条件下含潮不同,很容易发生争议。所以,此处一定要写明干重多少。同时,生产厂在生产前要设计需要干重,在生产中和生产后也要测干重,以确定实际交货重量。

在纱线章节曾介绍过公定回潮问题,如纯棉纱线公定回潮率为8.5%,当交货时,测试实际交货的棉纱回潮率为8.5%,则按实际重量交货。如果测得的实际回潮率为5.5%,则卖方按少于实际重量3%交货。一般在自然环境的情况下,回潮率达不到公定回潮率那么多,所以实际交货的重量少3%。这是一条行规,有些针织厂买纱不知这一计算交货重量的行规,往往引起争议。

针织坯布用于做服装,对布料的厚度要求很严,所以要求用干重计算。这样布的厚度在生产时容易掌握。与棉纱不同,在计算价格和实际交货重量时要特别注意:一是计算价格时,以干重计算成本,棉纱成本上要扣去棉纱公定回潮8.5%这块重量,即用纱重量成本外加上8.5%,才能从价格上实际收回棉纱的成本;二是实际交货重量,合同中10000千克是干重量,而实际交货又不能完全在干燥的真空中交货,自然要含一定的水分,即回潮(或叫含潮),交货时要测一测布实际回潮率,测得多少,则需加在实际交货重量上。如测得回潮率为5%,则实际交货实际重量为10500千克(这里以

表 3-2 售货确认书

纺织服装出口有限公司
TEXTILES & GARMENTS EXPORT CO. ,LTD.
No. 78 , Zhongguo Road , Qingdao , China.

售 货 确 认 书
SALES CONFIRMATION

电话(TEL) :0086 - 532 - × × × × × ×
传真(FAX) :0086 - 532 - × × × × × ×
E - mail :× × × × × × @ 163. NET

To Messrs : London Import Co. , Ltd. ,
　　　　　No. 2 , Lond Street ,
　　　　　London , UK.

确认书编号 S/C No. _____KF10/01_____
日期和地点 Date & Place _____15th Feb. ,2010_____

　　兹确认经买卖双方协商一致,卖方售与买方下列商品,特签订此确认书,其具体商品细节和成交条款如下:

　　We hereby confirm that , through consultation in a consensus , the Buyers agreed to buy and the Sellers agreed to sell the following goods on the terms and conditions as set forth hereunder :

----

(1) 品名及规格 DESCRIPTION OF GOODS :

Knitted Interlock Fabric , made of 100% cotton combed yarn in count 40s/1 , dry weight 140g/m2. (1)
Fabric tube width : 12″ 20% , 14″30% , 16″30% , 18″20% . (2)
Colours : White 30% , Pink 25% , Blue 25% , Black 20% . Colour samples to be supplied
　　　　by buyer. (3)
Packing : A whole piece in a roll , covered by white cloth , marked outside with tube width ,
　　　　colour , total weight , and bale No. (4)
Sampling : Approval samples required , each colour 2 meters for Buyer to approve. (5)

(2) 数量 QUANTITY : 10 ,000 KG.

(3) 单价及价格条款 UNIT PRICE & TERMS : USD3. 00 CIFC5% London per KG.

(4) 总金额 TOTAL VALUE : USD30 ,000. 00

　　　　IN WORDS : U. S. Dollars Thirty Thousand Only.

(5) 交货期 SHIPMENT TIME :

(6) 目的港 DESTINATION :

(7) 保险 INSURANCE :　　　　　以下详见第七章的讲解。

(8) 付款方式 PAYMENT :

(9) 特殊条款 SPECIAL CLAUSE : Quantity with 5% more or less allowed.

注意　开立信用证时,请在证内注明本确认书号码:

IMPORTANT : When Open L/C , please indicate the number of this S/C in the L/C.

一般条款(见本合约纸背面)

GENERAL TERMS & CONDITIONS (PLEASE SEE OVERLEAF)

买方签章 **Buyers'Signature**　　　　　　　　　　卖方签章 **Sellers'Signature**

请在本合同签字后退回一份供存档 **Please sign and return one copy for our file.**

纯棉为例,其他成分的纱线回潮率不同,须按具体回潮率计算)。买方用布做服装是按布的面积使用,不是按重量使用,重量只是说明布的厚度,如按自然重量,由于回潮率不同,很难保证布的厚度一致。同样的干重,由于回潮率不同,重量也不一样。这样也会给买方完成全部服装订单数量带来麻烦——要么做出的数量不足,要么剩余了布料。所以要特别注意使用干重计算,有些买方不一定明白此道理,要向他们解释和说明,卖方计价时千万别忘记把回潮这一块加到价格里。

(2)Fabric tube width,共有四个不同筒径的坯布。每个筒径布的数量给出一个占总重量的百分比。一般情况下,买方是根据自己所接服装订单数量,根据每件用布面积数,或每件衣服的重量数计算出来的。如 12″筒径 20%,实际重量 = 总重量 × 20%。

(3)Colours,染色数量搭配,共四个色,每个色也有一个百分比。如果买方没有特别要求,意味着每种筒径的布都要有这四个色,各色所占比例如合同里所订。如 12″筒径的布有了总数量后,再按四个色比例求出每色的重量即可。

此条中 colour samples to be supplied by buyer。在合同中只订了染色名称时用。如果在签合同之前买方已经寄过样品,则写:colour as per buyer's samples。因为每种颜色虽名称相同,也有浅、中、深之别。白色也不是一种白,也有蓝头、白头和黄头之别。所以要有具体色样。合同中写了"to be supplied by buyer",也提醒买方有责任寄色样。有时也可写上一个期限,以免买方寄晚了影响生产。如误了交货期,可由买方负责。

Fabric shrinkage,缩水率,分径向(纵向)和纬向(横向),针织由圈套成,漂染过程中纵向拉伸力大,线圈在纵向上有椭圆变形,线圈成纵向长横向窄。做成衣服水洗后纵向张力少了,线圈变圆,纵向会缩短,横向变宽。所以,不必担心横向缩率,往往都是负值。纵向保持在 5% 以内是可以接受的。当然近些年生产厂采用先进设备,加上特别防缩后整理,纵向缩率可达到 3% 以内。此处不必特别注明纵向和横向。此条可口头达成协议,不必订入合同。

Color deviation,色差。在同一匹上布,往往会出现这一片(块)与相邻或不相邻的另一片色的深浅差别,称为色差;这些问题很易出现,但也有个允许范围。中国的生产厂用对比分级的方法。把同一种色放在一起对比,分为五级,一级、二级、三级正常人肉眼看不出色差也就可以了。当然色差到位级就不能用于做服装。不然一件服装的各个部位色深浅不一样,无法销售。所以,色差必须达到三级以内。而匹差在四级以内为什么买方可以勉强接受,因为买方遇到这种情况可以采用一件服装同一匹的布,保证了一件衣服上不出现色差。当然是比较麻烦的。如果买方不接受匹差四级以内,只接受三级以内,则须事先与生产厂商量能否达到,能达到再认入合同中,达不到须费些口舌向买方解释,说清理由,让其接受。

（4）Packing，包装。包装方法和外包装物不止本合同一种，要根据实际情况确定。原则是要保护布料在搬运过程中不受污受损，又要便于买方使用布料方便。目前一些较宽的割幅，都是卷在纸筒上，外套厚一点的塑料袋，挂一标上内包装内容的纸吊牌，再直接装集装箱。

（5）Sampling，试样。纱线、梭织布原坯布可凭文字描述的规格判断出约 70% 的质量情况。对于开始几笔生意，买方仍旧会索要试样验看。对于漂白染色针织坯布凭文字很难准确描述质量。同时，为了将来交货时出现质量争议解决有凭据，双方必须有样品为凭。交货质量如与当初双方确认的样品一样，则买方无权提出索赔。所以，一定要寄样品让买方确认。合同订此条款表明：卖方有责任先寄样品给买方确认，买方确认后即作为卖方生产交货的依据，买方一旦确认，卖方如果照样生产出来，买方必须接受。如果交货质量与确认样相符，则买方无权提异议索赔。

除了合同中必须有此条款外，寄确认样时，样品一定要一式三份，合同生产厂保留一份供照以生产，寄给买方一份，自己保留一份存档备用。

注意：对于缩水率和色差内容，如果买方要求订入合同，则写在颜色之后，包装之前；如数量、单价、保险、付款方式等内容在梭织布合同上都做过注解和说明，在此不再重述。

第四章　漂白和染色布类的出口

内容提示

　　本章主要介绍纯棉、再生纤维、部分化学纤维及其混纺、交织的梭织坯布的漂白、染色、印花、色织的简单过程。给新入行的出口业务员一些基本做贸易必须了解的知识,同时给一些如何深入学习这方面知识的提示。

　　而对于麻织品、毛织品和蚕丝制品染色只做一些特殊提示,供出口业务员需学习、了解这方面的知识时参考。

　　漂染印具体操作是生产技术方面的事。作为贸易人员需先从贸易方面了解相关的知识,如产品的规格、质量水平、织疵的处理等,使签订的合同内容足够详细且满足具体生产的需要。

　　本章只针对主要出口品种,介绍贸易方面的知识、推销往返函电范例、合同范例及其变换讲解。

第一节　漂白和染色梭织布

一、梭织布漂染整理主要工序

(一)纯棉成分梭织布主要漂染整理过程

纯棉坯布漂染整加工主要流程为:①原布准备→②烧毛→③退浆→④煮练→⑤漂白→⑥丝光→⑦增白→⑧染色或印花→⑨开幅→⑩整理→⑪检验质量→⑫成品包装。随着被加工的产品规格、加工要求,加工设备和生产厂家的不同,其加工工艺过程也会有所不同。每道工序都有其目的,现简述如下。

1. 原布准备工序

其主要是对将用于加工的坯布进行检验。根据印染成品的具体要求,检验坯布是否适用,以免印染成品达不到合同规格、质量要求。如坯布的幅宽、匹长、寸密、纱支、疵点等情况是否符合要求。将不符合要求的坯布盲目进行印染,成品不符合要求,势必要重做,会造成极大的浪费,所以要进行检验。

以上说的是印染生产厂生产车间应该做的,对出口业务员来说,有下列两种情况须注意:一是将合同给一个印染厂生产,由他们根据成品合同要求自己购进坯布加工。一般情况下,印染厂会严把坯布规格质量关,因为这与成品质量密切相关。若由贸易公司购买坯布给印染厂加工,印染厂只收取印染加工费。印染厂也会仔细检验坯布规格质量。由于坯布加工后规格会有些变化,外销员很难掌握这其中的差异,所以,一定要从印染厂取得确切的坯布质量数据,再照此去订购坯布。二是将合同给既有坯布生产又有印染加工的工厂。由于是一个厂,工厂往往在此工序忽视对坯布的规格或质量进行检验。待染色或印花后才发现规格或质量方面问题。此时印染厂会采取一些补救措施。有的措施能完全解决规格质量问题,有的措施则凑合着解决了,如缩水率、幅宽等。出口业务员要特别注意。

2. 烧毛工序

纱线表面都或多或少存在毛羽,织成坯布后仍旧存在。毛羽会影响染色和印花效果,也影响布面的光洁度。所以,要让坯布快速通过火焰或赤热的金属板表面,将其烧去。至于烧毛的设备、具体操作方法、原理等是生产方面的事,出口业务员知道更好,不知道也可。但要注意一些普梳粗支纱织的粗原坯布,布面往往有较多的棉结杂质,通过火焰方式烧毛不易去净,宜采用通过赤热金属板烧毛。赤热金属板不仅有烧而且有擦的作用,易去净。

3. 退浆工序

在坯布织造时,为了利于织布需要,要将经纱做上浆处理。但是浆料附着在纱线上,不利于染色和印花,所以要将浆料退去。退浆主要采用碱、热水、酸、酶和氧化剂退浆。退浆工序一般都无问题,知道有此工序即可。

4. 煮练工序

坯布经退浆后,尽管大部分浆料和部分杂质已经去掉,但仍旧有部分残存,影响后加工染色或印花成品布的质量。因此,退浆后再用化学方法继续去除坯布上的杂质,提高白度和吸湿性,使染色或印花效果达到要求的质量标准。

5. 漂白工序

坯布经煮练后,尽管外在杂质大部分被去除,吸湿性提高,但因色素存在,坯布不白。为了去除天然色素,提高白度,继续去除坯布上残存的其他杂质,进一步提高坯布的吸湿性,以适应染色或印花的需要,需对坯布进行漂白处理。

6. 丝光工序

丝光在印染加工过程中,对提高棉织物印染内在质量和外观质量极为重要。通常方法是使织物通过烧碱溶液或其他一些酸类或盐类,使织物获得像蚕丝一般的光泽,这一过程叫丝光。丝光工序在工序前后安排上有四种情况:坯布丝光,先漂白后丝光,先丝光后漂白,染后丝光。丝光除了使织物获得像蚕丝一样光泽外,还能提高棉织物在印染过程中的吸附性能及化学性能,定形作用,提高纤维强度。

7. 增白工序

棉坯布经漂白后,虽然白度有所提高,但仍旧会略带有淡黄色或淡褐色,不能满足对白度的要求很高的漂白布、白底面积较大的印花布的要求标准。所以,必须通过增白或复漂来提高白度。在第三章中曾介绍过针织坯布的白色带有不同的色头,梭织布也一样存在不同色头。出口业务员要特别注意,白色并非一个色,而是有不同色头的白色。

8. 染色或印花工序

前面七道工序和后面三道工序都是为此工序服务,使染色或印花成品布达到理想、合乎合同质量规格要求。出口业务人员应注意的问题,将在另外专节介绍。

9. 开幅工序

在坯布练漂加工过程中,多数情况下以绳状进行。但在丝光、染色、印花工序中,必须展成平幅状才能进行加工,所以要先在开幅机上进行开幅。开幅后还要把织物中所含水分轧去,轧水的同时,还可使布面在重压后获得平整,去除一些杂质,以利于烘干。织物经轧水后,再通过烘燥设备(烘筒烘燥机、热风烘燥机、红外线烘燥机)烘干。至于柔软或坚挺整理内容,将在另外章节介绍。

10. 整理工序

坯布在漂白、染色或印花过程中,由于拉伸、缩水一系列物理和化学作用,布面外观、幅宽、手感等都未达到合同要求的质量、规格。所以,要经过一系列的物理和化学的方法进行整理,达到合同要求的质量。整理的内容很多,将另做专门介绍。

11. 检验质量

当棉布经过漂染印整理后,规格、质量不一定都能达到合同的要求。所以要检验选出合格部分。

12. 成品包装工序

由于成品布将用于不同的用途,还要保护在搬运过程中不受损伤,所以合同中一般都有包装要求。此为出口前的最后一道工序。

(二)化学纤维织物漂染印整主要工序

化学纤维织物分为再生纤维织物和合成纤维织物。这两类织物的特点是布都比较洁净、白净,没有杂质附着,偶有一点油渍、水渍痕。所以,在染色或印花之前的预备工序中比棉坯布简单。由于化学纤维是由化学方法黏合或化合而成,在染色、印花和整理过程中所用酸碱性染化料有较大的不同。后整理工序与棉坯布基本相同。

以上简单介绍了从坯布投入到成品出口的基本全过程,是出口业务员起码应该了解的知识。只有掌握了这些基本知识,业务员才能更有效和有针对性地深入了解各个工序的知识,以便解决业务中出现的质量问题。至于其他天然纤维织物,如麻织物、蚕丝织物、毛织物与棉纺织物工序基本相同,只在个别工序有所不同。

二、梭织布印花方法简介

不管是梭织布还是针织布在印花工序前都要经过与染色一样的一系列准备工序,将布漂净、平整后才能印花。如果是在浅色布上印深色花,则还需先染色再印花;印花后要进行烘干,烘干后通常还要蒸化、回色或显色处理,再进行皂洗、水洗,以除去色浆中的糊料、化学药剂和浮色,最后整理、检验、打包。

目前出口和国内使用主要有下列几种印花方法:筛网印花(分为平网和圆网印花)、滚筒印花、转移印花、防染印花和拔染印花等。

(一)筛网印花

用合成纤维长丝、蚕丝或磷铜丝材料织成网状布,网目大小根据印花精细度需要而选用。先将筛网固定在框架上,按照印花图案封闭其非花纹部分的网孔。这样印花时印浆只通过未封闭的花纹部分印到布上,这种方式称为筛网印花,筛网印花有两种形式:平网和圆网。平网印花的印网是平的;圆网印花的印网是圆筒形状。平网印花是在一定长度的平台上铺上毛毯再覆盖上防水胶布,将要印花的布铺在上面,台板两边沿布的纵向装有导轨,并有可调节的对花定位装置,印花时,按调节好的定位距离放下网框,有手工或机械操纵刮刀刮印。多种颜色的彩色印花是由多个网框按一定的顺序先后刮印重叠而成,花型有几个花色用几个网框。台板下有蒸汽散热片或台板上方装有红外线烘干装备,使印浆刮印到织物上快速干燥,防止印在布上的印浆渗化(go each other),保持花纹轮廓的清洁。出口业务员要注意的是,平网印花对花型大小、套色多少、织物种类要求限制较少,在接受印花布订单时限制小。采用机械刮印有两种形式:一种是被印的布放在长板上不移动,而印网框在轨道上动;另一种是布动而印网框在原地升降动。平网印花由于不受花色大小、套色多少的限制,印花色泽浓艳,花纹精细,常用于高档纺织品的印花,是目前出口印花布所使用的主要印法之一。圆网印花是使用无接缝的圆筒筛网印法。它的特点是利用圆筒筛网转动进行印花,比平网印花的效率高。原理与平网一样,只是机械样式不一样。但有一点出口业务人员要注意,接受订单时要测量一下花型大小,因为圆网筒的周长一般为64厘米,所以,一个花型循环最大纵向长应不超过圆网筒的周长。

(二)滚筒印花

滚筒印花是用刻有凹形花纹的铜制滚筒在织物上印花的方法,也称铜辊印花。印花时,先使滚筒表面沾上色浆,再用锋利而平整的刮刀刮去凹形花纹以外的色浆,而凹形花纹内存有色浆,当花筒压印于织物时,凹形纹内的色浆即转印到织物上而印得花纹。每只花筒印一种色浆,花型有几种配色即须有几个滚筒。一般滚筒印花只能印单面,如果用二台主机串联组合配有二套花纹对称的花筒,可以印出正反两面花纹一致的双面印花。出口业务人员要注意的是,滚筒周长一般为40~50厘米,在接受订单时注意花型的纵向长度应不超过滚筒的周长。滚筒印花效率高,是目前出口印花布的主要加工方式之一。

(三)转移印花

转移印花是先将印花染料及助剂配制成油墨,用印刷的方法印在转印纸上,再将转印纸和织物紧压密合通过加热,把转印纸上的图案(或称染料)转印到织物上而制得精细美观的图案。

(四)其他印花方式

除以上三种主要印花方式外,还有防染印花和拔染印花,其用于一些小品种、小批量出口印花布。因用于出口印花布较少,故不多述。

三、色织布方式

先将纱线染色,再织成布,称色织布,分梭织色织布和针织色织布两大类。其原理与织针织坯布和梭织坯布织法一样。只是在织机上装有特殊装置,调控各种色纱线的喂入,从而织出不同花型和色泽的布。

四、后整理工序

织物在练漂、染色、印花工序中及以前的一些工序中,包括色织坯布,由于连续受到经向张力,使织物的经向伸长而纬向收缩,出现门幅不一样宽、布边不齐、纬斜等情况,因此要进行拉幅处理。但拉开以后,在无张力的情况下织物再受湿,织物又会变形。因此,在拉幅的同时进行整理,使织物幅宽符合合同要求,各匹布门幅一样,布边整齐,纠正纬斜,提高织物的稳定性。这是漂、染、印、色织布必须经过的一道重要工序。

由于织物用途不同,要求织物具备一些不同的特殊性能。因此,根据合同要求不同,还会要求进行以下处理。

(一)硬挺整理

硬挺处理是利用一种能成膜的高分子物,即俗称浆料的物质,制成浆液黏附在织物或是纱线的表面,干燥后,使织物变得硬挺、平滑、厚实手感的整理方法。整理用的浆液组成因整理效果的要求不同而不同。

(二)柔软整理

织物,特别是棉织物,经过退浆、煮练、漂白、染色、印花等工序,在高温和化学药物的作用下,织物的手感会变得比较粗糙。为了恢复和改善织物的手感,以适合使用目的,要采用机械方法或柔软剂进行柔软。

(三)预缩处理

织物在印染加工过程中,持续受到经向张力,导致织物经向伸长、纬向幅宽缩窄。经向收缩形成不稳定状态,在织物内存在潜在的收缩,织物遇湿后,便会不断地发生伸缩,这种显现象称为缩水现象。出口业务员要特别注意这一现象。不管是出口布还是订购布在国内用做成品都要非常重视这一问题。因为很多成品,如服装、被套等,规格要求比较严格,如果用的布的缩水率太大,水洗一次以后,便会因缩水而不适合使用。所以,织物一定要进行预缩处理,使之处于一定缩水率范围之内的稳定状态,才能用于做成品。

缩水率越小越好,但处理技术上有一定的限度。我国对各种成分的布都有一个标准,布料成分组织结构不同,缩水率也不相同。出口对中高档布要求的缩水率,梭织布为3%,针织布为5%。

(四)外观整理

随着人们和市场的需要,这些年来对布的外观要求不断增加,外观整理方法也在增加和改善,以生产出更美观的布料。目前有下列五种外观整理方法,简介如下。

1. 增白整理

织物经漂白后,虽然白度有了很大的提高,但对白度要求高的织物,必须进一步提高白度。前边已介绍过,白色有不同的色头。为了满足买方对色头的要求,因此需要对织物采用一些特殊方法进行增白整理。

2. 轧光整理

人们所看到的织物表面的情况,是由织物所反射的光形成的,表面平整光滑,则反射出的光泽好,反之则光泽不好。织物经过印染加工后,纱线会有不规律的弯曲扭曲,使织物表面不平整光滑,从而使织物看上去显得灰暗,光泽不好。因此,要进行轧光整理。轧光整理是利用纤维在湿热条件下的可塑性,通过水分、温度、机械压力的作用,把织物中的纱线压平,竖立的毛羽压伏在织物的表面,使织物纤维呈现平行整齐排列,以改善织物表面光泽。

3. 轧纹整理

利用刻有细密平行斜线或刻有花纹的硬辊与软辊组成的轧点,利用织物在湿热条件下的可塑性,使织物表面产生局部光泽或花纹的效应。

4. 磨毛整理

采用磨毛机使织物表面纱线中的纤维被拉出并割断,再反复摩擦,产生绒面。因为所起的绒毛细、密、短、匀,使织物厚度增加,给人以柔软、平滑和舒适的感觉。

5. 树脂整理

树脂整理主要是利用树脂来提高织物防皱防缩性能的整理方法。因最初的树脂整理是一种称脲醛的树脂做为整理剂而得名。虽然现在树脂整理剂也并非全是树脂,但仍沿用该名称。

随着纺织业的发展,人们的要求也能越来越高,希望衣服水洗后不需再烫即可穿,并逐渐扩大到床单、枕套、窗帘等日用纺织品上。因此,树脂免烫整理也开始广泛应用。先是防皱防缩整理,又发展到免烫"洗可穿"整理和耐久压烫整理。

出口业务员出口印染布或采购后在国内做服装和床上用品时,要特别注意:目前所用树脂整理剂多种多样,像含有偶氮和甲醛的树脂整理剂,已被欧美发达国家所禁用。当接受订单时,若客户要求树脂免烫整理,要认真询问生产厂所用树脂整理剂是否含禁用剂,否则将来会引起索赔或退货,千万不可疏忽。

6. 特定功能整理

纺织品的使用范围很广,除了做一般日用生活品外,还有一些其他特殊用途,如工业用、国防用、卫生用等。由于使用要求和目的不同,要求对织物进行相应的整理加工,给织物增加特殊功能。其种类很多,而且在不断增加。目前主要有以下几种。

(1)拒水和防水整理。

(a)拒水整理是先用适当的整理剂作用于织物表面,使织物具有透气但拒水的性能。

(b)防水整理是在织物表面涂上一层不透水的连续薄膜,将织物空隙堵塞,使水和空气不能通过。

(2)阻燃整理。所谓防火阻燃整理并不能达到在火焰中不燃烧的水平,而只能达到织物具有不同程度的阻碍火焰蔓延的能力。

(3)抗菌防护整理。在不使纺织品原有性质不发生显著变化的前提下,采用物理和化学方法,提高织物的抗菌、微生物的能力,抑制有害细菌的传播,帮助织物和织物使用者免受或少受细菌的侵害,这种处理称为抗菌防护整理。

(4)防紫外线整理。尽管任何纤维都有一定的防紫外线辐射性能,但不能达到保护人体完全不受紫外线伤害的保健要求。因此,选择一些整理剂处理织物,使织物具有防止和降低紫外线伤害,保护人体健康,这种整理方式称防紫外线整理。

特定功能整理项中介绍了四种整理,在实际出口中很少见,多数是市场炒作。像防紫外线整理,是因为澳大利亚上空臭氧层出现破洞,人们疑心外线过量,进行研究试验防止,在其他天空正常情况下,医学界认为适当的阳光和紫外线对人有意而无害。再者,织物经过过多的机械化学整理,在强力、色牢度等方面都减弱。出口业务员不可听信宣传,在没有把握的情况下,对外推销时不宜盲目主动宣传这些功能。

第二节　漂白、染色、印花和色织布类
出口推销和洽谈

　　本节主要介绍出口推销前的准备工作应该注意的问题。出口推销一般会有两种情况,一种是出口业务员主动对外推销,另一种是接受买方样品和询价。不管是哪一种,出口业务员都必须做到知己知彼,即要清楚可供出口品种的详细规格和可达到的品质标准。

　　如果是主动向买方寄样报价推销,首先要准备样品,样品上要详细注明布的规格资料。如果是面谈,除看样品外,还要做必要的介绍。如果是买方寄来样品或者面谈提供样品,特别面谈时,买方有时就提供一块布样,问你能否供应,虽然当时难以完全判断出具体规格,但也应大体判断出可否供应。有时候买方有意不告诉你,让你判断,有意考你。那你也可以问他,也考察他是内行还是外行,由被动转为主动。

　　下面将介绍这方面的内容。

一、成品布规格

　　(1)所使用的纱的情况:纱的成分、比例,纱的支数,单纱还是股纱,股纱是几股。

　　(2)织物密度(寸密),即每平方英寸中经纱和纬纱的根数。

　　(3)布幅宽度。

　　(4)组织结构:如平纹、斜纹、缎纹等。

　　(5)匹长:漂印色织布不像坯布能达到80～120码包装,一般在50码左右,30码以上基本可以接受。因为做成品剪裁时,没有很长的案板。

　　有了以上(1)至(4)内容,布的规格就可以表示清楚了。

二、漂白布

　　漂白布虽然都称白色,但有不同的色头,如黄头、白头、蓝头等。

三、色布

(一)染料和浆料

　　燃料和浆料的种类很多,如活性染料、还原染料、硫化染料、涂料等。出口业务员要注意:目前人们的环保意识越来越高,要求美观实用的同时也要求环保,如欧美发达国家,政府出面禁用某些染料,如偶氮染料。如不小心使用,会引起严重后果。有时买方要求在合同中注明,有时会要求提供证明材料。在与生产厂订合同时,也应该注明。如果生产厂使用禁用染料被买方发现,生产厂也要承担赔偿责任。

(二)色花

在一匹布的局部用肉眼即可以看出颜色深浅不一致,称为色花。正常人肉眼能看出色花的布基本不能出口,算次品。

(三)色差

色差分两种情况:一种是在同一批布上,布的两边和中间、两头对比深浅不一致;另一种是这匹布或这批布与另一匹(批)不一样,色差正常肉眼可以看出。这种情况在色布中很易出现。一旦出现这种情况,生产厂应有办法补救解决。如果匹差过大过多,则不能出口,特别用于做服装的布。

(四)色牢度

顾名思义,色牢度即印染布在经受外界的作用而能保持原色的程度,主要分耐水(皂洗)牢度、日晒牢度、耐摩擦牢度等。对服装用布来说,耐水(皂洗)牢度最为重要。

(五)起订量和每色数量搭配比例

买方很少只订一种颜色的布。每年世界主要市场会有 5~7 个流行色。白色、浅色、中浅色和深色的染色成本是不一样的。一般情况是,色越深成本越高,也就是说价格应贵些。所以,计价前要弄清买方订货的染色及各色数量比例,以便计算出合理的价格。如果不能确定,一般按深色占20%计算,报价时向买方声明。如果将来实际订货深色大于或小于20%,价格相应调整。

另外,出口业务员应注意,生产厂的报价都基于一个最少的起订量。数量太少,生产成本高。目前都讲究小批量多品种,要清楚生产厂报价时的起订量。买方订货低于生产厂要求的起订量时,可以接受,但须加价,可以把生产厂要求的最少起订量数量告诉买方。

(六)买方在订货时,特别是服装用布,会询问水、皂洗牢度能达到几级

国际标准分五级,一级色差最大,五级目测无色差。各种成分织物,各种染化料能达到的级别是不同的。对自己要推销的花色布能达到几级,事先要心中有数,以便回答买方的询问。

四、印花布

(一)要了解印花机械设备

目前主要供出口加工的有两类。一类是台板,一类是圆筒。台板方式要了解清楚台板的宽度和有效印花宽度。圆筒方式要了解清楚圆筒最大周长和圆筒长度,不然接了订单却没法生产。

(二)花型大小和配色多少

花型有单色花和多色花。台板印花花型大小和配色多少基本无限制;圆筒印花花型受圆筒周长的限制,每个花型循环只能用一个筒子完成,循环大小与筒子的周长相等。虽然理论上配色可无限制,每一个配色用一个筒子,但是也并非无限制,最多不宜超过 20 个。配色多少,每个花型订货是多少,都影响生产成本。这些都需要事前了解清楚,接单时要仔细审查,不能接了单却找不到生产厂,不仅浪费时间,还会失去客户。

(三)对推销印花布的建议

目前,我国已有很多生产厂有先进的印花设备,同时也能供应高档纱线和高档坯布,组织花布出口潜力很大,国外市场也有需求。但由于该品种组织出口生产比较复杂,潜力发挥不出来。我国很多印染厂都有样品室,里面挂满琳琅满目的样品,有些是接受国外的来样生产过的产品,有些是自己设计人员设计的。展示这些样品的目的是,让买主了解自己的生产能力、质量水平。同时,在生产厂的仓库里保存着大量印花用过的花筒和花板。这两类东西都处于静止等待状态,没有让他们动起来,也就是说没有利用它们主动出击推销。印花品种出口订单的批量较小,内销较大。过去由外贸公司控制出口时,有专门的人员推销,现在多数生产厂有了自己的出口经营权,但推销出口人员不足,经验不足,不清楚国际市场的销售规律,因而缺乏相应的科学管理。国际市场花型的流行规律,如同投一块石子到一个小池塘中形成的波纹,由中心向四周一波一波扩展,慢慢消失。以前,引导、控制市场花型的中心在法国、意大利等,头一年出现于这些国家,第二年出现于周边国家,第三年出现于更边远的国家。目前,信息畅通,传播速度加快。在世界主要市场上,一种花型的寿命在三年左右。出口业务员掌握这一规律非常重要。笔者做过多年欧洲市场的生意。有的法国和意大利买主给笔者一个花型样,订单数量不大,他们主动建议我试出样品后,主动寄给其他国家的客户,这样同一花型可收集较多的订单,加起来一块生产,解决批量小的矛盾。对一些好的花型样,出口业务员可在第二年和第三年寄给发展中国家客户。这样不但省去自己设计的麻烦,而且还可以利用原有的印花花筒和花板,而且推销命中率也会提高。有一个澳大利亚做印花床上用品的客户,他从巴基斯坦一个印染厂购买印花布,然后运到中国南方一个缝纫厂缝成成品,再运到澳大利亚销售。巴基斯坦的印染厂不断地向他提供欧美印花布的花型样品,由他选择订货,价格很便宜。因为巴基斯坦印染厂利用已有的花筒或花板,有时与供欧美订单一起集中生产,既不用单刻花筒和花板,也解决了订单量小的问题。后来笔者介绍他到山东一个大的床单厂看,他看后告诉笔者,花型很多很好,但价格太贵,起订量要求太大,无法做。如果山东这个厂采用巴基斯坦厂的办法,肯定成本会降下来,起订量问题也可解决,可以做成生意。对于那些想扩大出口的印染厂,笔者建议:对于生产过的欧、美、日市场来的花型,在生产时要留足剪样,标明来源国、时间,花筒和花板至少要保留三年。这样在利用这些花型样推销成功后,生产时不再刻花筒或样板,可节省时间和费用。在提供给贸易公司和本厂出口业务人员时,有了花型来源和时间资料,出口业务员就能有的放矢,增加推销成功率。如花型来自法国,则没有必要再用于向法国推销,因为该花型在法国已流行过,但可以向法国以外的国家推销。如果该花型已过三年以上,在目前信息流转很快的时代,花型本身也过时了,可作为展示印花水平和质量参考。出口业务员要注意:有些跨国公司的花型会在他们有连锁店的国家销售,同一花型也会用两年到三年,千万别寄到他们有连锁店的国家,一旦被他们发现,他们会终止与你的交易,并提出索赔。如果买方在提供花型时声明,不准卖方提供给任何其他买主使用,也不要向他国客户推销。生产厂应该特别保存这类花型样品。

五、色织布和提花布

由于色织布和提花布织造时,须有特殊装置操控各种色纱变化才能织出要求的花型,所以,出口业务员对生产工厂具有的色织和提花装置要了解清楚,然后才能在接受买方花型时作出判断,能否找到生产厂生产。

但有几类色织布,如劳动布(坚固呢)、牛津纺、青年布等,它们是色织布,但不须有特殊装置操控纱线,而是像织普通坯布一样由经纬纱交织织成,只是所用染色纱线预先确定下来即可。

色织布和提花布大致有三类用途:幅宽为50英寸左右全棉、涤棉布多用于做服装;幅宽为100英寸左右多用于做床上用品,如床单、被套、台布等;宽幅化纤成分配色提花织物多用于窗帘布、帷幔等。目前出口主要有此三大类品种。

由于用途不同,对布幅宽度要求也不同。做不同服装要求布幅有一定的宽度,才能不浪费布料;做床上用品和窗帘、帷幔一般都要求独幅,不拼接。所以,出口业务员在接单时,对买方提出的幅宽要求要知道生产厂的设备情况,不然盲目接单后会被动。

成品布(泛指漂白、染色、印花、色织和提花布,下同)出口潜力很大,中国已具备条件,可供各种的低、中、高档织物。但由于缺乏主动地组织推销,出口量未达到理想的水平。还有认识问题,认为发达国家市场不再生产劳动密集型产品,完全由进口代替。这是他们的一厢情愿,实际情况并非如此,2008年爆发的金融危机,欧美发达国家的失业率大幅增加,他们也有很多素质不高的人,也有穷人,现实会迫使扩大劳动密集型产品的生产,解决就业问题。特别是服装缝纫行业,纺、织、染投资大,污染严重,需要有相当的技术人员和时间,短时间不行,唯有缝纫工序短快效益好,所以成品布出口潜力很大。中国与亚洲一些国家已实行零关税的自由贸易,这些国家的纺织基础工业不如中国,他们会从中国进口中、低档成品布供本国市场,还可能进口高档成品布加工成品出口欧美市场,潜力也很大。所以,出口业务员要对推销成品布市场方向做到心中有数。

出口业务员在推销之前或与买方面谈之前掌握了上述本节内容,便不会处于被动状态。再掌握下述签订合同的基本内容,便可做出一个完整的出口合同。

第三节 英文推销函电范例和合同范例及讲解

成品布品种虽然较多,但可分为三大类:漂白和染色、印花、色织和提花。每类里的不同品种基本内容大致相同。所以,英文函电范例和合同范例也分三类。一般情况,函电和合同内容不会超出范例内容。

范例一 推销漂白、染色布和印花布

背景:向匈牙利一进口商推销。

Dear Sirs,

Re: Bleached and Dyed Fabrics.

We know your company name and address from our commercial counselor's office in your country. They told us that you are a leading importer of ready-made fabrics. We are an exporter and have good relation with dyeing/printing mills. We can supply many kinds of dyed and printed fabrics for making garments and bed use articles.

For your reference we are sending you some representative cutting samples, from which you can see what we can supply.

Please study and let us know your specific requirement, so as to enable us to quote you prices.

Wait for your reply.

Best regards.

Liu Ming De.

范例二 买方对范例一的回复

Dear Mr. Liu,

Re: Dyed Fabrics.

Glad to receive your E-mail and we are importing dyed fabrics from some countries to supply our local garment sewing factories. Part of garments is for export and part for local market. We studied your samples and found that your quality is OK. As we do not know your delivery condition, we would like to have a trial order for local market use. If it is successful, we shall enlarge to order for export use.

Details of our trial order as follows:

1. Quantity: one full 40 FT container.

2. Fabric structure: 100% cotton poplin, same as your cutting sample No. 5.

3. Colors: white 10%, blue 15%, Navy 20%, black 20%, brown 20%, green 15%.

4. width: 45″.

5. Finishing: with resin finish, shrinkage no more than 5%.

Please quote your best price, CIF Hamburg.

Best regards.

Smith.

范例三　卖方回复买方范例二,报价

Dear Mr. Smith,

Re: Price of Dyed Poplin.

Hereby we quote you our price as follows:

100% Cotton Dyed Poplin, 40×30 combed 130×67, width in 45″, in 6 colours as you mentioned in your E - mail , with resin finish , piece length 50 yards fixed 80% ,30 yards up 20% , packing in bales ,price at USD 2. 00 per yard, CIF NET Hamburg, payment by irrevocable Letter of Credit at sight , delivering time within 30 days after seller received buyer's confirmation of details for production and Letter of Credit.

Wait for your confirmation.

Best regards.

Liu Ming De.

范例四　买方回复范例三,确认报价

Dear Mr. Liu,

Re：Price of Dyed Poplin.

Thank you for your quick quotation and as this is our first trial order we shall not bargain with you, but accept your price.

Now you can make the contract and fax to us to sign.

Best regards.

Smith.

　　这是一封最简单的接受报价的范例。实际业务中会遇到其他不同的情况,如对匹长、包装、付款方式、交货日期等提出异议,需要一一回答、解释、坚持等。买方和卖方总想在第一笔交易中,争取到对自己有利的条件,为以后的生意打下个好的基础。遇到此种情况,出口业务员要耐心用委婉的语言回复,不能生硬,不然会前功尽弃。

范例五　卖方推销印花布

Dear Sirs,

Re：Printed Fabrics.

From your webpage on website we know you are an importer of printed fabrics. We are a printing and dyeing mill and have advanced printing and dyeing machinery. We can do screen printing (table way and roller way), roller printing and transfer printing. If you are interested in enlarging the number of your supplies, please let us know. If you need samples to see, we shall send you some what we produced for European market.

Wait for your reply.

Best regards.

Liu Ming De.

范例六 买方回复卖方(范例五的回复)

Dear Mr. Liu,

Re: Printed Fabrics.

Thank you for your E – mail. Of course we like to enlarge our number of supplies. Now we are importing printed fabrics mainly for making bed articles. Such as bed sheet, quilt cover, etc. The width of fabrics must be wide enough for making them in solid width, no joint. Please let us know the width condition of your printing machine and send us your representative samples for our study.

Wait for your reply.

Best regards.

Bolls.

范例七 卖方回复买方(范例六的回复),介绍印花布情况

Dear Mr. Bolls,

Re: Printed Fabrics.

Glad to receive your E – mail. Under separate cover, we have sent you part of our representative samples produced previously for European market. On each sample, marked with details and reference price.

As to width of printing machine, we can reach 108″ (274cm) which is enough for queen size bed articles.

As to colourways, normally we can accept within 20 colourways for one design, but there are minimum quantity for each design, below the minimum quantity, additional cost will be added. Length of design repeat is within 60cm for roller printing, but it may be longer for table printing.

By the way, we would like to mention that if you can use our designs, to which we have the printing screen and roller in storage, prices and minimum quantities could be lower than normal and delivery time could be quicker.

Wait for your reply.

Best regards.

Liu Ming De.

范例八　买方收到卖方范例七和样品回复试订货

Dear Mr. Liu,

Re: Printed Fabrics.

Thank you for your E – mail. We received your samples yesterday and studied them. From your samples we found that the qualities can reach our requirement. We also noted other conditions mentioned in your E – mail. In order to make our first business easier, we select 2 designs from your design samples, design No. 3 and No. 6, which were in fashion in European market last year. We thought you have their screens or rollers in storage, as you just produced and made your shipment last year.

Since you have screens or rollers in storage, and there is no minimum quantity required as you mentioned in your last E – mail, we want to order quantity for one 40FT container, each design half container, ground fabrics same as your design samples. As to the prices you quoted on your samples, they are on FOB terms. Please requote your prices on terms CIF Los Angeles and don't forget to consider we use your designs and you have screens and rollers in storage.

Wait for your reply.

Best regards.

Bolls.

范例九　卖方回复买方范例八报价

Dear Mr. Bolls,

Re: Quotation of Printed Fabrics.

Thanks for your early reply. We quote you our prices and relative terms in the following:

1. Design No. 3, ground fabric structure same as our sample 100% Cotton Shirting 40×40 combed 100×92, width $100''$, price at USD 3.00 per yard.

2. Design No. 6, ground fabric structure same as our sample 100% Cotton Shirting 40×40 combed 110×76, width $90''$, price at USD2.70 per yard.

For both above: piece length 50 yards fixed 80%, 30 yards up 20%, packing in roll covered by polybag and then in container, CIF NET Los Angeles, payment by irrevocable Letter of Credit at sight, delivery time within 20 days after seller received buyer's Letter of Credit.

Wait for your reply.

Best regards.

Liu Ming De.

说明：当卖方发出范例九报价后，会有两种情况的回复。一种是完全确认卖方范例九的报价和相关条件；另一种是会还价和对有关条件提出异议，如付款方式、匹长、交货期等。这些往返联系比较简单。所以不再列举范例，请读者自己根据自己的实际情况酌情回复即可。

本章对色布和印花布都给出范例，色织和提花布出口不多，不再给范例。出口业务员如能领会了色布和印花布相关基本内容，色织和提花布也基本可以操作。

后边再根据色布和印花布范例，做出相应的合同范例，并加注解说明。

范例十　漂色布售货确认书范例

背景：根据买卖双方范例一至范例四 EMAIL 内容做出的售货确认书(表4-1)。

售货确认书范例十漂色布 S/C No. FB10/09 的注释讲解。

(1)品名中有两项内容必须写明：布的成分，如全棉、T/C 等；布的最终加工状态，如漂白布、染色布、印花布等。因为海关对不同成分和加工状态的布给出不同的编码，申报进口和卖方出口时都必须对上号才行。有时不同编号项下关税或进口许可也不相同，而且各国海关对商品的编码正在逐渐走向一致，因而对品名要严格注意，不能随便使用。

(2)construction 是必须有的内容，不能简单用品名代替，也不要写为同卖方/买方样品。过去纱布统一由北京纺织总公司经销时，曾对各种布给统一编号，每一个编号代表一种规格(construction)，有的仍在使用。建议不要再使用，改用详细描述的方式为好。详细描述共有五项内容：①成分，如100% cotton，T/C，rayon 等；②经纬纱线支数；③纱线是普梳、精梳还是半精梳；④经纬纱线的根数；⑤布幅宽度。有了这五项内容，布的规格完全可以确定清楚，将来不会引起买卖双方的争议。即使引起规格争议，也有解决布规格争议的依据。

(3)color samples to be supplied by buyer，颜色的名称只能大概表示一种颜色的概念，而实际每种颜色都是由浅到深形成一个系列色。所以，只利用颜色名称是很不确切的，一定要利用双方共认的颜色实样。此确认书订由买方提供颜色实样，当然也可采用卖方样品实样。无论如何，必须订明染色实样出自何方。

表4-1 售货确认书

纺织服装出口有限公司
TEXTILES & GARMENTS EXPORT CO. , LTD.
No. 78 , Zhongguo Road , Qingdao , China.

售货确认书
SALES CONFIRMATION

电话(TEL):0086 – 532 – ×.×××××
传真(FAX):0086 – 532 – ××××××
E – mail:×××××@163.NET

To Messrs:Fabric Import Co. ,Ltd.
No. 10 , Berlin Street ,
Hamburg , Germany.

确认书编号 S/C No.　　FB10/09
日期和地点 Date & Place　　10th Feb. ,2010

兹确认经买卖双方协商一致,卖方售与买方下列商品,特签订此确认书,其具体商品细节和成交条款如下:

We hereby confirm that , through consultation in a consensus , the Buyers agreed to buy and the Sellers agreed to sell the following goods on the terms and conditions as set forth hereunder:

(1)品名及规格 DESCRIPTION OF GOODS:

Cotton Dyed Poplin with resin finish. (1)
construction:100% cotton 40×30 combed 130×67 width in 45". (2)
Colours:White 10% , Blue 15% , Navy 20% , Black 20% , Brown 20% , Green 15% ,
colour samples to the supplied by Buyer. (3)
Shrinkage:within 3%. (4)
Piece length:50 yards fixed 80% , 30 yards up 20%. (5)
Packing: In bales , covered by white cloth , marked outside with details of inside contents. (6)
Sampling: Approval samples required for Buyer to approve. (7)

(2)数量 QUANTITY:60,000 yards.
(3)单价及价格条款 UNIT PRICE & TERMS:USD2. 00 CIF Net Hamburg per yard.
(4)总金额 TOTAL VALUE:USD120,000. 00
　　　IN WORDS: Dollars One Hundred and Twenty Thousand Only.
(5)交货期 SHIPMENT TIME:
(6)目的港 DESTINATION:
(7)保险 INSURANCE:　　　　　　(9)详见第七章的讲解。
(8)付款方式 PAYMENT:
(9)特殊条款 SPECIAL CLAUSE:

注意:开立信用证时,请在证内注明本确认书号码:
IMPORTANT:When Open L/C , please indicate the number of this S/C in the L/C.
一般条款(见本合约纸背面)
GENERAL TERMS & CONDITIONS(PLEASE SEE OVERLEAF)

_____　　　　　　　_____
买方签章 Buyers'Signature　　　　　　　卖方签章 Sellers'Signature

请在本合同签字后退回一份供存档 **Please sign and return one copy for our file.**

（4）Shrinkage 此条可订入也可不订入。严格起来,应该订入,特别对档次高的布。订了缩水率对买方有利,不订对卖方有利。如果是高档布,买方出价高,买方要求订上卖方也要接受。目前,梭织布达到3%以内是挺高的标准,但也是国内好的生产厂能达到的。

（5）piece length,买方从自己使用效率考虑,希望全部定长,裁剪时不浪费布料;卖方从实际生产难度考虑,希望与买方相反。这是一对矛盾。行业习惯形成按比例处理,定长和乱码比例各是多少,往往买卖双方要互相争讨,80%定长和20%乱码是习惯比例,也可以是90%和10%,甚至100%定长。定长也是变的,因为买方从做成品考虑,如做床单,会根据床单的长度计算出正好都用上而不断料（即在案板上裁剪时把布按一定长度,一层一层叠起来,到最后一层布比先前的定长度长出一段或短了一段,对长出的一段要裁掉）。要求定长的长度为××码（米）,如果卖方能办到,应该接受买方的定长长度要求。生产厂也有习惯,这就需说服生产厂改变。

（6）packing,对色布的包装方式,一般抵挡的用布包。因为买方买回直接用于成品加工,为防运输途中和搬运过程中受损和沾污,也会要求包装用纸箱,如色织布、高档印花布等。宽幅的一般要求卷装,外套厚些的塑料袋,再直接装到集装箱里,进口后集装箱直接拉到使用工厂,布不会受损受污,也不会像布包包装会形成一些死折,要根据情况变换。

（7）sampling ,这一条与上面（3）相对应。有了实际色样后,生产厂还要先试出小样,确定配方。色样与实样难免有差异。所以,一定要寄给买方确认,确认后才能正式投产。寄样时,出口业务员一定也要留存一块,以备将来到生产厂验货核对。买方也会留存,以便与收到的大货核对,作为处理色差争议的依据。

色差（color deviation）可以订入合同,也可不订,看买方要求。保险条款和付款方式等贸易条款要根据双方达成的内容变换。具体内容变换详见第七章的详细讲解。

范例十一　印花布售货确认书

背景:根据买卖双方往返范例五至范例九内容做出。如表4-2所示的合同。

售货确认书范例十一印花布 S/C No. FB10/08 的注释讲解。

（1）品名的重要性详见范例十注释。此确认书共有两种印花布,名称都一样,仅规格花型不同,为了简单明了,所以集中写。另注意英文 sheeting 和 shirting 的区别,sheeting 用于粗支纱织的布,一般称细布,而 shirting 用于细支纱织的布,一般称细纺,档次高些。

表 4 – 2 售货确认书

纺织服装出口有限公司
TEXTILES & GARMENTS EXPORT CO. ,LTD.
No. 78 , Zhongguo Road , Qingdao , China.
售 货 确 认 书
SALES CONFIRMATION

电话(TEL) :0086 – 532 – ×××××
传真(FAX) :0086 – 532 – ×××××
E – mail :×××××@163. NET

To Messrs :Fabric Import Co. ,Ltd.

    No. 5 ,Long Street ,

    Los Angles ,USA.

确认书编号 S/C No.   **FB10/08**

日期和地点 Date & Place   15th Feb. ,2010

兹确认经买卖双方协商一致,卖方售与买方下列商品,特签订此确认书,其具体商品细节和成交条款如下:

  We hereby confirm that ,through consultation in a consensus ,the Buyers agreed to buy and the Sellers agreed to sell the following goods on the terms and conditions as set forth hereunder :

----

(1)品名及规格 DESCRIPTION OF GOODS :

Printed shirting. (1)

  1)Design No. 3 same as seller's sample ,(2)

    ground fabric :100% cotton combed 40 ×40 100 ×92. (3) in width 100″. (4)

  2)Design No. 6 same as Seller' s sample ,(5)

    ground fabric :100% cotton combed 40 ×40 110 ×70 ,(6) in width 90″. (7)

  For both above :(8)

    piece length :50 yards fixed 80% , 30 yards up 20%. (9)

    Packing :In roll covered by polybag with a paper tag marked with details
        of inside contents. (10)

    Sampling :no need approval samples both for designs and ground fabrics. (11)

(2)数量 QUANTITY :1)25000 yards ;2)25000 yards.

(3)单价及价格条款 UNIT PRICE & TERMS :CIF Net Los Angles per yard ,1) USD3. 00 ;2) USD2. 70

(4)总金额 TOTAL VALUE :1) USD75 ,000. 00 ;2) USD67 ,500. 00 total USD142 ,500. 00

    IN WORDS :U. S. Dollars One Hundred and Forty Two Thousand and Five Hundred Only.

(5)交货期 SHIPMENT TIME :

(6)目的港 DESTINATION :

(7)保险 INSURANCE :

        详见第七章的讲解。

(8)付款方式 PAYMENT :

(9)特殊条款 SPECIAL CLAUSE :

注意:开立信用证时,请在证内注明本确认书号码:

IMPORTANT :When Open L/C ,please indicate the number of this S/C in the L/C.

一般条款(见本合约纸背面)

GENERAL TERMS & CONDITIONS (PLEASE SEE OVERLEAF)

_____
买方签章 **Buyers'Signature**

_____
卖方签章 **Sellers'Signature**

请在本合同签字后退回一份供存档 Please sign and return one copy for our file.

（2）、（5）和（11）design，花型的情况有好多种，此处是最简单的写法。花型与色样一样，须有实样。此确认书的花型是采用卖方的样品，由买方选中，而且未提出修改，所以，不必再寄确认样给买方确认，但卖方须保证大货与买方手中的样品一致。

描述花型有几个专有短语需介绍，如花卉图案，由五种颜色套印印成，中文为五个色位，英文为 5 colourways；由星、点等图形组成花型，但色不同，共有三种不同色，可以写为 star design in 3 colours assorted；colour repeat 是花型的循环，特别指花卉类图案；白底布印花，printed on white ground fabric；红色底布印花，printed on red colour ground fabric。

（3）和（6）中的印花底布规格及颜色要写清楚。此处未写底布色是因为同卖方寄给买方的样品。

（4）和（7）width，布幅有时会有公差，可以注明也可不注明。

（8）for both above，意为"适用于以上二项"，不这样写则必须每项都重复这段内容，不简明，但必须都相同才行。

（9）和（10）同确认书范例十中（5）和（6）的注释。

贸易条款内容的变换详见第七章内容。

缩水率可以订入也可以不订入合同。

第五章　梭织布服装和针织布服装的出口

内容提示

　　服装进出口贸易是国际贸易中最复杂的贸易之一,批量少,品种多,变化快,合同数量大,而且多不相同。笔者从 1967 年参加工作即做服装出口,没有师傅教,没有参考书,两眼摸黑,苦不堪言。经过相当一段时间的实践、总结、再实践、再总结,找到其中的规律,即八条内容。这八条内容是一个服装合同必有的,缺一不可,多了也没必要。这八条内容在笔者自己做业务、带徒弟、教刚入行的出口业务员的实践中,证明非常实用。本章即按顺序,逐条讲解。即使刚入行的新业务员,只要记住这八条内容,按部就班一层一层谈判,买方绝对不会把你当成一个不熟悉业务的新业务员。

　　笔者原计划将梭织布服装和针织布服装分写为两章,后经仔细排列,觉得两章内容基本相同,只是面料不同。仔细回忆当初笔者做业务经历,笔者开始工作于梭织布服装出口,做了十年后又改做针织服装出口,当初是利用做梭织服装的业务经验,以触类旁通方法,分析比较,便很快适应新的针织业务。所以笔者觉得合在一章里,更便于学习和记忆。

　　目前有出口经营权的梭织服装厂和针织服装厂出口大都是单一的,而出口贸易公司的出口业务员大多是二者兼有。把两章内容合写,并不影响他们的学习,反而会更有益。

第一节　服装名称和所用的布料

服装名称作为八条内容的第一条,所用布料为第二条,现分述如下。

一、服装名称

自 30 多年前,欧美发达国家为了统计和控制各种服装的进口数量,根据服装款式和所用布料,把服装划分为各种类别,对每一类服装给予一个类别编号和一个海关编码。出口时出口方所提供的相关文件必须填写正确的类别号,进口方进口报关时填制的有关文件必须有类别号和商品编码,卖方提供的文件和买方的文件必须一致。而类别号和商品海关编码是由品名和所用布料决定的。可见合同中服装名称用得是否正确至关重要,否则买方在海关申报时会遇到麻烦。

一种款式在不同国家,甚至在同一国家,也会有不同的名称。怎样才能用得正确,最好的办法是征求买方的意见,由他们决定比较安全。这种做法并不丢人,反而会显得你细心。

另外,随着贸易国际化,各国海关都在详细统计进口品种和数量,出口国海关也一样在统计出口品种和数量。有时国与国之间还会互相核对,以便控制进口和出口。而且类别号和编码在趋向统一,名称用得准确与否,在今后的贸易中更为重要。

二、梭织布服装所用布料的写法

用于缝制梭织服装的布料品种很多,在第三章已做详细介绍,在此不再重述。但是,在服装合同中须对所用布料规格订明。对一种梭织布料的定性,须有下列四个内容。

(1)织物组织结构名称。如府绸、卡其、平布、色织布、印花布等。组织结构名称之前还可加上染色、印花、色织等修饰词,如 Dyed Poplin、Printed Shirting、Yarn－Dyed Poplin 等。

(2)成分。成分是划分服装类别和编码的因素之一,所以不能遗漏。一般写法为:100% cotton、pure cotton(也可只写 cotton)、T/C 65/35、T/C 35/65、T/C 49/51 等。一种成分的只写原料名称即可,如果是混纺和交织的(交织经纬纱的成分不一样),则要把两种或几种成分的总比例列出。

(3)经纬纱的支数。精梳、普梳、半精梳可写在成分之前,也可写在成分之后,也可写在纱支之后,如 100% Cotton combed、45×45 combed.

(4)经纬纱的根数。以上内容完整写法如下。中文:男夹克衫,用料为染色精梳全棉府绸 45×45 combed 133×72;英文:Men's Jacket , made of 100% Cotton Combed Poplin 45×45 133×72(注意:made of 和 made from 都是表示一种东西由××形成的。但 made of ×××表示所用材料只起物理变化而制成,如布料只经裁剪做成衣服,所以用 made of ×××。而 made from ×××表示所用材料/原料起化学变化而制成,如葡萄酒是由葡萄起化学反应发酵而制成,所以用 made from ×××。还有常用的 consist of 和 consist in,一件衣服用两种布料做成,要用 consist of two kinds of fabrics,不能用 consist in)。

三、针织布服装所用布料的写法

用于针织布服装的布料的品种也很多,在第三章已做详细介绍,此不赘述。在合同中须对布料规格订明。对一种针织布的定性，须有下列三项内容。

（1）织物结构名称。如汗布、棉毛布、色织布等，组织结构名称之前加上染色、印花、色织等修饰词，如 Dyed Single Jersey、Printed Interlock、Yarn – Dyed Jersey.

（2）使用的纱的成分和支数，如 32s/1 纯棉普梳纱，40s/2 纯棉精梳纱等。

（3）克重，即每平方米布料的干燥后的重量。

一个完整的写法如下。中文：40s/2 纯棉精梳染色棉毛布，克重 140gram/m² ；英文：Dyed Interlock，made of 100% cotton combed，yarn 42s/2，weight 140g/m²。

第二节　服装款式

此为八条内容中第三条。服装款式多如繁星，而且变化快，一旦做错，可能整批商品报废。所以，在具体业务中买卖双方都很慎重，通常采用下列方法：由买方或卖方提供具体实样，照实样做，或者照实样做，但做一些修改，这是最常用的两种。有时样品所用布料与合同所要求的布料一样，有时不一样；买方提供从杂志上剪下的图片或一张照片，让卖方试做样品供买方确认；买方提供一草图和说明，让卖方试样供买方确认。笔者在多年的实际业务中，主要碰到过上述三种情况。

通常中、英文写法举例如下。

款式完全照买方样品，款式号为×××.

Style：exactly as per Buyer's sample style No. ×××.

款式照卖方样品，款式号为×××，但不要两个前胸口袋。

Style：as per Seller's sample style No. ×××，but delete 2 front chest pockets.

有时一次谈判涉及很多同类款式，为了不混淆和省去用文字描述，采用每一个样品给一个编号，或叫款式号。而且在尔后买卖双方联系时，使用编号既省事又准确。当卖方用自己的款式样寄给买方推销时，也要逐款编号。

款式按买方图片。

Style：as per Buyer's picture.

只简单写上这句即可，样品试出后肯定要寄给买方确认。第八条内容将有专门文字，补充这句话。

款式按买方草图和说明。

Style：as per Buyer's diagram and notes.

第三节　颜色、花型和其数量搭配

这是第四条内容。服装对交货时间要求比较严格,特别是季节性强的外衣和时装,一旦延误了交货期,后果严重。服装生产有两大环节,所用布料的生产和成衣缝纫生产。布料生产往往都在两个生产厂生产:坯布生产厂和印染厂。坯布和印染衔接不好,就会拖期,缝纫厂就会误期,加班加点赶制,又难保质量。另外,色样和花型样都须先寄给买方确认后才能投产,有时还需二次确认。因此,在签合同时一定要把色样和花型样确定下来。有时买方暂不能提供,则合同中要写明"买方须于××时间前提供,否则合同交货期顺延"(colour samples or design samples to be supplied by buyer before ……(date), otherwise shipment will be postponed accordingly),以督促买方尽早提供。

买方提供了色样和花型样后,还要弄清各色和各花型的搭配数量,没有它们,不知道都生产多少。另外,染色布通常有浅色、中浅色、深色之分,染色成本不一样,浅色低,深色高。如果买方要求深色比例大,计价时要考虑适当加价。所以,计价报价前要弄清深浅色比例。有些不正规的买主,先不告诉你,待报价后才告诉你,结果很难再调高报价。如果遇到这种情况,报价时即向买方声明:染色搭配为均配(colours assorted equally or colours in equal assortment),即使将来价格调不上去,也能表明你给了买方一个人情,也显示你的老练。

第四节　尺码和尺码搭配数量

这是第五条内容。首先讲解下列基本内容,再具体讲解实际尺码表。

一、身材与尺码

由于世界上不同人种的身材不同,即使同一款式在不同国家尺码也是有差异的。以欧洲市场为例,北欧人的身材比南欧人高大些,尺码号相同,但尺寸不同。

二、尺码与价格

在同一国同一民族,身材也有高矮胖瘦之不同。大多数进口商都照标准身材订货。但也有的进口商既按标准身材订货,也同时给较瘦和较胖,主要给较胖身材的人订购少数量的货。一些正规大公司的职员,一开始即会告诉你或提供二组尺码表。

有些小公司的老板总想占些便宜,不告诉你而让你先报价,然后再要求增加一定数量的大尺码,这样你就难以再加价。这种情况不多,但也要注意。通常大尺码用料多,数量少,价格应比标准码高一些才合理。

三、尺码搭配数量

正常情况下,小码和大码数量少,中间码数量多些。所以计价时计算用料按中间码尺寸计算即可。有时不正常,如童装,订货尺码从 2 岁到 14 岁,而且大码数量大,在计价时注意选那个码的尺寸能准确计算用料。有时遇到不正规想占便宜的买主,当时不确定搭配,以后再告知。计价时可按平均搭配计算用料,报价时声明搭配为均配,合同中也写上:均配,具体搭配后告,如果搭配不是均配,则价格将做相应增减。英文:size and its assortment:assorted equally, actual assortment to be advised by Buyer. If assortment is not equally, price will be increased or reduced accordingly(或者 price will be adjusted)。

四、尺寸与价格

在谈判报价签约时,有的买方有意或无意不提供尺码表,只提供尺码号,如 S、M、L、XL。这时计价报价做合同时要特别小心。计价时核算用料要确定下具体尺寸,上衣确定身长和胸围,裤子要确定腰围和外长。随他买方将来提供什么尺码,钻你的空子占点便宜,也占不了多少。报价时要做为报价条件之一,合同中也要表明。袖长在款式处标明为长袖、短袖、$\frac{3}{4}$ 袖即可。

五、测量方法(量法)

一般情况下买方提供的尺码表上都带有一个量法示意图,英文叫 diagram。不带的也不少。如果不带量法示意图,则要仔细审核,看是否能弄准具体量法。否则须向买方索要量法示意图。实际业务中常因此会出现错误。现举例说明其重要性,如男衬衫的袖长,共有六种量法,从后背中量到袖克夫边(不包括袖克夫)或到袖口(包括克夫)为两种;从肩缝与领缝交点量起到克夫边或袖口,又是两种;从肩头量起又是两种,到底尺码表给的数字从何处量起,可见示意图的重要。

六、买方提供纸样

有的买方不提供尺码表而提供纸样,或者二者都提供。笔者在实际业务中常遇到买方纸样有错误,因为纸样都是用电脑排出,再打出来,难免某一环节出错。所以,对买方提供的纸样一定要告诉生产厂仔细核对,发现有不合理或错误的地方赶快提出来,联系买方解决。好在服装都要做确认样由买方确认。特别注意按纸样做不确认,更要注意纸样有否差错,而且与尺码表核对。不能认为买方提供了纸样,照着做出了问题是买方的责任,卖方也有责任核对。

七、公差

服装生产先要打出纸板样,再照纸板样剪裁布,再缝纫。每个缝纫工对缝头的宽窄掌握不尽一样,所以做出来的成品尺寸含有差异。这是服装普遍存在的问题,也是允许的。俗称这种尺码大小的差异为"公差"。公差又分上公差(比具体尺寸大了些)和下公差(小了些)。一般情况下,如果缝纫厂不是有意为了省料,布料回缩又不大,公差也不会超过允许的范围。上公差大点比下公差大好些。另外,在不同的服装部位允许的公差是不一样的。

通常由于针织布弹性较大,允许的公差比梭织布大些。

八、尺码标号

为了便于消费者容易找到适合自己身材的服装,销售者对各种服装给予一种代号,如 S(small)、M(medium)、L(large)、XL(extra large)、2(2 year)、3(3 year)等。对各类服装有不同的代号,目的是便于消费者选购。同时,销售者也设法采用更明了的标号以方便消费者,这也是标号在不断改进的原因。

九、具体尺码表范例和说明

服装按穿用者分,可分为男和女两大类。其中男装又分:男大人、男青年、大童、中童、小童和婴儿。女装也分女大人、女青年、大、中、小童和婴儿。每类服装中又有不同款式,款式不同尺码又不尽相同。所以,无法全部举例,但也有规律可循。

通常一个标准正规的尺码表包括下列基本内容。

(一)尺码标号

各国有不同的习惯,各类服装又有不同的习惯。如大人用 SS(small small 特小)、S(small 小)、M(medium 中)、L(large 大)、XL(extra large 特大)、XXL(特特大);女装因为胸围差异比较大,所以用胸围的尺寸做标号,如 32、34、36、38 等;童装(包括大、中、小童)用岁数表示,中间间隔一岁,如 2、4、6、8、…、16,也有用 2、3、4、5、6 等;婴儿装以月份为标号,如 000、00、0、01 等;每种衣服上都须有一个尺码带,上面要印上或织上这些标号。为了方便消费者不用试穿即可确定衣服的尺寸是否适合自己的身材,消费者可在家量准自己相应部位的尺寸,如胸围(专业名称叫紧胸围)。有的尺码带上标有 to fit chest(适合紧胸围尺寸);也有用身高做标号的;也有一些宽松衣服只有一个尺码,标有 free size 字样。不管买方要求用什么标号,只要他们指明,卖方照用就是了。但卖方要注意买方除尺码标号外,还有其他与尺码相关的内容。如衬衫,除以领子大小做标号外,尺码带上还有标上胸围的尺寸。一些女装除尺码标号外,还可能要求标上 to fit bust(适合紧胸围)。to fit waist(适合紧腰围),to fit hip(适合紧臀围);婴儿装还会标上身高、体重;有的同一尺码号有的标有 slim hip(瘦臀围),full hip(胖臀围,不用 fat 而用 full 代替,胖子看着顺眼)。用语五花八门,而且层出不穷。

(二)衣服的具体部位尺寸

除有特别说明,都指服装做成以后测量的尺寸数。有的尺码表上注明部位尺寸还注明量法。对一些简单款式用文字注明即可弄清弄准部位尺寸的量法。对一些复杂款式有时难以弄清。尽管服装合同项下或单纯试样要先寄客户确认,如果做错,再做再寄送,也浪费时间和金钱。所以,一定要弄清部位尺寸的量法再做样品。

(三)部位尺寸量法示意图

如果尺码表上没有量法示意图,又弄不准部位尺寸的量法,一定要向买方索要示意图,或对弄不准量法的部位向买方问清楚再做确认样品。

服装有单、棉、夹之分。买方尺码表往往只给棉衣和夹衣面的尺寸,只说明里料和絮料用什么,没有具体尺寸,又没有实样可参考。若碰到是一个没有出口经验的缝纫厂,遇到这种情况,出口业务员就要多加注意了,可找一些已出口的样品给生产厂参考,或者提请买方注意这方面的确认。千万不要认为买方确认了,责任会由买方承担。习惯上是这样,但因此会失去客户。下边举九个具体尺码表并加以说明。

范例一 男夹克尺码表说明

表 5 - 1 是一个标准正规的尺码表,笔者与澳大利亚客户签约时使用过这个尺码表,里面有尺码号、部位尺寸、量法示意图,弄清专有英文单词即可看明标准。有关英文单词详见第十节。

表 5 - 1 中主要英文翻译如下:

DATE:使用此尺码表的日期

SIZE SPECIFICATION:具体部位尺寸表(1085 为表号,W97510 为使用此表的订单号)

DESCRIPTION:品名描述。(描述中文同表上方中文)

ALL MEASUREMENTS ARE SHOWN IN CENTIMETERS:所有尺寸数量单位为公分 CM。

SIZE CHART:尺码表

SIZE:尺码代号,小 S = SMALL,中 M = MEDIVM,大 L = LARGE,特大 XL = EXTRA LARGE,特特大 XXL = EXTRA EXTRA LARGE。

TO FIT:适合于,如 TO FIT CHEST 适合于贴肉量胸围大小,俗称紧胸围

表 5-1 男前开系扣腈纶面夹克

DATE: 3RD AUGUST,1995。

ALL MEASUREMENTS ARE SHOWN IN CENTIMETERS。

SIZE SPECIFICATION:1085
W97510

DESCRIPTION: MENS BUTTON FRONT ACRYLIC JACKET, NYLON TAFFETA LII 160 GRAM/m² COMPRESSED POLYESTER FILL.

SIZE CHART:

		SIZE:	S	M	L	XL	XXL
TO FIT	CHEST		90CM	95CM	100CM	105CM	110CM
CHEST CIRCUMFERENCE		TWICE A	125	130	135	140	145
BOTTOM CIRCUMFERENCE		TWICE B	120	125	130	135	140
SHOULDER BREADTH		C	58	60	61.5	63	64.5
LENGTH FROM CERVICAL POINT		D	80	82	84	86	88
ARMHOLE CIRCUMFERENCE		TEICE E	68	70	72	74	76
SLEEVE WIDTH AT UPPERARM		TEICE F	57.5	59	60.5	62	63.5
SLEEVE LENGTH FROM CIRVICAL POINT		G	87	89	91	93	95
CUFF OPENING		H	16	16	16	16	16
NECK OPENING		J	54	55	56	57	58
COLLAR WIDTH AT CENTRE BACK		K	12	12	12	12	12
COLLAR POINT		L	9	9	9	9	9
COLLAR SPREAD		M	15	15	15	15	15
POCKET FLAP		N	6	6	6	6	6
POCKET WIDTH		P	18	18	18	18	18
POCKET DEPTH		Q	22	22	22	22	22

CHEST CIRCUMFERENCE:胸围一周长。

TWICE A:后边数字为双倍 A 的长度。TWICE B,E,F,都表示双倍。另 A,B……Q 为图例中部位标号。

BOTTOM CIRCUMFERENCE:下摆周长。

SHOULDER BREADTH:肩宽。

LENGTH FROM CERVICAL POINT:从后领中点量起(到下摆)的长度,简称。后身长。

ARMHOLE CIRCUMFERENCE:袖笼周长。

SLEEVE WIDTH AT UPPERARM:上袖宽。

SLEEVE LENGTH FROM CIRVICAL POINT:从后中点量起到袖口的长度。

CUFF OPENING:袖克夫(袖口)。

NECK OPENING:领大。

COLLAR WIDTH AT CENTRE BACK:领后中点处领子的宽度。

COLLAR POINT:领角处的宽度或称长度。

COLLAR SPREAD:领子扣上扣后,二个领尖之间的距离。

POCKET FLAP:口袋盖(宽度)

POCKET WIDTH:口袋宽度

POCKET DEPTH:口袋深度

范例二　男西服尺码表说明

表 5-2 是一个实际订货的尺码表。选用该尺码表作范例,因为它有三个特点可供学习:尺码标号特殊,除代号外还附有文字;代号一样,但部位尺寸不同,分为普通身材、短身材和长身材尺寸,订货也分三种尺寸订货;除有量法示图外,还有文字描述,可以作为学习英语的参考。这是一个很有代表性的尺码表。

表 5-2 的解释如下:

REG(REGULAR):标准身材尺寸

SHORT:表示粗短身材尺寸

LONG:表示瘦长身材尺寸

ROGER DAVID - JACKETS SPECIFICATION:买方客即户 ROGER DAVID 的夹克衫尺寸表

A,B, AND C ARE MEASURED BY LAYING THE COAT FLAT ON THE TABLE WITH BUTTOMS DONE UP。JACKET LEVEL AT BOTTOMS AND FRONTS PERPENDICULAR TO THE BOTTOM OF THE JACKET。

A,B,和 C 的量法,把衣服平放在桌子上,扣上扣子,再把衣服整理得横平竖直,再量。

表5－2 澳大利亚男生呢料西服尺码表

SIZE SPECIFICATIONF FOR ROGER DAVID, SINGLE BREASTED JACKET PATTERN NUMBER 1

	尺码号 SIZE	胸围 A CHEST	腰围 B WAIST	臀围 C HIPS	肩宽 D SHOULDER	外袖长 E OUTSLEEVE	内袖长 F SLEEVE	1/2后背宽 G HALF/BACK	后身长 H BACK LENGTH (公分)
标准身材尺寸	92REG	99	95	98	14.7	60	41.7	22.2	74.25
	97REG	104	100	103	15.3	61.25	42.3	22.8	75.5
	102REG	109	105	108	15.9	62.50	42.9	23.4	76.75
	107REG	114	110	113	16.5	63.75	43.5	24	76
	112REG	119	115	118	17.1	65	44	24.6	79.25
	117REG	124	120	123	17.7	65.5	44	25.2	80
粗短身材尺寸	97SHORT	104	100	103	15.3	58.75	29.8	22.8	73
	102SHORT	109	105	108	15.9	60	40.4	23.4	74.25
	107SHORT	114	110	112	16.5	61.25	41	24	75.5
	112SHORT	119	115	118	17.1	62.5	41.6	24.6	76.75
	117SHORT	124	120	123	17.7	63	41.6	25.2	77.5
长身材尺寸	97LONG	104	100	103	15.3	63.75	44.8	22.8	78.25
	102LONG	109	105	108	15.9	65.0	45.4	23.4	79.5
	107LONG	114	110	113	16.5	66.25	46	24	80.5

ROGER DAVID –JDCKET SPECIFICATION

A,B AND C ARE MEASURED BY LAYING THE COAT FLAT ON THE TABLE WITH BUTTOMS DONE UP. JACKET LEVEL. AT BOTTOMS AND FRONTS PERPENDICULAR TO THE BOTTOM OF THE JACKET.

A:CHEST   MEASURED DIRECTLY UNDER THE ARMS
B:WAIST   MEASUREMENT TAKEN LEVEL WITH FRONT POCKETS
C:HIPS   MEASURED AT THE BOTTOM OF THE JACKET
D:SHOULDERS   MEASURED FROM THE EDGE OF THE COLLAR MELTON TO THE SHOULDER POINT
E:OUTSIDE SLEEVE LENGTH   MEASURED FROM THE SHOULDER.POINT TO THE CENTRE OF THE SLEEVE CUFF
F:INSIDE SLEEVE LENGTH   MEASURED THE LENGTH OF THE INSIDE SLEEVE SEAM
G:HALF BACK   MEASURED FROM THE BACK PITCH TO THE CENTRE BACK SEAM PERPENDICULAR TO THE CENTRE BACK SEAM
H:BACK LENGTH   MEASURED FROM THE EDGE OF THE COLLAR MELTON TO THE BOTTOM OF THE JACKET

续表

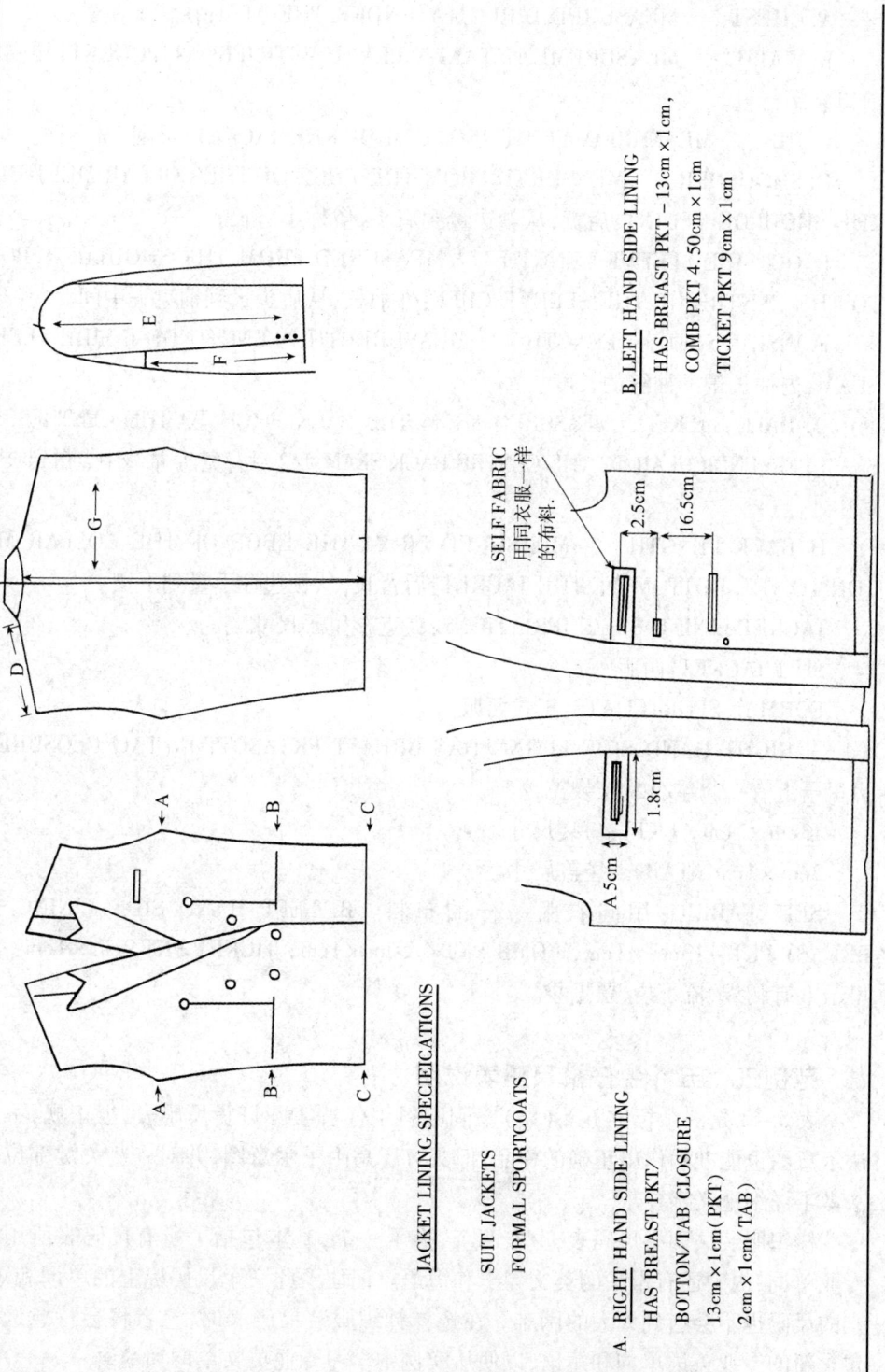

JACKET LINING SPECIEICATIONS

SUIT JACKETS
FORMAL SPORTCOATS

A. RIGHT HAND SIDE LINING
  HAS BREAST PKT/
  BOTTON/TAB CLOSURE
  13cm × 1cm (PKT)
  2cm × 1cm (TAB)

B. LEFT HAND SIDE LINING
  HAS BREAST PKT – 13cm × 1cm,
  COMB PKT 4. 50cm × 1cm
  TICKET PKT 9cm × 1cm

SELF FABRIC
用同衣服一样
的布料.

2.5cm

16.5cm

1.8cm

A 5cm

A. CHEST   MEASURED DIRECTLY UNDER THE ARM:在腋下横量。

B. WAIST   MEASUREMENT TAKEN LEVEL WITH FRONT POCKET:腰围,与前口袋平行量。

C. HIP   MEASURED AT THE BOTTOM OF THE JACKET:臀围,量下摆。

D. SHOULDER   MEASURED FROM THE EDGE OF THE COLLAR MELTON TO THE SHOULDER POINT:肩宽,从领边量到肩头,俗称小肩长。

E. OUTSIDE SLEEVE LENGTH   MEASURED FROM THE SHOULDER,POINT TO THE CENTRE OF THE SLEEVE CUFF:外袖长,从肩头量到袖克夫中间。

F. INSIDE SLEEVE LENGTH   MEASUREDTHE LENGTH OF INSIDE SLEEVE SEAM:内袖长量下袖缝的长度。

G. HALF BACK   MEASURED FROM THE BACK PITCH TO THE CENTRE BACK SEAM PERPENDICULAR TO THE CENTRE BACK SEAM:1/2 后背宽,从袖笼中点量到衣服后背中处。

H. BACK LENGTH   MEASURED FROM THE EDGE OF THE COLLAR MEL-TON TO THE BOTTOM OF THE JACKET:后背长,从领边往下量到下摆。

JACKET LINING SPECEIFICATIONS:夹克衫里子尺寸

SUIT JACKET:西服

FORMAL SPORTCOATS:正式西服

A. RIGHT HAND SIDE LINING HAS BREAST PKT/BOTTON/TAG CLOSURE:右边里子上有一胸袋/扣子/袋盖。

13cm×1cm（PKT）:口袋尺寸。

2cm×1cm（TAB）:袋盖尺寸。

SELF FABRIC:用同衣服一样的布料。B. LEFT HAND SIDE LINING HAS BREAST PKT – 13cm×1cm, COMB PKT 4.5cm×1cm, TICKET PKT 9cm×1cm:左边里子上有胸袋/梳子袋,票据袋。

范例三   五斗牛仔裤尺码表说明

表 5 – 3 是一个标准五斗(袋)坚固呢料牛仔裤实际订货尺码表,很正规,不用量法示意图也能准确作出正确的样品,但买方还是附了示意图,并对一些关键部位的缝法做了详细地文字要求。

梭织服装共列举尺码表,上衣两个,裤子一个,基本包括了所有尺码表所用到的专业单词,内中还有量法的英文句子和短语。记住了此三个尺码标上的单词和短语。别的尺码也不会遇到太大的困难。在选择针织服装尺码表时,笔者将会特意选一些包含新的专业英语单词和短语,以便从实例中学习专业英文单词和术语。

表5-3　裤子尺码表

ATTN：MR LIU　　　　　　　　　　　　　　　　　　　　　　　　　FROM：DONG

	A	B	C	D	E	F	G	H
1			77	82	84	87	92	97
2		A	77	82	84	87	92	97
3		B	4	4	4	4	4	4
4		C	107	112	115	117	122	127
5		D	30.5	31.5	32	32.5	33.5	34.5
6		E	41.5	42.5	43	43.5	44.5	45.5
7		F	18.5	18.5	18.5	19	19	19.5
8		G	64	66.5	68	69	71.5	74
9		H	56	57	57	58	59	60
10		I	44	45	45.5	46	47	48
11		K	106	108	109	110	112	114
12		L	5	5	5	5	5	5
13		M	16.5	16.5	16.5	17	17	17
14		N	13.5	13.5	13.5	14	14	14
15		O	8	8	8	9.5	9.5	11

ALL MEASUREMENTS ARE SHOWN IN CENTIMETERS

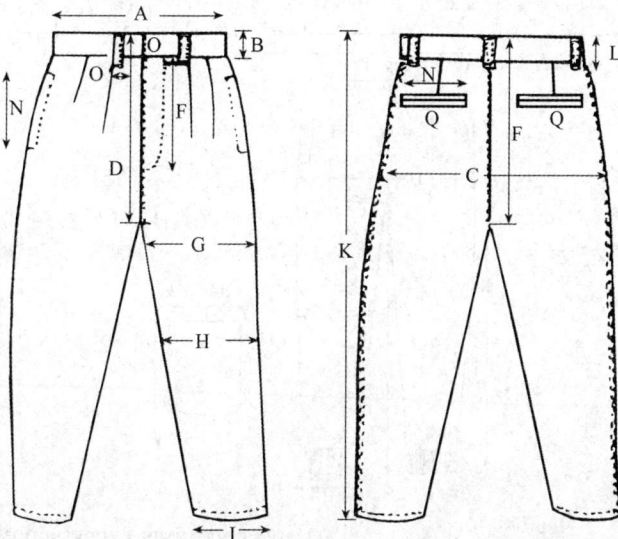

范例四　针织布料套装尺码表说明

表5-4是一个澳大利亚买方提供的供实际订货用的尺码表,既有量法示意图又有文字描述。针织布料服装尺码表与梭织布服装尺码表有几点不同。

表5-4(a)　针织上衣裤子尺码表
HOLEPROOF FINISHED GARMENT SIZE SPECIFICATION

STYLE NO. : B160　　　　　　　　　DIVISSION

SPECIFICSTION NO. :　　　　　　　DATE OF ISSUE : AOGOST/94

STYLE DESCRIPTION : Fleece Track Pant . 2 Side Pockets . BACK PATCH Pocket . Tie CORD WAIST

DIMENSION MEASURED	DIAGRAM REFERENCE	SIZE				TOLERANCE +/-
		S	M	L	XL	
WAIST CIRCUMF. (RELAXED)	2 × A	70	75	80	85	
WAIST CURCUMF (STRECHED)		105	110	115	120	MIN
OUTSIDE LEG	B	106	110	112	114	
INSIDE LEG	C	82	84	86	88	
SEAT CIRCUMF.	2 × D	104	112	120	124	
THIGH CIRCUMF.	2 × E	64	68	72	76	
FRONT RISE	F	32	34	36	38	
BACK RISE	F	38	40	42	44	
LEG CIRCUMF.	2 × G	46	48	52	56	
LEG OPENING RELAX/STRECH	2 × H	21/36	22/38	23/40	24/42	
POCKET DEPTH	J	27	27	27	27	
POCKET WIDTH	K	15	15	15	15	

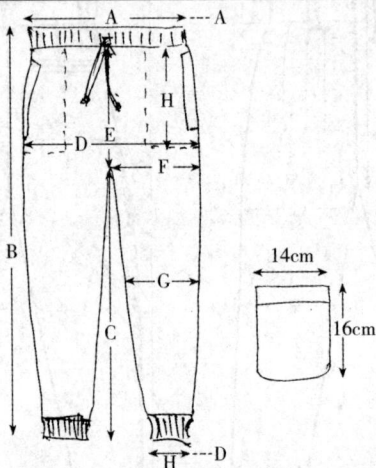

ALL MEASUREMENTS EXPRESSED IN CENTIMETRES

QUALITY CONTROL MANAGER

表 5-4(a)的解释如下:

B160:(衣服)款式号

DIVISSION:部门

SPECIFICSTION NO:尺码表编号

DATE OF ISSUE:出具此尺码表的日期

STYLE DESCRIPTION:<衣服>款式的描述

FLEECE TRACK PANT . 2 SIDE POCKETS . BACK PATCH POCKET . TIE CORD WAIST:棉绒跑步裤,二个边口袋,后贴袋,腰头穿绳

DIMENSION MEASURED:尺寸量法

DIAGRAM REFERENCE:参考图示

TOLERANCE:公差

WAIST CIRCUMF.(RELAXED):腰围周长<松着量>

WAIST CURCUMF(STRECHED):腰围<拉开量>

OUTSIDE LEG:外长

INSIDE LEG:内长

SEAT CIRCUMF:臀围

THIGH CIRCUMF:股围

FRONT RISE:前裆

BACK RISE:后裆

LEG CIRCUMF:膝围

LEG OPENING RELAX/STRECH:裤口,松量/拉开量

POCKET DEPTH:口袋深

POCKET WIDTH:口袋宽

ALL MEASUREMENTS EXPRESSED IN CENTIMMETERS:所有尺寸数量单位为 cm。

表 5-4(b)的解释如下:

FLEECE SWEATSHIRT . V RIB INSERT:棉绒运动上衣,罗纹 V 形领。

CHEST CIRCUMF.:胸围周长

BOTTOM CIRCUMF(RELAXED):下摆周长(松开量)。

LENGTH FROM SHOULDER:身长(从肩处量)

SHOULDER BREADTH:肩宽。

SLEEVE FROM CERVICAL PT.:袖长,从后背中量。

ARMHOLE CIRCUMF.:袖笼周长。

CUFF OPENING:袖口。

表5-4(b)　HOLEPROOF FINISHED GARMENT SIZE SPECIFICATION

STYLE NO. : B150　　　　　　　　　　　DIVISSION :

SPECIFICSTION NO :　　　　　　　　　　DATE OF ISSUE : August/94

STYLE DESCRIPTION : FLEECE SWEATSHIRT . V RIB INSERT

DIMENSION MEASURED	DIAGRAM REFERENCE	SIZE					TOLERANCE +/-
		S	M	L	XL	XXL	
CHEST CIRCUMF	2 × A	114	118	122	126	130	
BOTTOM CIRCUMF (RELAXED)	2 × 8	68	72	78	84	86	
LENGTH FROM SHOULDER	C	68	70	72	74	76	
SHOULDER BREADTH	D	57	59	61	63	65	
SLEEVE FROM CERVICAL PT	E	84	86	88	90	92	
ARMHOLE CIRCUMF	2 × F	50	52	54	56	58	
CUFF OPENING	2 × 9	16	16	18	18	19	
SLEEVE CIRCUMF	2 × 4	35	36	37	38	39	
NECK WIDTH (INSIDE)	J	16	16	16	16	16	
NECK DROP	K	6	6	6	6	6	
NECK RIB WIDTH	L	2.5	2.5	2.5	2.5	2.5	
CUFF/BASQUE RIB WIDTH	M	6	6	6	6	6	

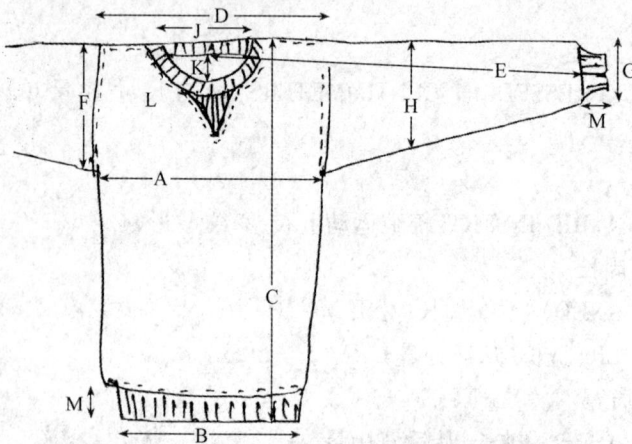

ALL MEASUREMENTS
EXPRESSED IN CENTIMETRES

QUALITY CONTROL MANAGER _____

SLEEVE CIRCUMF：袖肥周长。

NECK WIDTH（INSIDE）：内领大。

NECK DROP：领下沉宽度。

NECK RIB WIDTH：领罗纹宽。

CUFF/BASQUE RIB WIDTH：袖口，下摆罗纹宽。

　　裤子的腰围通常有两个尺寸，一是自然状态下的尺寸，另一个是拉开后量的尺寸。大多数针织布料裤子，特别是内裤和宽松裤都有松紧带或穿绳。人的腰围又比臀围小，如果腰围拉开量的尺寸比臀围小就穿不上，注意拉开量的腰围尺寸当与臀围一般大或稍大些才合理。正规的尺码表都列有允许的公差。此尺码表虽未列出每个部位尺寸允许的具体公差数，但列有此项内容，数字大的部位一般允许±1厘米。针织布服装下公差过大，主要发生在三个环节：一是布料本身缩水率大；二是裁剪没有给布料一段自然回缩的时间，因为布料下机后是卷装，纵向张力较大，通常在裁剪前须将布展开，让其在松散无张力的情况下，自然回缩24小时后再裁剪；三是缝纫时缝头过大。这三个小环节掌握不好，通常会出现过大的下公差。针织布上衣另外一个特点是衣服平展开后，袖子上边与肩几乎是平直的，但标准的针织布外衣与梭织布外衣一样不是平直的。

范例五　针织布料三角裤尺码表说明

　　别小看一条简单的三角裤，竟需要10个部位尺寸才能定型。针织三角裤在针织服装类里销量很大，所以选举此具有代表性的实际订货用尺码表（表5－5）。表上有几点需注意。标有成衣尺寸和成衣尺码（Garment Measurement 和 Garment Size），几乎所有尺码表上的部位尺寸都是指量成品衣服的尺寸，而不是指未缝制前剪片的尺寸。列有公差一栏，而且列出不同部位允许公差的范围。对拉开量的腰围和裤口不允许有下公差，尺码表上所列尺寸为最小（min）数。

表5－5　针织布三角裤尺码表

Garment Slze →			8/10	12/14	16/18	
Garment Part ↓		Garmemt Measurements				TOL +/ －
WAIST RELACED1/2	A		27.0	29.0	31.5	1.0
WAIST EXTENDED1/2：	A		45.0	50.0	55.0	MIN
SIDE SEAM,（include trim）	B		5.0	5.0	5.0	0.5
FRONT RISE（to gusset include trim measure on fold.）	C		16.0	17.0	19.0	1.0

续表

BACK RISE(to gusset include trim measure on fold)	D		22. 0	23. 0	25. 0	1. 0
GUSSET LENGTH (seam to seam on fold)	E		15. 0	15. 0	15. 0	0. 5
FRONT GUSSET SEAM (include trim straight)	G		7. 5	7. 5	7. 5	0. 5
BACK GUSSET SEAM(include trim straight)	H		17. 0	17. 0	17. 0	0. 5
LEG RELAXED (edges togother)	I		23. 0	25. 0	27. 0	1. 0
LEGS EXTENDED (edges together)	I		37. 0	39. 0	41. 0	MIN

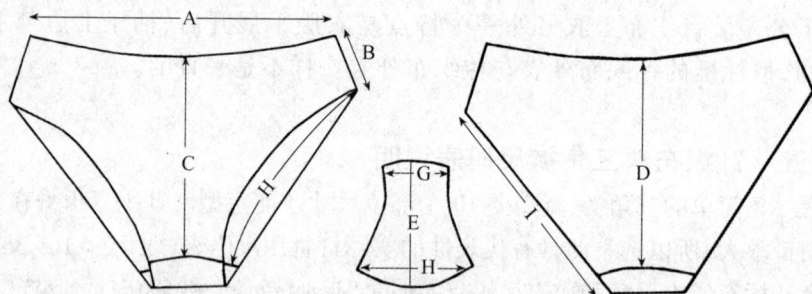

Supplier:Approved by: M. Kidylay	Buyer:Agreed by:

表 5 - 5 的解释如下:

①照中码 12/14,三码均配计算用料。

②腰头内折 1. 5cm,内用 1cm 宽橡根带(质量好的)

③裤口边内折 1cm,内用 0. 5cm 宽橡根带(质量好的)

④底裆布短开双层。

⑤只钉一个尺码带。

⑥Garment Measurements:成衣尺寸。

WAIST RELAXED1/2:腰围$\frac{1}{2}$,松着量。

WAIST EXTENDED1/2：腰围 $\frac{1}{2}$，拉开量。

SIDE SEAM（include trim measure on fold.）：前裆长（到贴布边）。

BACK RISE（to gusset include trim measure on fold）：后裆长（到贴布边）。

GUSSET LENGTH（seam to seam on fold）：贴布长（边到边）。

FRONT GUSSET SEAM（include trim straight）：贴布前边长（直量）。

BACK GUSSET SEAM（include trim straight）：贴布后边长（直量）。

LEG RELAXED（edges together）：裤口（松量，裤口边对齐量）。

LEGS EXTENDED（edges together）：裤口（拉开量，裤口边对齐量）。

范例六　针织布料平角男短裤说明

表5-6是进口商质量控制部设计出来的尺码表，供订货部门选择使用。共有12个尺码，订货部门根据需要从中选择。可分小、中、大三组，分组订货，一般不会一个合同同时订所有尺码的货。

表5-6解释如下：

SPEC. NO：尺码表编号

MENS PANTS/SHORTS SPECIFICATION：男长裤/短裤尺码表。

MENS LONG KNIT SHORT, 3 NEEDLE ELASTIC WAIST WITH MATCHING COLOUR DRAW CORD ON OUTSIDE OF WAIST BAND：男针织布长短裤，腰头橡筋，三针缝，顺色绳。

2 SIDE SEAM POCKETS, MOCK FRONT FLAY WITH 2 BUTTONS：两个边袋，假前开带2枚扣。

SHAPED BACK POCKET LEFT HAND SIDE WITH BUTTON CLOSURE：后左有一外贴袋，加扣。

COVER STITCDHING ON BACK POCKET AND CENTRE BACK SEAM：后口袋和后中缝线包缝缝。

TWIN NEEDLE STITCHING ON LEG OPENINGS：袖口双针缝。

FABRIC：KNIT 布料：针织布。

SAMPLE SIZE：样品尺码。

TO FIT WAIST CM：紧胸围 cm。

TO FIT INLEG CM：（身体）内裤长 cm。

POINT OF MEASUREMENTS：量的部位。

WAIST CIRCUMFERENCE RELAXED：腰围，松量。

表5－6 针织布平脚男短裤

Mens Pants/Shorts Specification

Quality Control Department
762 – 838 Toorak Rd, Tooronga, Vic 3146
Ph;829 4111   Telex:AA34090

SPEC NO.3566

MENS LONG KNIT SHORT, 3 NEEDLE ELASTIC WAIST WITH MATCHING COLOUR DRAW CORD ON OUTSIDE OF WAIST BAND, 2 SIDE SEAM POCKETS,
MOCK FRONT FLAY WITH 2 BUTTONS.
SHAPED BACK POCKET LEFT HAND SIDE WITH
BUTTON CLOSURE, COVER STITCDHING ON BACK POCKET AND CENTRE BACK SEAM. TWIN NEEDLE STITCHING ON LEG OPENINGS.
FABRIC:KNIT.

SAMPLE SIZE:92R

		3	S	M	L	XL	8			4S	5S	6S
		74R	77R	79R	82R	84R	87R	92R	97R	102R	97ST	102ST
TO FIT WAIST CM		74	77	79	82	84	87	92	97	102	97	102
TO FIT INLEG CM		71	74	74	77	77	79	82	83	84	74	77	79

POINT OF MEASUREMENTS	REF	\multicolumn{12}{FINISHED GARMENT MEASUREMENT}

POINT OF MEASUREMENTS	REF												
WAIST CIRCUMFERENCE RELAXED	TWICE R – R	52	55	57	60	62	65	70	75	80	72	77	82
WAIST CIRCUMFERENCE STRETCHED	TWICE R – R	97	100	102	105	107	110	115	120	125	117	122	127
SEAT CIRCUMFERENCE 10CM ABOVE CORTCH	TWICE T – T	97	100	102	105	107	110	115	120	125	112	117	122
FRONT RISE	P – V	29	30	30	31	31	32	33	34	35	33	34	35
BACK RISE		39	40	40	41	41	42	43	44	45	43	44	45
THIGH CIRCUMFERENCE	TWICE Y – Z	64	66	67	68	69	70	72	76	80	70	72	74
SHORTS INLEG LENGTH	V – B	21	21	21	21	21	22	22	22	22	24	24	24
SHORTS OUTLEG LENGTH	R – O	46	47	47	48	48	49	50	51	52	53	54	55
SHORTS LEG OPENING CIRCUMFERENCE	TWICE B – O	58	58	58	60	60	62	64	68	72	62	64	66

NOTE ; BEEDKE DANAGE TO FABRIC IS NOT ACCEPTABLE. USE BALL POINT NEEDLES WHERE APPROPRIATE. SEW FABRICS WITH THREAD THAT ALLOWS SEAM STRETCH WITHOUT BREAKAGE. ALL STITCHING TO BE NOT LESS THAN 10 – 12 PER 2.5CM. SAMPLES TO BE CORRECTLY LABELLED AT CENTRE BACK NECK OR WAIST. HEAD OPENINGS MUST STRETCH TO 56CM. BACK RISE MUST BE LONGER THAN FRONT RISE.

LENGTH OF SIDE POCKET OPENING 16CMS.
WIDTH OF BACK POCKET 14CMS.
LENGTH OF BACK POCKET AT CENTRE 16CMS.
SIZES – SMALL =82R,   MEDIUM =87R,   LARGE =92R,   BEXTRA LARGER =97R.

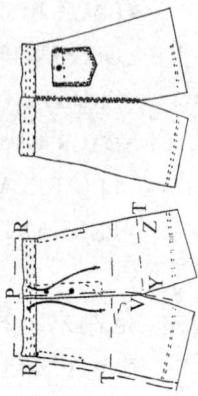

WAIST CIRCUMFERENCE STRETCHED：腰围，拉开量。

SEAT CIRCUMFERENCE 10CM ABOVE CROTCH：臀围，档上 10cm 处量。

FRONT RISE：前档。

BACK RISE：后档。

THIGH CIRCUMFERENCE：股围周长。

SHORTS INLEG LENGTH：内裤长。

SHORTS OUTLEG LENGTH：外裤长。

SHORTS LEG OPENING CIRCUMFERENCE：裤口周长。

NOTE：NEEDKE DANAGE TO ……………………THAN FRONT RISE：注：缝纫针不能损伤布料（针洞不可接受），在需要处用圆头刺针，要求扩撑时缝线不断裂，针脚不少于 2.5cm/10～12 针，样品后背中或腰头要有正确标识，上口拉开必须达到 56cm，后档必须长于前档。

LENGTH OF SIDE POCKET OPENING 16CMS：边袋口宽 16cm。

WIDTH OF BACK POCKET 14CMS：后袋宽 14cm。

LENGTH OF BACK POCKET AT CENTRE 16CMS：后口袋中部长 16cm。

SIZES—SMALL = 82R，MEDIUM = 87R，LARGE = 92R，EXTRA LARGE = 97R：尺码：S 码为 82R，M 码为 87R，L 码为 92R，XL 码为 97R（注：此表中有许多尺码，只使用此表中 S,M,L,XL 四个码，其他不用）。

范例七　针织布料男背心

男背心是针织服装大路品种之一。尺码表 5 – 7 也是笔者实际订货用的尺码表，既有尺码表又有量法示意图，还附有有关做工要求的文字，是个很好的范例。订货合同只用了其中 5 个码。只要弄清英文单词，样品便不会做错。

表 5 – 7 的解释如下：

MENS SIZE SPECIFICATION：男尺码表。

MENS TANK TOP：男背心。

TO FIT CHEST CM：紧胸围（公分）。

TO FIT WAIST CM：紧腰围（公分）。

POINT OF MEASUREMENT：量的部位。

CHEST CIRCUMFERENCE：胸围周长。

SHOULDER POINT TO POINT：肩宽，从肩头到肩头。

ARMHOLE CIRCUMFERENCE：袖笼周长。

LENGTH FROM SIDE NECK TO HEM：身长，从领缝到下摆。

NECK CIRCUMFERENCE BUTTONED/RELAXED：领大，扣上扣子/松量。

表 5 - 7 男背心(针织布料)

Quality Control Department
762 - 838 Toorak Rd , Tooronga , Vic 3146
Ph : 829 4111   Telex : AA34090

SPEC NO : 2996

M e n s S i z e S p e c i f i c a t i o n

MENS TANK TOP

SAMPLE SIZE : 90	TO FIT CHEST CM	85	90	95	100	105	110	115	120
	TO FIT WAIST CM	75	80	85	90	95	100	105	110

POINT OF MEASUREMENTS	REF	FINISHIED GARMENT MEASUREMENT							
CHEST CIRCUMFERENCE	TWICE A – A	95	100	105	110	115	120	125	130
SHOULDER POINT TO POINT	C – D	20	22	24	26	28	30	32	34
ARMHOLE CIRCUMFERENCE	TWICE A – C	68	70	72	74	76	78	80	82
LENGTH FROM SIDE NECK TO HEM	L – Q	69	71	72	74	75	77	78	80
NECK CIRCUMFERENCE BUTTONED/RELAXED		79	80	81	82	83	84	85	88
HEM CIRSUMFERENCE RELAXED	TWICE N – N	95	100	105	110	115	120	125	

NOTE : NEEDLE DAMAGE TO FABRIC IS NOT ACCEPTABLE. USE BALL POINT NEEDLES WHERE APPROPRI-
ATE. SEW FABRICS WITH THREAD THAT ALLOWS SEAM STRETCH WITHOUT BREAKAGE. ALL
STITCHING TO BE NOT LESS 10 – 12 PER 2. 5CM , SAMPLES TO BE CORRECTLY LABELLED AT CEN-
TRE BACK NECK OR WAIST. HEAD OPENINGS MUST STRETCH TO 56CM. BACK RISE MUST BE
LONGER THAN FRONT RISE.

SHOULDER STRAP WIDTH   4. 5CM
FRONT NECK DROP FROM SHOULDER POINT   16. 5CM
BACK NECK DROP FROM SHOULDER POINT   13CM

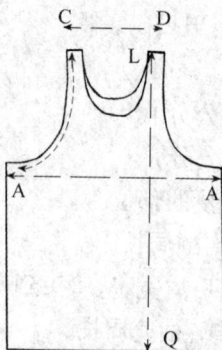

HEM CIRSUMFERENCE RELAXED：下摆周长 松量。

NOTE：NEEDLE DAMAGE……THAN FRONT RISE：缝纫针不能损伤布料（针洞不可接受），在需要处用圆头刺针,要求扩撑时缝线不断裂,针脚不少于2.5cm/10～12针,样品后背中或腰头要有正确标识。

SHOULDER STRAP WIDTH 4.5CM：肩宽4.5cm。

FRONT NECK DROP FROM SHOULDER POINT 16.5CM：从肩头起前领下沉16.5cm。

BACK NECK DROP FROM SHOULDER POINT 13CM：从肩头起后领下沉13cm。

范例八 针织布料男 T 恤

男 T 恤衫是出口量较大的针织服装。尺码表 5-8 与范例七一样,很正规、详细。弄清英文单词,样品便不会做错。

表 5-8 的解释如下：

MENS SIZE SPECIFICATION：男尺码表。

MENS OVERSIZED T – SHIRT WITH 1 ×1 RIB CREW NECK, DROP SHOULDER, SHORT SLEEVE, TWIN – NEEDLE STITCHING AT NECK LINE, ARMHOLE, SLEEVE OPENING AND HEM。男宽松尺寸 T 恤衫,1 ×1 罗纹领口,低肩袖,短袖,领、袖笼,袖口和下摆处双针缝。

SAMPLE SIZE;100 （做）样品的尺码

TO FIT CHEST CM ：紧胸围(cm)。

TO FIT WAIST CM ：紧腰围(cm)。

POINT OF MEASUREMENT：量的部位。

CHEST CIRCUMFERENCE：胸围周长。

SHOULDER POINT TO POINT：肩长,从肩头到肩头。

ARMHOLE CIRCUMFERENCE AROUND SEAM：袖笼 绕缝线周长。

SHORT SLEEVE LENGTH FROM CERVICAL：短袖长,从后背中量。

SHORT SLEEVE OPENING CIRCUMFERENCE RELAXED：短袖口周长,松量。

LENGTH FROM SIDE NECK TO HEM：身长,从领缝到下摆。

NECK CIRCUMFERENCE BUTTONED/RELAXED：领子周长,扣上扣子松量。

NECK CIRCUMFERENCE UNBUTTONED/STRETCHED：领子周长,不扣扣子拉开量。

HEM CIRCUMFERENC RELAXED：下摆周长,松量。

表5－8　男丁恤(针织布)

Quality Control Department

762－838 Toorak Rd，Tooronga，Vic 3146

Ph：829 4111　Telex：AA34090

SPEC NO：4318

Mens Size Specification

MEN'S OVERSIZED T－SHIRT WITH 1X1 RIB CREW NECK, DROP SHOULDER , SHORT SLEEVE, TWIN－NEEDLE STITCHING AT NECK LINE, ARMHOLE, SLEEVE OPENING AND HEM。

				S	M	L	XL	XXL		
SAMPLE SIZE：100	TO FIT CHEST CM	85	90	95	100	105	110	115	120
	TO FIT WAIST CM	75	80	85	90	95	100	105	110

POINT OF MEASUREMENTS	REF	FINISHIED GARMENT MEASUREMENT							
CHEST CIRCUMFERENCE	TWICE A－A	103	108	113	118	123	128	133	138
SHOULDER POINT TO POINT	C－D	49	51	53	55	57	59	61	63
ARMHOLE CIRCUMFERENCE AROUND SEAM	TWICE A－C	50	52	54	56	58	60	62	64
SHORT SLEEVE LENGTH FROM CERVICAL	E－J	51	52	53	54	55	56	57	59
SHORT SLEEVE OPENING CIRCUMFERENCE RELAXED	TWICE J－K	38	40	42	44	46	48	50	52
LENGTH FROM SIDE NECK TO HEM	L－Q	75	77	78	80	81	83	84	86
NECK CIRCUMFERENCE BUTTONED/RELAXED		41	42	43	44	45	46	47	48
NECK CIRCUMFERENCE UNBUTTONED/ STRETCHED		60	60	60	60	61	61	62	62
HEM CIRCUMFERENC RELAXED	TWICE N－N	103	108	113	118	123	128	133	138

NOTE：NEEDLE DAMAGE TO FABRIC IS NOT ACCEPTABLE. USE BALL POINT NEEDLES WHERE APPROPRIATE. SEW FABRICS WITH THREAD THAT ALLOWS SEAM STRETCH WITHOUT BREAKAGE. ALL STITCHING TO BE NOT LESS 10－12 PER 2. 5CM, SAMPLES TO BE CORRECTLY LABELLED AT CENTRE BACK NECK OR WAIST. HEAD OPENINGS MUST STRETCH TO 56CM. BACK RISE MUST BE LONGER THAN FRONT RISE. .

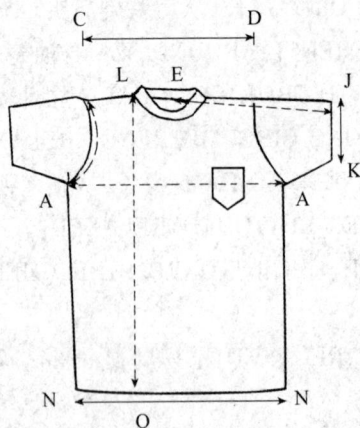

范例九　针织布料男毛衫

毛衫比较复杂,价格较贵,做工要求高,尺码表也相应复杂一些。尺码表5－9也是实际合同订货用的尺码表,很详细,也有代表性,是个很好的学习范例。

表5－9　针织布料男毛衫

90.2.7306－3 Siy4 DB.5 TO FIT:	SIZE	S	M	L	XL	XXL		
	HEIONT							
	CHEST/BUST	90	95	100	105	110		cm
	WAIST							
	HIPS							
96/5 月	REFENENCE AS PER ILLUSTRATION	ACTUAT FINISHED GARWHT MEASUREHENTS （CENTIMETERS）						TOL
CHEST CIRCUMFERENCE	TWICE A	105	110	115	120	125	胸围	公分 cm
BOTTOM CIRCUMFERENCE	TWICE B	56	62	66	72	78	下摆	cm
LENGTH FRM CERVICAL POINT	C	64	67	70	72	74	身长	cm
SHOULDER BREADTH	D	53	56	59	61	63	总肩	cm
SLEEVE LENGTH FRM CERVICAL PT	E	82	84	86	88	90	袖长	cm
ARMHOLE CIRCUMFERENCE	TWICE F	56	58	60	62	64	＊＊ 袖笼	cm
SLEEVE WIDTH AT HALF UNDERARM	TWICE G	39	40	41	42	43	中袖肥	cm
CUFF OPENING CIRCUMFERENCE	TWICE H	14	14	16	16	16	袖口	cm
CUFF/BASQUE WIDTH	J	7	7	7	7	7	下摆宽	cm
NECK RIB WIDTH	K	2.5	2.5	2.5	2.5	2.5	领宽	cm
CREW NECK－NECK DROP	L	－8	8	8	8	8	水手领深	cm
CREW NECK－INSIDE NECK WIDTI	M	15	15	15	15	15	水手领内宽	cm
VEE NECK－NECK DROP	N	18	18	18	18	18	V 形领深	cm
VEE NECK－INSIDE NECK WIDTI	P	13	13	13	13	13	V 形领内宽	cm

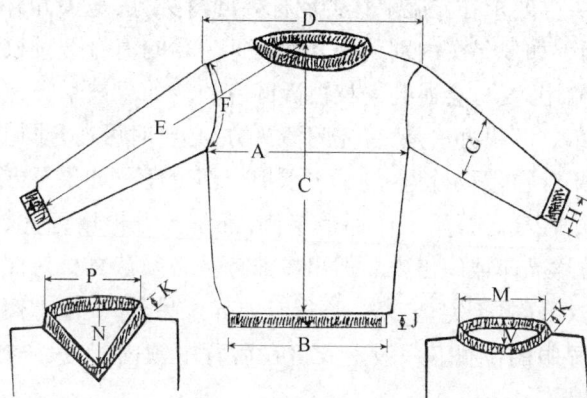

款式、颜色和其数量搭配、尺码和其数量搭配尤为重要,在签合同时应设法确定。因为服装所用布料的生产需要的时间长,通常要在两个生产厂生产。当款式和尺码及其数量搭配决定下来后,便可计算出合同总的用布数量。颜色和其搭配数量确定后,便可计算出每色用布的总数量,这时才能正式安排生产布料。这是保证服装合同按期交货的关键。

上边一共介绍合同中八条内容的五条,其中第三条款式,第四条颜色和其数量搭配,尺码和其数量搭配尤为重要,在签合同时应设法确定。因为服装所用布料的生产需要的时间长,通常要在两个生产厂生产。当款式和尺码及其数量搭配决定下来后,便可计算出合同总的用布数量。颜色和其搭配数量确定后,便可计算出每色用布的总数量,这时才能正式安排生产布料。这是保证服装合同按期交货的关键。

第五节　商标、尺码标等标记

此节为第六条内容。所有衣服销售时都必须钉上一个尺码标记,以便购买者选择。商家为了扩大自己的销售和市场,又会挂上自己的品牌标志。政府为了保护消费者的利益,也会出台一些特殊规定。下面将逐项说明,以便出口业务员实际业务中有所遵循。

一、商标

商标是商家自己设计出来挂在自己销售的服装上,逐渐在市场上被消费者认可,代表着一定品质。当成了品牌以后,销量和售价都会比同类品质不是名牌的高。别的商家想借他的名牌销售,须花重金购买使用权。正因为如此,出现很多仿冒者。所以,出口业务员对买方要求在衣服上挂的商标要问清买方,是买方自己的商标还是花钱买的别人的商标。如果是买的别人的名牌商标。须问清有否授权证明文件。如果没有证明文件,是偷用,卖方会遇到侵权被诉的麻烦。如果被举报,海关会没收货物。因此,不能小看此事。解决办法是,首先问清买方,必要时可在合同上注明"系买方要求使用该商标,如果存在侵权行为,由买方承担全部责任。"如果买方要在所订的衣服上钉上自己的商标,在笔者开始工作那个年代,都由买方根据订货数量寄来,现在中国已有能力照买方样品印或织出来。但出口业务员必须认真核对照买方样品印或织出来的商标与买方原样是否完全一样,不得有差异。另外,要注意商标订在衣服上的位置,必须在非常显眼的位置。一般上衣钉在后背中领内,与尺码标号在一起,裤子钉在腰头后中内。

二、尺码标

尺码标有几种表示法,最简单的是仅有一个尺码代号,如 S、M、L、2、4、6、8、…、32、34、36、38 等;也有除尺码号外还标有 TO FIT(CHEST、BUST、WAIST、HIP、NECK、WEIGHT、HEIGHT 等)。那么到底用什么? 首先要看买方尺码表上有否 TO FIT 的字样和相应的尺寸数,再问买方,把内容弄准。尺码标必须钉在服装显眼的位置。

三、洗涤标图或文字说明

为了让消费者了解如何洗涤才能既洗干净又不损伤衣服,通常每件衣服上缝上一个洗涤标。过去多用图形表示,近年来多变为用文字叙述。对各种衣服由于布料、织地、成分不同,对洗涤要求也不一样。通常买方会提供这方面的内容,照做就是了。

四、成分标

为了让消费者了解所买衣服所用布料成分,通常把成分印在一个织带上钉在衣服上。

五、产地标

大多数国家要求进口商品标有产地字样,如 MADE IN CHINA、MADE IN THE PEOPLES REPUBLIC OF CHINA,服装自然也不例外。

六、吊牌

除了钉在衣服上的商标,尺码带等外,有时买方要求把衣服上钉的商标,尺码带等上的内容印在一个或两个纸牌上,悬挂在衣服上,照做就是了。

在具体业务中,大致有两种处理标志的情况:多数情况是商标是单独一个,尺码标是单独一个,一起钉在衣服的显眼处。而其他内容,如洗涤、成分和产地印在同一块织带上,然后字朝外对折缝于衣服不显眼处即可。如上衣缝于从下摆往上量 10～15cm 处边缝上即可;裤子缝于腰头后中内即可;没有商标时,则全部内容印在一块长织带上,然后文字朝外对折,缝于显眼之处,保持尺码标在上面,其他文字在背面。

这是笔者从实际业务中总结出的常规处理办法,仅供参考。出口业务员在具体业务中,应该与买方核对一遍。有时买方订单上有明确的文字要求,照做就是了。

对于这一条,出口业务员须弄清,合同所订的衣服到底共需挂哪些标志? 内容是什么? 钉挂于何处? 由谁提供? 有时有些标志由买方提供,如:商标,此时合同中要特别注明"由买方免费提供"。有了这句话,当商标寄到卖方时,卖方须持合同报关领取,海关才能免税放行,没有这句话就要费很多口舌。

第六节　包　装

这是第七条内容。衣服做好后,从生产厂到进口方的销售店,中间要经过7～8次搬运装卸。为了不使衣服在搬运过程中受污受损,必须采用适当的包装。当然,现在大都采用集装箱运输,门到门交货,衣服在生产厂直接装到集装箱里,再运抵买方仓库,中间不存在再搬运问题,大大减少了衣服的污损。

买方进口后,不同衣服的销售方式是不同的。有的是折叠包装零售,有的是展开挂着零售,有时买方挂出前需烫整。所以,现在有些客户对一些需烫整再挂着零售的款式要求用集装箱挂装的方式,即把衣服,如西服、夹克衫等厚挺布料的衣服,不折而用衣架挂在集装箱内,到了买方不必再经烫整即可挂出销售。遇到买方这种要求,出口业务员要根据款式、布料厚薄计算出每集装箱能挂装的数量,尽量凑整箱。因为这种集装箱的价格会比一般箱要贵些。也别忘记在报价中要加上这一因素。买方省去烫整费用,而卖方增加挂装箱运费,适当加价是合理的。

除集装箱挂装运输外,其他都是先把衣服折叠后再装纸箱。下边介绍有关内容。

一、衣服的折叠

衣服的折叠大致有三种情况:一类为小件衣服,如三角裤、内衣等,买方进口后以原包装零售;二类为大件外衣,如夹克衫、西服、风衣、粗厚布料服装,买方进口后挂着零售;三类是其他服装,如男衬衫、女衫、裤子等,买方进口后有的以原包装零售,有的挂着零售。一类折叠后的形状都比较小;二类比较大,有的客户要求只把衣袖内折衣身不折平放于纸箱内,这样买方可减少烫整麻烦;三类折叠比较讲究,特别是不拆外包装保持原包样零售的服装,有时买方订单上有明确要求的折叠方式和长宽尺寸。

在实际业务中,很少因折叠方式不对而引起索赔。但要掌握两点:一是买方提出具体要求的,一定照做;二是没有提出要求的,生产厂会按出口服装的习惯做。如果出口业务员是新业务员,工厂也是新厂,没有经验,买方也未提出要求,出口业务员要注意了,随时请教有经验的老业务员是最好的学习办法。

二、每件衣服的外包装

为了防止衣服被沾污和散开,几乎每件衣服折叠好后都要装入一个塑料袋内,然后将口封死。如果买方进口后不拆袋零售，通常塑料袋内还要印上相关文字和图案。买方通常会提供印字内容、印的位置，甚至提供一个内容示意图或一个塑料袋样品。如果买方订单上没有提供印字内容，合同中应注明："covered by a plain polybag"。

三、装箱方法

衣服装入塑料袋后，还要装纸箱。由于买方进口后销售方式不一样，要求装箱方法也不同。目前大致有两大类，一类是独色（花型）独码装一箱，即一个箱子里装的衣服全一样；另一类是码、色（花型）混装，即一箱子里装的是不同的衣服。

邮售公司、网上销售公司及进口到货后重新烫整零售的进口商要求一类包装；进口到货后整箱批发零售的进口商要求二类包装。一类包装要求少，二类包装要求多。

如果买方提供正式订单，上面会有详细地装箱内容和数量要求，没有正式订单时，出口业务员须问清买方，并在合同上写明。

在两类混装的箱子里不能随便装，要把相同的衣服放一起，用牛皮纸包好或用绳扎在一起，同时也防止衣服在箱子里滑动而乱七八糟。

纸箱里通常要放一层牛皮纸或大的塑料袋，衣服装满以后把整个袋的衣服包起来，放上一张装箱单，单上列明每色（花）每码所装的数量，再把箱子封口。小箱用胶带封牢即可，大点的纸箱为防破损，还要打上几道牢固的包装带，一般打四道。

四、箱外应刷印的标志和文字

箱外刷上标志和文字有两种用途：一是运输上的需要，一般在箱子的一头或两头刷上唛头（SHIPPING MARKS）；二是买方的需要，一般将箱内所装衣服的内容简单明了刷在箱子的两个大面上。

唛头的内容，最简单的有四项，分为四行刷于箱头上：第一行是买方指定的，通常是买方公司名称的缩写或自定的代号，便于买方清关后辨认自己的货物；第二行是买方订单号或买卖双方所签合同号，便于买卖双方辨认货物；第三行是货物目的港名称，运输方将货物运抵目的港卸货时辨认货物；第四行是箱号，箱号的写法要注意，凡是连续的，只写起止两个数字，不必一一列出。不连续的要分段列出，如共100箱，连续中间不间断，即写为 NO.1~100，如果中间有间断，如缺51~60号，可写为两行，一行 NO.1~50；一行 NO.61~110。

两个大面刷的文字内容分为两种情况：如果箱内所装衣服都一样，即独色独码，要刷上尺码号，颜色名称和总数量。如果是混装，尺码和颜色又多，则可刷上混装字样（ASSORTED）和总数量。二者在箱子最下边都要刷上中国制造（MADE IN CHINA）。刷这些文字主要是买方进货后辨认分发使用，有时也供进口地海关查验货物产地之用。

第七节　样　品

服装是凭样品成交的生意,除非是翻单(即照以前的合同款式不变或做简单改变后重新订货),否则卖方都须先做出款式样品,由买方确认后才能照以生产。买方确认后,卖方照做无误,再出问题则卖方不负责任而由买方自己负责。合同中通常规定有下列几种样品的一种、几种或全部。

一、确认样

即确定具体生产所依照的款式样。如果是翻单或者买方提供了实样,双方都同意卖方不再做确认样。在此情况下,合同上也要注明,写上一句不需确认样(NO AP-PROVAL SAMPLES REQUIRED)。如果需要确认样,则合同上要注明要什么尺码的确认样,共需几件。确认样主要含三项确认内容:一是确认款式做得对不对,二是确认尺码对不对,三是做工对不对。有时尺码只有三个,如 S、M、L,一般做中码;如果是童装尺码很多,如从 2 岁到 16 岁,共有 8 个码,做一个确认样很难判断其他码是否将来能做正确,通常买方要求间码做样品,如做 4、8、12、16 四个码的样品,会比较安全。

对于要求的数量,要看买方贸易方式。自己能决定确认意见,一般一件即可。如果是代理商,自己不能决定,而须最终买方确认,通常会要求两件,代理商自己存一件。

确认样所用布料,当然是用合同所订布料最好。但是往往布料未生产出来而急需先做确认样确认。在此情况下,可先用类似布料代替,也是允许和常用的办法,以争取早日把具体生产用的款式样确定下来。

确认样有时不一定一次做对,对于有较大错误的,买方会提出意见,要求重做;对于有些小毛病的,往往提出修改意见,不要求重做,但卖方要有把握修改正确。注意保留买方修改正式函电通知,并及时通知生产厂。

二、装船样品

买方主要为了在货到以前利用样品对外推销用,同时也要看看装货有否问题。正规的做法是从已装好的箱中取,并在所取箱子里放的装箱单上注明取出几件船样。现在都不再用这种办法,而是从生产的货中仔细挑选没有毛病的寄给买方做船样。出口业务员要注意所寄的船样一定不能有疵点。合同中要写明什么码的船样几件,做合同前要问清买方。有时买方只要几件,一般免费。如果要的较多,可以收费。处理的办法,一是单独收费,二是减少相应的交货数量,但在单据上注明包括船样多少件。

三、推销样

这类样品也一般在装船前寄出，买方是为了货到前推销使用。与船样一样，出口业务员寄出前要仔细检查有否毛病，数量多的可以收费。

船样和推销样通常只要求一个尺码，但须包括所有合同所订的颜色。

以上介绍了一个完整的服装合同所应具有的八条内容。在每条内容介绍中，有基本的，有变化的。读者应根据实际情况变通使用。只要出口业务员牢记这八条内容，按顺序逐条与买方谈清楚，做合同也就容易操作，而且会做得很完整。如果有的项目买方决定不下来，如尺码表和染色样，合同中也要写上该项目，注明由买方于某年月日前提供。如果晚了，则交期相应顺延，如 SIZE CHART：TO BE SUPPLIED BY BUYER BEFORE……（DATE），OTHERWISE SHIPMENT WILL BE POSTPONED AC-CORDINGLY。

此外，要计算报价，必须把第二条至第七条内容搞清楚，才能计算出精确的报价。因为这六条内容全关系到成本。

第八节　服装辅料和附件

服装除面料外为了外观好看，常在面料布里加一些辅助布料，称为辅料；有时在外边加上一些附件，从外边能看到的称为附件。辅料和附件梭织布服装外衣用的比较多，针织服装外衣印化比较多。因为是服装不可缺少的东西，所以在本节作简单的介绍。

在笔者刚参加工作的 20 世纪六七十年代，稍特殊一点的辅料和附件都由买方提供，多数在香港制造。现在都在中国大陆制造，而且还有出口，可以说需要什么有什么。但是也给出口业务员带来麻烦。对于买方要求加的辅料或附件，到底中国有没有，有的话在哪里？要有所了解，不然的话盲目要求买方提供，买方又知道在中国什么地方有生产，那你就被动多了。

辅料和附件在南方较多较全，北方较少。南方很多生产厂在北方主要服装出口城市设有办事处，也有许多经销商。平日要从他们那里多取得相关资料，以备谈判、推销时用。

辅料和附件随着服装款式的变化而变化，新材料层出不穷。在此分两大类介绍一些过去和现在在使用的一些基本品种，供参考。

一、辅料

（一）衬布

衬衫的领子里，裤子的腰头里，夹克衫类款式的前门边，西服的领子和前胸部，凡是衣服要求挺括的部位都需用衬布辅助。

衬布按成分有毛、麻、棉、化纤等品种。每个品种中又有厚薄之不同。粗厚布料的服装需用厚衬,稀薄布料的用薄衬。

衬布有的不挂胶,有的挂胶,有的两面都挂,有的单面挂。挂胶的衬经加热后能与衣服面料紧密牢固地粘在一起,经洗涤也不会分开。但需注意有的胶只能水洗才不会脱开,有的需干洗才不脱开。

衬布的厚薄以每平方米多少克计算,克重越大,衬布越厚、在客户的订单上有时注明用多少克的衬布。

目前流行使用挂胶的无纺布衬,毛麻衬很少用。无纺布衬厚薄皆有,西服也多数使用挂胶厚无纺布衬。

出口业务员注意生产厂对挂胶衬布的使用情况。如果用电汽熨斗压烫、温度、压力和时间要适中,过则烫化,不足则粘不牢,水洗后脱开,会引起索赔。特别是硬领男衬衫,如果不用高质量的衬布和先进压领设备,很难生产出高质量的衬衣。

(二)纽扣

几乎所有非套头穿的衣服都有纽扣,即使套头穿的下半部封闭,上半部也会有纽扣。一般服装用圆形片状纽扣较多。过去纽扣有二目(即两个孔)和四目之分,现在多用四目,能保持牢固耐久不掉。一些花色特别的服装,特别是女装和童装会用一些带有装饰作用的异形纽扣,如女衬用圆形包扣,童装用带有图案或特异形状的纽扣,这不仅为了实用,还有装饰的效果。

纽扣的用料多种多样,大多数为化学成分,也有用贝壳打磨而成。现在用化学成分完全可以仿造出来,比真贝壳制的还要漂亮。一些粗厚大衣、夹克类衣服也有用铁、铜镀上一层亮光或其他金属的纽扣。

出口业务员要注意两方面的问题:其一是要多收集样品,以备推销谈判时用;其二是要注意用法。一般情况下,买方要求纽扣的颜色与衣服的颜色一样(习惯叫顺色,英文叫 matching colour),但实际上很难达到一样,总会有色差。在做了努力确实达不到时,寄确认时也同时注明让买方确认所用有色差的纽扣。有些色差也是允许的,关键是与衣服色相配后协调不刺眼才行。

(三)砸扣

砸扣用有韧性的金属制作,现在多由四部分组成,两部分一组。用与砸扣大小相适应的模具,用压砸机或手工把两部分压砸在一起,镶于衣服上,从外面看上去是一个纽扣,里面有凹凸经压力扣合。这种纽扣也有用于衣裤一些部位做加固和装饰作用。

出口业务员应注意,验货时查看砸扣的质量,扣和开是否顺畅,太紧、太松都不合格,还有模具与扣子形状大小不相适应,也易把砸扣砸坏。

（四）拉链

中短保暖衣、厚布夹克衫及皮夹克衫的前开都是用拉链，有的里边是拉链外边还有砸扣，这类服装比较耐穿。

拉链的材料以塑料居多，还有铜、铝等金属制品。拉链分大牙、小牙，牙即突出像人牙齿的部分。世界上最好的当属 YKK 牌各型号的拉链，目前很多客户指明要用 YKK 牌的。拉链的质量差别很大。出口业务员要注意了解 YKK 牌拉链价格行情，当客户提出用 YKK 牌拉链时，要准确加到成本里。还要注意拉链色与衣服色相搭配的问题，像纽扣一样达到完全顺色比较困难，在签约谈到用拉链的款式时，要与买方谈清楚。如果要求顺色而不能完全达到须有一定色差时，寄确认样时也需要让买方确认拉链色泽。

（五）缝纫线

缝纫线是最普通的辅料，一般都由服装厂按习惯选择使用。但出口业务员也要注意，除了用强力较强的线，以保证衣服牢固外，还要注意色泽。一般衣服都用顺色线，也有特别要求用不顺色线，起到一定的装饰作用。还有缝线的成分与布料成分一致的问题，不注意的话，洗涤时缝线受损，衣服开线破裂，或者缝线和布料缩水率不一样，就会起皱。目前使用的缝纫线成分，主要有两种，纯棉成分和涤棉成分。

（六）肩条

对于一些用较松散组织的布料制作的服装，特别是针织布，在肩、领、袖笼等部位容易撕裂开线，在里边加一个宽窄适度的原色布带（俗称肩条），在缝纫服装时一块缝上。肩条是专门织的，一般用原色粗支纱织。到底哪些衣服加肩条，哪些衣服不加肩条，有些是习惯做法，有些是买方订单上有要求。在出口业务员没有这方面经验时，要注意积累这方面的经验。如果买方订单上或尺码表上有要求，下生产合同时千万别漏掉。

（七）花边

女装和女童装爱使用花边装饰领子、门边、袖口、下摆等部位。花边都是单独用机器织的，像织布一样，只是条与条之间不断开，到使用时才裁开。根据衣色搭配，花边有白色和染色的，需要专用设备生产。当买方提供的款式样上有花边装饰时，出口业务员判断能否供应同样花型的花边是至关重要。所以，平日要注意搜索花边式样资料和其价格，有时间的话，可亲自到织花边的工厂学习，搜集样品。带有花边装饰款式订单数量不会太大，要问清生产厂每一种花边的起订量。如果出口业务员手中有搜集到的样品，对买方要求的花样不能供应或没有把握供应，可以用手中样品与买方商谈调换。

（八）棉夹衣的里子和絮棉

防寒服、西服、夹克衫等衣服都有里子。里子布很少用白色，都是染色的。其成分有化纤、粘胶纤维等，特点是布面滑、质地薄。它们虽然在衣服里边，不显在外，无关紧要,但出口业务员也得了解和熟悉常用的品种,应付推销谈判之用。

絮棉也是冬季服装必不可少的,现在都用涤纶喷胶棉,内销仍有用棉花或蚕丝,但出口很少用。它的厚度是按平方米多少克重来计算。一般买方在订单上注明,没有注明的,合同上也要注明,它的重量也牵涉价格的核算。

二、附件

为了叙述清楚,本书把呈现于衣服之外的称为附件。服装行业对辅料和附件并无严格划分。

(一)绣花

在衣服上绣花,当前很普通,这与绣花技术的发展和成本降低关系很大。笔者刚参加工作时的20世纪六七十年代,每年出口绣花服装占很大比例。如女绣花衣、女童装、女睡衣、婴儿装等,都是中国传统的手工绣花。后来发展为机绣,但都是单机头,成本有所降低。现在都利用10头、20头等多头电脑控制的绣花机,效率和成本大为提高和降低。

对于机绣花,不存在花型配色问题,因为都是电脑操控。业务员需要注意的是价格计算,生产工厂都以1000针为计算单位。如花型有几千针能绣出,每千针多少钱。有时买方会提供一个软件,供卖方直接在电脑控制的绣花机上使用,大大方便卖方。要学会判断某花型的针数,可采用分解的办法,先熟悉1000针到底有多大,再将图形分解,再加起来。这样便于与买方和生产商谈定价。还需要注意绣线针脚的大小。针脚太长省工、省线、省钱,但易挂破;针脚太短则易漏针脚,费工、费线而不讨好。

(二)印花

在衣服上印花和印字,在本书前面所有章节都没有叙述,在此顺便做专门介绍。

在成衣上印花、印字,把要印花印字部位的布片印花、印字,然后再缝纫成衣。

印的方法都采用平网印,先把要印的裁片平整放在有黏性的案板上,多数用手工印,花和字有几个色位就用几个平网,不受色位的多少限制。印完后采用机械加热烘干或挂起来自然晾干,再用于成品缝纫。

从使用印花浆料上分,目前主要有三大类。

1. 水印

印花在前面第四章第一节中有些介绍。水印所用印花浆料与梭织布印花浆料一样。它的特点是在白底或浅色底布上印,印浆都是有色的,色浸染入布里像一般梭织布和针织布的印花显出的效果一样。

2. 胶印

它的特点是印浆有白色和带色的,像画油画一样涂在布面上,因为盖住底布色,所以什么色的底布都能清楚地显出所印的花型。当然与底布粘得很牢,水洗不会掉落。这种印花方式在中国大量使用也不过十几年的历史。

3. 发泡印

它的特点与胶印一样,只是印好花型后再用仪器加热,使之与发面一样发起来,堆积在布面上,具有立体感。

本节所介绍的是最基本的、最常用的几种印花方式,还有许多印花方式难以全部介绍,而且新方法层出不穷。出口业务员要多加积累,争取多了解国外需求和国内生产情况,以应付推销和谈判之用。

第九节　推销函电范例和合同范例及讲解

一位刚毕业的学生被聘到一个出口公司,大致会遇到几种情况:如果负责人或老板是个明白人,知道你刚毕业,没有实践经验,会安排你给某一位有经验的业务员当徒弟或助手,而师傅自己也明白开始学做生意的难处,心地又善良,他会耐心地教你,这是最理想的情况。经过一段时间,放手让你做,或者让你自己找客户,联系推销。有了一段实践后再记住本章介绍的八条内容,生意很快会熟练地做起来。如果师傅经验也不多,那就要仔细琢磨运用这八条内容,尽快取得独立工作的能力。如果没有师傅或师傅自知教带不了,会让你自己找客户联系成交。如果是一个新成立的出口公司,同时招聘了几个与你一样刚毕业的学生,那此书可以充当你的启蒙老师。不管是函电联系还是面对面谈判,谈成后都要做一个合同。而所谈内容都离不开双方同意的内容,谈成与否就 取决于双方对那八条内容或者说第二至第七条及价格、付款方式等能否达成一致意见,所以要围绕合同内容谈。

推销时会遇到各种各样的客户,服装又是国际贸易中最复杂的贸易之一,需要一定的知识和经验,不是随便什么人想做就能做成,而偏偏有些外行在做,所以选择客户要小心。由于范例数量有限,难以一一举例,在此先用文字叙述几类可能遇到的客户。

一、在网上找到的客户

这是刚工作的出口业务员普通喜欢的渠道,实际上也是一个好的渠道。但要注意哪些带有欺诈性的客户。目前一些不发达国家的一些客户,甚至发达的欧美市场,有些客户并无做服装生意的能力,但他们编造网页,欺骗一些缺乏经验、急于求成的卖主。他们声称要货量大、价格高,条件很优惠,诱你签约,然后提出各种理由让你寄样品、寄手机等。如果你照办了,后边还有别的要求,直到你知道上当受骗不再理他,他再去骗别人。有些手段高明的像正常做生意一样,给你大数量订单,也开出信用证,条件很优惠,让你把货生产出来。当他知道你货生产出来后,却让你发不了货,再让你大幅减价;或者事先设计好,让你发货后收不回货款,白白丢失货物。这些情况笔者都实际遇到过。在此提醒刚开始工作的出口业务员在网上找客户要慎重,真正谈成一笔服装生意一般都很艰苦。所以对那些要货量大、给价高、条件优惠的客户要特别小心,大多是骗局。

那么网上找客户这么可怕,是否这条渠道不能用了,笔者只是建议要小心,别被骗子的优惠条件迷惑,网上也有正规、真正做生意的客户。

二、客户的鉴别

真正做生意的客户,是不会与一个不熟悉的卖方做生意。与卖方不跟一个不熟悉的买方做生意的心理是一样的。首先要判断出买方是否真心做生意,然后再将自己的情况向买方介绍。让人家知道你也是真心做生意的,主要做什么品种。不要向人家吹自己什么品种都能做,那样会让人起疑心。因为服装客户大都集中做几个或一类品种,最好你经营的品种和他经营的品种能一致。如果自己清楚自己手中有买方市场尚未有的新品种,把该新品种向客户介绍会更有吸引力。如果不是新品种而充当新品种效果会相反。

假如出口业务员找到一个上述真正做生意的买方,也需考虑如何建立业务关系。对大多数做服装的客户都有自己的卖方客户,但不会是一个,也不会太多。只有一个卖方,当市场变化时或卖方有变化时,买方会陷于被动。

三、客户必须有互补性

国外进口商不妨分为两大类:一类是在中国设有负责采购公司或代表处的,二类是没有设。国内出口商也分为两大类:一是贸易公司,从生产厂买货再出口;二类是自己直接出口的生产厂。如果贸易公司联系国外进口商在中国的公司或代表处,他会首先问你是贸易公司还是生产厂。遇到商业道德好的公司,会直接告诉你,他们不与贸易公司做。遇到商业道德不好的公司,他会让你寄样报价,或者传给你一些资料让你报价。他们利用你的资料和生产厂讨价还价。当你再催问时,就说你的价格太高,他们已找到卖主。这样,你就白费时间为他们提供资料。如果生产厂联系他们,他们,才真正回复,有机会做成生意。

贸易公司应该主要联系那些在中国没设公司的进口商,因为他们相信贸易公司会认真负责跟单验货,把好质量交货期几道关;而对生产厂有戒心,怕生产厂自监出错后也会不愿意承担损失而把错货装给他们。生产厂联系这类进口商也并非没有成功的机会,但必须设法让进口商放心才行。生产厂的出口业务员可以向进口商讲明,我们虽是生产厂,但是负责出口业务是一个独立的公司,负责跟单、验货、把质量关和出口有关事宜,性质就像一个单纯的贸易公司一样。

四、市场供求变化和客户的变迁

在笔者刚工作做服装出口时,发达国家市场服装供求关系比较稳定。到20世纪90年代,由于发展中国家,特别是中国、印度等亚洲国家的经济和技术进步,服装生产在质量和数量上达到空前水平,而且成本远低于发达国家。因此,发达国家开始大量进口,特别是中低档服装。因此,发达国家中低档的生产厂首先缩小自己的生产规模,改由进口补充,继而关闭自己的生产厂,改由全部进口。最明显的例子是澳大利亚,现在几乎没有了中低档生产厂,欧美等发达国家也将会步其后尘。因此,笔者建议出口业务员,不管在贸易公司还是在生产厂工作,应设法找到这类客户。但他们有一长处,也有一短处。长处是对商品和生产熟悉,短处是他们对国际贸易不熟。在具体业务中,对牵扯到国际贸易的方面的知识,如果发现他们不懂,要耐心向其说明和介绍。这样做既有利于生意的达成,又有利于相互了解信任。

本书第一章曾介绍找客户的渠道,而此处是介绍针对不同的商品找对口客户。后面将举范例,一类是梭织服装,另一类是针织服装。每类中又各有四个往返联系电子邮件、范例合同及说明。当然在实际业务中,不成功的例子也很多,在此不举范例。

范例一　梭织布服装范例

背景:一个出口贸易公司的出口业务员在网上找到一个英国进口商,该进口商原为一个中等规模的缝纫厂,专做男、男童、女、女童睡衣套。由于进口价格比他自己生产的成本低得很多,缩减了一半自己的生产规模,改由进口补充,在他自己的网页上寻找供货商。

Dear Mr. Smith,

From your website we know you are looking for suppliers for pyjamas. What a coincidence it is that we are exporting pyjamas. For your information, we would like to introduce ourselves to you. We are an exporter and each year export about USD10 millions. We are dealing with 5 woven garment and 4 knitted garment sewing factories. Our garments are mainly exported to Japanese、European and American markets. Our company has special skilled order followers to watch and check the production, so as to guarantee the quality and delivery time. If you want to see our quality of pyjamas we can arrange to send you some samples which we exported to European market.

Wait for your reply.

Kind regards.

Liu Ming De.

范例二　梭织布服装范例

背景:买方接到卖方范例一 E-mail 后的回复 E-mail。

Dear Mr. Liu,

Re: Pyjamas.

Thank you for your email and we would like to enlarge business with your company. Please arrange to send us samples of pyjamas for our study.

At the moment we want to buy some basic styles in traditional fabrics. Now we send you size charts, one for men's pyjama, one for ladies' pyjama with style and measuring diagram. Please see the attachments of this email. Fabric is 100% cotton printed flannelette.

Please quote us your best prices CIF London, indicate delivery time and other terms.

Kind regards.

Smith.

买方所附的两个尺码表在此不列出,请参照前面尺码表相关内容和举例。买方要求报价所提供的仅为基本资料,但计价用也基本够了,不足部分报价时注明即可。

范例三　梭织布服装范例

背景:卖方根据买方 E-mail 范例二寄出一些样品并附有参考价格,供买方研究卖方的价格水平和做工情况。根据买方范例二的要求报男女睡衣套价。

Dear Mr. Smith,

Re:Quotation of Men's and Ladies' Pyjamas.

According to your request we have sent you 2 sets of pyjamas,1 set of Men's ,1 set of Ladies' , together with our reference prices.

Here under we quote you the prices according to your details.

1. Men's Pyjama , made of 100% cotton printed and brushed flannelette 20×10　40×42, basic style as your diagram on your size chart, size specification as per your size chart, in sizes S　M　L　XL about equally assorted, printing designs no more than 3 colourways, normal labeling and packing ,price at USD 10.00 per set .

2. Ladies' Pyjama, made of fabric same as Men's above ,basic style as your diagram on

your size chart ,size specification as per your size chart, in sizes S M L about equally assorted ,printing design no more than 3 colourways ,normal labeling and packing ,price at USD 9. 00 per set .

General price terms for both above：CIF NET London, shipment by container, payment by irrevocable Letter of Credit available by draft at sight, reaching Seller 3 months before shipment time. Insurance to be effected by Seller for 110% of the invoice value, covering All Risks and War Risk as per the Clauses of PICC (1981 revision), delivery time within 3 months after receipt of Buyer's Letter of Credit.

Wait for your reply.

Best regards.

Liu Ming De.

在 general price terms for both above 处,也可以把文中 1 和 2 相同的内容,如用的布料、款式、花型等描述集中在此处,这样 E – mail 会缩短许多。此 E – mail 没有这样处理,是为了学习。待出口业务熟练后,自己自然会做简化集中叙述。

范例四　梭织布服装范例

背景:范例三寄样和报价后,买方先收到样品,认为做工满意。对卖方的范例三报价也可接受,愿意先试订 5000 套睡衣。

Dear Mr. Liu,

Re：Men's Pyjama.

We received your samples and studied and found your workmanship is OK.

Now we want to place a trial order for Men's Pyjama. As this is a trial order we would like to accept your price USD 10. 00 per set and other terms mentioned in your email. Since the style is very basic, we shall not send you style sample and please follow our diagram and size chart to make approval samples for us to confirm. Sizes and assortment：S 20% , M 30% , L 30% XL 20% . We shall arrange to send you printing design as soon as possible, so as to enable you to organize the production early.

We think the details are quite clear and we shall not send you our official order sheet this time. Please make your contract and fax to us for signing.

Kind regards.

Smith.

范例五　梭织布服装合同

背景:卖方接到买方范例四 E－mail,根据卖方买方以前往返 E－mail 确认的细节,卖方做出售货确认书(表 5－10),签字后传真给买方签字。买方若无修改意见,需签字后传真给卖方。卖方根据合同内容,安排有关生产准备事宜。卖方收到买方信用证后,便正式投产、交货、回收货款,直至合同完成。

合同签订后,买卖双方都很关心遗留问题的解决及进展情况,如本合同由买方寄花型样品、买方想尽快收到确认样品、卖方希望尽快收到买方的信用证等。当卖方收到买方样品、信用证等,应简单发一个 E－mail 给买方,通知买方收到,这样买方就会放心等待下一步。举手之劳,但会给买方一个好印象。

说明:确认书上所标(1)至(8)即本章前面所述合同的八条内容。每条内容如何根据实际内容做相应的变换,都已做了详述,在此不再重述。

此合同(6)Labeling 中,买方商标什么样不清楚,卖方在另外 E－mail 中要求买方随寄花型样一块寄来。(7)Packing 中,袋外要求印上男睡衣套款式示图,卖方也在要求买方寄花型样时寄个样品来。这两点内容不必写入确认书,买方肯定会根据卖方要求寄来。

睡衣套比较简单,大都进口后按原包袋零售,所以要求袋外印字,购买者不必打开包袋即可知道袋内情况。按照买方要求独花型混码装纸箱,买方进口后是整箱批发给零售店。

其他贸易条款、装期、保险、付款方式等,详见第七章的集中讲解。

范例六　针织布服装

背景:一个有出口经营权的针织服装厂出口部。老板的一个朋友介绍给老板一个新西兰客户,老板让出口部的一位新来的出口业务员负责联系该客户。

被介绍的客户是一个进口商,既做针织服装又做梭织服装,从中国进口已有多年,熟悉中国市场情况。外商过去都通过贸易公司进口,现在也有意从有出口经营权的生产厂进口。

为了学习一个传真范例,假设介绍人只知客户的传真号和地址,不知 E－mail 地址,传真正文同 E－mail 格式相同,只是开头要有三条内容。

①Date:发传真那天的日期,传真不像电脑,机器自动显示日期。日期可用数字表示,如 20/21/2010. 也可像正规写信那样写 20th Feb. ,2010。作用是知道哪天发出的,对方回复时可以引用"你××日传真"。

②Fax To:发给对方的传真号码,也可加上对方公司名,有两个作用:一是知道发给谁了和发时照号按键不易错;二是请人代发时方便。

③From:自己的传真号,也可写上自己公司名和自己的名,目的是让对方知道是

表 5 - 10 售货确认书

纺织服装出口有限公司
TEXTILES & GARMENTS EXPORT CO. ,LTD.
No. 78 , Zhongguo Road , Qingdao , China.

售 货 确 认 书
SALES CONFIRMATION

电话(TEL) :0086 - 532 - ××××××
传真(FAX) :0086 - 532 - ××××××
E - mail : ××××××@163. NET

To Messrs : London Import Co. , Ltd. ,
      No. 5 , Cemery Street ,
      London , UK.

确认书编号 S/C No.   WG10/06

日期和地点 Date & Place   Qingdao ,
      15th March , 2010.

兹确认经买卖双方协商一致,卖方售与买方下列商品,特签订此确认书,其具体商品细节和成交条款如下:
We hereby confirm that , through consultation in a consensus , the Buyers agreed to buy and the Sellers agreed to sell the following goods on the terms and conditions as set forth hereunder :

----

(1)品名及规格 DESCRIPTION OF GOODS:
    Men's pyjamas , made of 100% cotton printed flannelette 20×10 40×42. (2)
    1. Style : Basic style as per the diagram on Buyer's size chart. (3)
    2. Printing designs : 2 designs , each 50% , design samples to be supplied by Buyer before the end of April , each design in no more than 3 colourways. (4)
    3. Sizes and assortment : S 20% , M 30% , L 30% , XL 20% ; specification as per Buyer's size chart . (5)
    4. Labeling : Top and Pant with brand + size label to be sown on neck and waist band , composition and washing instruction label to be sown on Top side seam inside 15cm above bottom. (6)
    5. Packing : each set in a polybag printed with style diagram , size , composition , solid design in assorted sizes 40 sets per carton , marked with design No. , sizes and quantity. (7)
    6. Sampling : one set of approval sample in size M is required.
          4 sets of shipping samples are required and to be sent before shipment. (8)

(2)数量 QUANTITY : 5000 sets.
(3)单价及价格条款 UNIT PRICE & TERMS : USD10. 00 CIF Net London per set.
(4)总金额 TOTAL VALUE : USD50 ,000. 00
      IN WORDS : US Dollars Fifty Thousand Only.
(5)交货期 SHIPMENT TIME :
(6)目的港 DESTINATION :
(7)保险 INSURANCE :

(8)付款方式 PAYMENT :

(9)特殊条款 SPECIAL CLAUSE :

注意:开立信用证时,请在证内注明本确认书号码:
IMPORTANT : When Open L/C , please indicate the number of this S/C in the L/C.
一般条款(见本合约纸背面)
GENERAL TERMS & CONDITIONS (PLEASE SEE OVERLEAF)

_____   _____
  买方签章 **Buyers'Signature**   卖方签章 **Sellers'Signature**

请在本合同签字后退回一份供存档 **Please sign and return one copy for our file.**

谁发来的传真,回复时也可以使用。

传真纸最好用公司印好的带有信头的纸,即最顶端印有公司名称、地址、电话、对外共用的 E－mail 地址,打上发此 E－mail 的具体人名和具体 E－mail 地址。如果没有带信头的纸,可以开始第一行打上公司名称,第二行再打上地址。

AAA GARMENT EXPORT COMPANY.

Address:No. 1, Zhongshan Road,

　　　　Qingdao,China

Tel: 0532 － 88668866

Date: 20th Feb. , 2010.

Fax To: 0 － 9 － 366 9841 ABC Co.

From(或 FR:): 0532 － 88886666

Dear Mr. Smith,

Our friend Mr. Li Dong Hai, who did business with you before he was retired, told us your address and fax number. He suggests us to contact you and see whether we can do some business of knitted garments. For your reference, we would like to introduce ourselves to you. We are an export department of our factory. Our factory has knitting and sewing procedures, while dyeing and printing to be done outside. Sewing capacity is about 2 million pieces per year. Our products are mainly exported to Japan, Europe and America.

If you want to study our products, we can send you some samples together with reference prices.

Wait for your reply.

Best regards.

Liu Ming De.

CBA CO.

No. 1, Zhongshan Road.

Qingdao, China.

E － mail address:liumingde@ 163. net

Phone;0532 － 8866 × × × ×

范例七　针织布服装

背景:买方收到范例六后,有意看看卖方样品和价格水平,要求卖方寄样品和报价。

Dear Mr. Liu,

Received your fax dated 20th Feb. , 2010.

In the past we only bought through trade companies. Now we would like to buy from you, but be sure your Export Department will watch the production and guarantee the quality.

Now please send us some representative samples together with their prices for our study.

Kind regards.

Smith.

PS. my Email address: smith@ hotmail. com

Mobile phone 13912345678

Phone 09 – 3669841.

范例八　针织布服装

背景:卖方收到买方范例七后,寄了一些出口欧美市场款式样品,并报参考价格。买方收到后,研究样品所用布料质量、衣服的做工、价格水平,认为都可以,所以先试订一批,并将一个正式订单和相关细节提供给卖方,让卖方报正式价格(表5 –11)。

Dear Mr. Liu,

Re: Knitted Garment.

Received your samples and studied and found the workmanship is ok. We would like to place a trial order for 1200 pieces. Our official Order Sheets are attached to this E – mail, and based on the details of our Order Sheet, please quote your competitive price for us to confirm. Please quote both FOB Qingdao and CFR Auckland for our choice.

Wait for your quotation.

Kind regards.

Smith.

表 5 – 11（a）

Order To：Shandong K3799	Agent：masons	Order Date：13/8/96
		Last Delivery/13/8/96 Date：December 30th，97
	AGENT COMMISSION：5%	Delivery into D. F. I. ：1 – 10th March 97
		Warehouse/Direct To Store：
Finance：L/C AT Sight	Cashflow：	Method of Freight：SEA/FCL/LCL
Purchase Price：$ US17.00 DZ	Purchase terms：FOB Shandong	：AIR
Plus 5% （US $85/DZ）plus barcode. 42 $ （Chinese hanger included）		

order Details

Buyers Style No. K3799KW97	Category：Dresses infants
Supplers Style No.	Code：F21
Buyers Description：Fleece dress with emb.	Season：W97
Faqbric Content：65% Polyester/35% cotton	On Show Date：1st April，97
Country of Origin：China	Master SKU Number
Est. Landed Cost：	Retail Price：
Warehouse Charges：	Special instruction：Price includes all accessories inc. swing ticket，care label，hanger supplier to arrange
Est. total cost：	

SIZE/QUANTITY

COLOUR			0	1	2	TOTAL
Navy SKU		dz	100	200	300	600
Red SKU		dz	100	200	300	600
SKU						
SKU						
SKU						

Daisy chain embroidery to be offered by buyer TOTAL▶ 1200

Accessories
Garment Finish：250gm
Stitching Colour：Stiching to match base
Stitching Quality：Fabric
Sew In：Babyworld
– Placement：Center back neck
Swinger：Babyworld
– Placement：Thru Sew in label
Price Ticket：
– Placement：
Hanger：Supplier to arrange
Type：

Washing instructions

G4 As per Supplier manual.
Attach：C/B NECK/C/B BAND
Made in：China
Fabric Content：65% Polyester/35% Cotton

BUYER：

Packing：

Solid Colour/Solid Size：To be packed on hanger as
In packs as defined below hanger as

	0	1	2	
Navy	2	4	6：12	Per inner
Red	2	4	6：12	" "
			24	Per carton

NOTE：GROSS WEIGHT OF EXPORT CARTON
    MUST NOT EXCEED 20 kg
Marks：   DFL/AUCKLAND

Approval Samples Requirements

Size：2
Quantity：1
Colour：Navy
Requried by：20th October 96

Production Sample Requirements

Size：2
Quantity：2
Colour：Navy，Red
Required By：10th January，97.

E. and O. E. This order is only valid if signed by an officer of Dress For Less Limited

（1）表5－11（a）解释如下：

第一部分

ORDER TO：SHANDONG：向山东订货。

AGENT：MASONS：代理商为 MASONS

ORDER DATE：13/8/96：出具日期 96 年 8 月 13 日

LAST DELIVERY/SHIPMENT DATE：DECEMBER 30TH，97：最迟交货/装船日期 97 年 12 月 30 日。

DELIVERY INTO D. F. L.：1－10TH MARCH，97：货到买方：97 年 3 月 1~10 日。

AGENT COMMISSION：5%：代理佣金：5%。

WAREHOUSE/DIRECT TO STORE：货物先运到仓库还是直接运到销售店（此处圈了 WAREHOUSE，即要求先运到仓库）。

FINANCE：L/C AT SIGHT：付款（方式）即期信用证。

METHOD OF FREIGHT：SEA/FCL/LCL：运输方式：海运 整集装箱

PURCHASE PRICE：$ US17. 00 DZ：买价：每打 17. 00 美元。

PLUS 5% （US $ 85C/DZ) PLUS BAR CODE . 42 $ （CHINESE HANGER IN-CLUDED)：再加 5%（每打 85 美分）加条型码费 0. 42 美元（中国衣架费包含在内）。

PURCHASE TERMS：FOB SHANDONG：购买条件：FOB 山东（港口交货）。

第二部分

ORDER DETAILS：订单细节。

BUYERS STYLE NO. K3799KW97：买方款式号 K3799KW97。

SUPPLIERS STYLE NO.：供货方款式号（因为没有，所以空着）。

BUYERS DESCRIPTION：FLEECE DRESS WITH EMB.：买方品名描述：棉绒袍，带绣花。

FAQBRIC CONTENT：65% POLYESTER/35% COTTON：面料成分：65% 涤纶，35% 棉。

COUNTRY OF ORIGIN：CHINA：原产地：中国。

EST. LANDED COST：预计到岸成本。

WAREHOUSE CHARGE：仓储费。

EST. TOTAL COST：预计总成本。

CATEGORY：DRESSES INFANTS：品类：童袍。

CODE：F21：编码：F2l

SEASON：W97：（衣服适销）季节：97 年冬令服装。

ON SHOW DATE：1ST APRIL, 97：展览日期：97 年 4 日 1 日。

MASTER SKU NUMBER：买方自己的编号。

RETAIL PRICE：零售价。

SPECIAL INSTRUCTION：PRICE INCLUDES ALL ACCESSORIES INC. SEWING TICKET, CARE LABEL, HANGER SUPPLIER TO ARRANGE：特别注明：价格包括所有附件,如:商标,洗涤标,衣架都由供货方提供。

第三部分

SIZE/QUANTITY：尺码/数量搭配。

COLOUR：(布料)颜色

NAVY：海军蓝。

RED：红。

DZ：(单位)打。

0,1,2:0 岁,1 岁,2 岁。

TOTAL:共计,总共。

第四部分

ACCESSORIES:附件。

DAISY CHAIN EMBROIDERY TO BE OFFERED BY BUYER:绣花样将由买方提供。

GARMENT FINISH：250GM:成品衣服(布料)重量:250 克。

STITCHING COLOUR：STICHING TO MATCH BASE FABRIC:缝线色:与衣服布料顺色。

STITCHING QUALITY:缝线质量(即用什么缝线)。

SEW IN：BABYWORLD:所订的商标:BABYWORLD。

PLACEMENT：CENTER BACK NECK:位置:脖后中部。

PRICE TICKET：价格牌。

PLACEMENT:位置。

HANGER:SUPPLIER TO ARRANGE:衣架:供货方安排。

TYPE:型号。

第五部分

WASHING INSTRUCTIONS:洗涤指示

ATTACH：C/B NECK/C/B BAND:缝在衣服上的位置:后领中部

G4 AS PER SUPPLIER MANUAL. :G4 同供货方手册

MADE IN：CHINA:制造地:中国

FABRIC CONTENT：65% POLYESTER/35% COTTON:布料成分:65%涤纶,35%棉。

表 5 – 11(b)

NO	STYLE NO：K3799 Fleece dress		0	1	2	
1	$\frac{1}{2}$ chest	$\frac{1}{2}$ 胸阔	28.5	29.5	30.5	
2	$\frac{1}{2}$ hem	$\frac{1}{2}$ 下摆	49.5	51.5	53.5	
3	bodice length	衣长(膊尖至腰)	17	17.5	18	
4	skirt length	裙长	25	27.5	29	
5	neck width	领阔	13.5	13.5	14	
6	shoulder	肩宽	25	26	27	
7	sleeve length	袖长	26	27.5	29	
8	$\frac{1}{2}$ cuff	$\frac{1}{2}$ 袖口	4.5	4.5	5	
9	$\frac{1}{2}$ armhole	$\frac{1}{2}$ 挂肩	11	11.5	12	
10	front neck drop	前领深	5	5	5	
11	neck band width	领罗纹高	2.5			D
12	cuff width	袖口罗纹高	4.5			D
13						
14						
15						
16	minimum neck opening	领口大(最少数)	49	50	51	
17						
18						
19						
20						

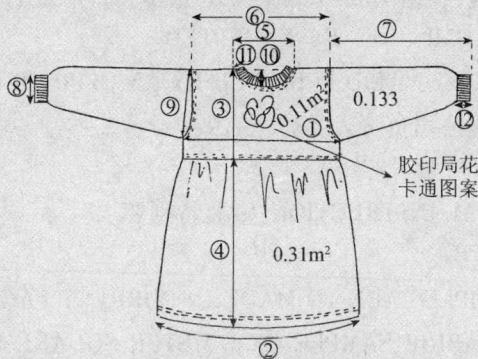

胶印局花
卡通图案

Production Spec.		15/08/96	Production managers check	03	16/8

第六部分

PACKING：包装。

SOLID COLOUR/SOLID SIZE：TO BE PACKED ON HANGER AS：独色独码：挂在衣架上，包装如下。

IN PACKS AS DEFINED BELOW：每包包法如下。

PER INNER：内小包包法。

PER CARTON：纸箱包法。

NOTE：GROSS WEIGHT OF EXPORT CARTON MUST NOT EXCEED 20 KG：出口纸箱毛重量不得超过20公斤。

MARKS：DFL/AUCKLAND：箱外标记（即唛头）：DFL/AUCKLAND。

第七部分

APPROVAL SAMPLES REQUIREMENTS：确认样要求。

SIZE：2：尺码：2。

QUANTITY：1：数量：1件。

COLOUR：NAVY：衣色：海军蓝。

REQURIED BY：20TH OCTOBER 96：要求收到时间：96年10月20日。

第八部分

PRODUCTION SAMPLE REQUIREMENTS：生产样要求。

SIZE：2：尺码：2号。

QUANTITY：2：数量：2件。

COLOUR：NAVY，RED：衣：海军蓝，红。

REQUIRED BY：10TH January，97：要求到达时间：97年1月10日。

第九部分

E. AND O. E：有错误和遗漏应当改的声明，很多文件的最后都附有这样一句缩写短语，E = ERRORS，O = OMISSION，E = EXCEPTED。

THIS ORDER IS ONLY VALID IF SIGNED BY AN OFFICER OF DRESS FOR LESS LIMITED：此订单只有被公司负责人签署才有效。

（2）表5-11（c）解释如下：

KIDSWEAR SPECIAL INSTRUCTION：童装特别要求。

STYLE NO. ：款式号。

①APPROVAL SAMPLES ARE TO MADE IN CORRECT FAGRIC USING AVAILABLE COLOUR OR，A FABRIC SAMPLE OF 1 METER SQUARE IS TO BE SENT FOR APPROVAL WITH THE APPROVAL SAMPLE. 确认样要求用合同规定一样的布料和料色，或者用其他类似布料做，附上1平方米合同布料，一同寄买方确认。

表 5 – 11（c）

KIDSWEAR SPECIAL INSTRUCTIONS

Style no.
K3799

1) Approval samples are to be made in correct fabric using available colour or, a fabric sample of 1 meter square is to be sent for approval with the approval sample.

2) – Lab dips (Must be minimum 6cm×6cm)
   – Strike offs
   – All accessories inc

   Swing tickets
   Woven labels } See attached sheet
   Care labels
   Buttons Zips etc

   Must be sent for approval with approval sample by: 20ᵗʰ October

3) All garments which are hung must have hangers positioned as below.

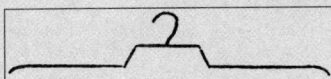

Garment front

4) **Quality Points**
   – Authentic YKK zips must be used
   – 4 Thread safety stitch construction must be used for all pants
   – Poly/cotton thread must be used

5) A **shipment update** is to be sent minimum of monthly or as requested advising production schedule and when goods will be ready for shipment.

Trims

Embroidery as per attached

表 5 – 11（d）

②LAB DIPS（MUST BE MINIMUM 6CM × 6CM）：供确认的小块色样不少于 6cm ×6cm。

STRIKE OFFS：配色小样。

ALL ACCESSORIES INC：所有附件有。

SWING TICKETS：吊牌。

WOVEN LABEL：织带。　　　　SEE ATTACHED SHEET：见附件。

CARE LABEL：洗涤标。

BUTTONS ZIPS ETC：扣子拉链等。

MUST BE SENT FOR APPROVAL WITH APPROVAL SAMPLE BY 20TH OCTOBER：必须于 10 月 20 日连同确认样品一起寄达

③ALL GARMENTS WHICH ARE HUNG MUST HAVE HANGERS POSITIONED AS BELOW：所有悬挂的衣服必须加衣架，挂法如下。

GARMENT FRONT：衣服前面。

④QUALITY POINTS：质量要求方面。

AUTHENTIC YKK ZIPS MUST BE USED：必须用真 YKK 牌拉链。

4 THREAD SAFTY STITCH CONSTRUCTION MUST BE USNED FOR ALL PANTS：所有裤子必须用 4 线包缝机缝。

POLY/COTTON THREAD MUST BE USED：必须用涤棉缝线。

⑤A SHIPMENT UPDATE IS TO BE SENT MUNIMUM OF MONTHLY OR AS REQUESTED ADVISING PRODUCTION SCHEDULE AND WHEN GOODS WILL BE READY FOR SHIPMENT：当货物将要备妥装船时或货物在生产过程，如要更改装船期，须提前一月或按要求通告。

表 5 – 11(e)

K3799

- Entire label to be white base.
- Words colour of Babyworld swinger words.
- Motif colour of Babyworld swinger.

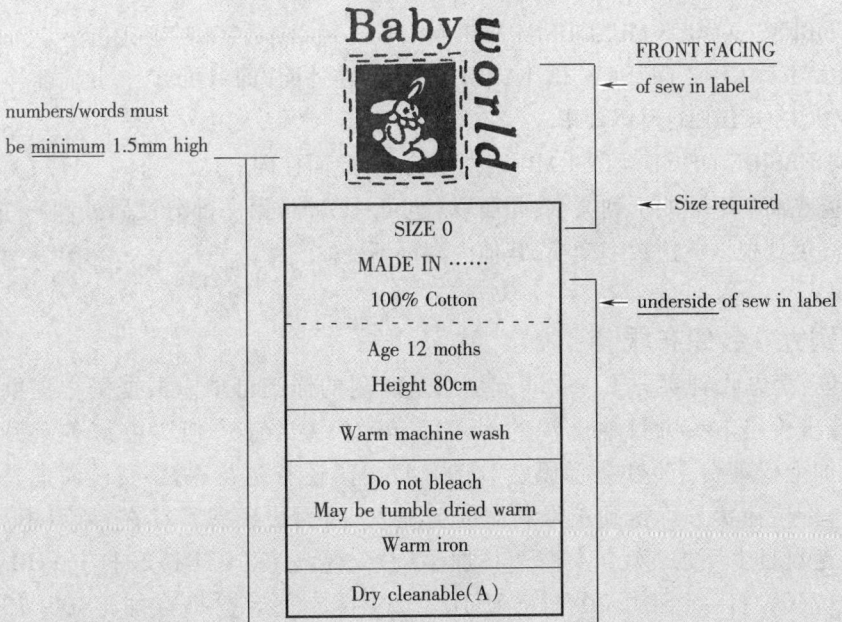

numbers/words must
be minimum 1.5mm high

Baby world

FRONT FACING
← of sew in label

← Size required

SIZE 0

MADE IN ⋯⋯

100% Cotton

← underside of sew in label

Age 12 moths
Height 80cm

Warm machine wash

Do not bleach
May be tumble dried warm

Warm iron

Dry cleanable(A)

NB:Size 000	Size 00	Size 0	Size 1	Size 2
Age 6 months	Age 9 months	Age 12 months	Age 18 months	Age 24 months
Height 68cm	Height 74cm	Height 80cm	Height 86cm	Height 92cm

TRIMS:平衡,调整,切毛边,装饰。

EMBROIDERY AS PER ATTACHED:绣花如附件。

(3)表5-11(e)解释如下:

ENTIRE LABEL TO BE WHITE BASE:商标白底。

WORDS COLOUR OF BABYWORLD SWINGER WORDS.:字 BABYWORDS 的颜色要鲜艳一些。

MOTIF COLOUR OF BABYWORLD SWINGER:BABYWORLD 贴花颜色要鲜艳一些。

NUMBERS/WORDS MUST BE MINIMUM 1.5cm HIGH:数字和字必须再小 1.5mm 高。

FRONT FACING OF SEW IN LABEL:商标露在外面(即对折钉上,此面朝外)。

SIZE REQUIRED:尺码要求。

UNDERSIDE OF SEW IN LABEL:对折钉上,此面在内。

建议在商标下注明下列文字:此商标(也可称织带)第一部分尺码处和第二部分岁数和高度处根据下边数字变换,其他内容都不变。

范例九　针织布服装

背景:卖方收到买方 E-mail 范例八及所附的详细订单。根据买方提供的细节,计算出价格与买方订单上注的 USD17.00/打差不多。但买方订单上另有注明允许加上代理费5%和条型码费 USD0.42/打,还有绣花、绣字费。考虑是第一次订货,价格在卖方可得到正常利润的情况下,因为代理费不存在,所以不加,条码费因为数目少不加,卖个人情。只加了绣字、绣花费(USD1.2/打),FOB 报价为 USD17.00/打 + USD1.20/打 = USD18.20/打。海运费每打加 USD0.70/打,CFR 报价为 USD18.90/打。

Dear Mr. Smith,

Re:Infants' Dresses made of T/C fleecy.

Thank you for your bellow(注)E-mail and hereby we quote you our price as follows.

Infants'Dresses, fabric, style, sizes, colours, packing as per your Order Sheets, prices at USD18.20/dz FOB Qingdao, USD18.90/dz CFR Auckland.

Please confirm, so as to enable us to make our sales confirmation.

Best regards

Liu Ming De.

注:此 E-mail 的下面带着买方来的 E-mail,所以用此字。回复 E-mail 时,往往采用点击回复的办法,也不删除买方的 E-mail,这样处理有两个好处:一是省打买方 E-mail 地址。二是买方可看到自己上次发的 E-mail 内容。

范例十 针织布服装

背景:买方收到卖方 E-mail 范例九后,接受卖方 CFR 价格 USD18.90/打,请卖方做合同(一般服装合同卖方不宜接受买方 FOB 要求。因为 FOB 交货条件按国际惯例是卖方在船边交货,由买方订船。如果买方不订船,或在信用证装期内未订到船,卖方无法履行装货。有很多利用 FOB 交货条件骗人的案例。如果买方坚持 FOB 条件也未尝不可,减少卖方风险的办法是,在合同中和信用证中规定由卖方代买方订船,运费下付,即由买方在目的港付)。

Dear Mr. Liu,

Re:Infants' Dresses.

Hereby we confirm to accept your CFR price at USD18.90/dz. Please make your contract for our counter sign.

We shall send you the 2 colour samples and barcode number.

Please make and send us 1 pc. approval sample in size 2, in colour navy as soon as possible.

Kind regards

Smith.

范例十一 针织布服装合同

背景:根据以上范例八~范例十,双方往返确认的内容,买方做出售货确认书并签字,然后传真给买方回签,成交阶段结束(表5-12)。

说明:针织布服装合同与梭织布服装合同一样,都具有上述八条内容。每条内容在具体合同中都会有所变化。如何根据实际变换,详见上述八条内容变换原则,在此不重述。

本合同有个明显特点,即有关内容在合同中没有具体描述,而是注明"按买方订单"。买方如果出具正式订单,也可算是合同的附件,具有一定的法律效力。当然订单上的内容有的卖方可以接受,有的卖方不接受。合同中要求按订单的内容,自然形成买卖双方都同意而达成一致的内容。还有一个好处是,买方看到

表 5 – 12　售货确认书

纺 织 服 装 出 口 有 限 公 司
TEXTILES & GARMENTS EXPORT CO. ,LTD.
No. 78 ,Zhongguo Road ,Qingdao ,China.

售 货 确 认 书
SALES CONFIRMATION

电话(TEL) :0086 – 532 – × × × × × ×
传真(FAX) :0086 – 532 – × × × × × ×
E – mail :× × × × × ×@163. NET

To Messrs :London Import Co. ,Ltd. ,
No. 5 ,Cemery Street ,
London ,UK.

确认书编号 S/C No.　　KG10/05

日期和地点 Date & Place　Qingdao ,
15th Feb. ,2010

兹确认经买卖双方协商一致,卖方售与买方下列商品,特签订此确认书,其具体商品细节和成交条款如下:

We hereby confirm that ,through consultation in a consensus ,the Buyer's agreed to buy and the Sellers agreed to sell the following goods on the terms and conditions as set forth hereunder :

- -

(1)品名及规格 DESCRIPTION OF GOODS :

Infants' Dresses , (1) made of T/C 65/35 fleecy ,yarn count 20s/1 ,weight 250gm/m2. (2)

1. Style and embroidery :as per Buyer's diagram and photo on the size chart. (3)
2. Size and assortment :sizes 0—1—2 as per Buyer's size chart and assortment as per Buyer's Order Sheet. (4)
3. Colours and assortment :Navy and Red each 50% ,colour samples to be submitted by Buyer ,assortment as per Buyer's Order Sheet. (5)
4. Labeling :as per the attachment of Buyer's Order Sheet. (6)
5. Packing :as per Buyer's Order Sheet and its attachment. (7)
6. Sampling :1 pc. approval sample required in size 2 colory Navy.
　　　　　　2 pcs. production samples required in size 2 colours Navy and Red. (8)

(2)数量 QUANTITY :1200 dozen.

(3)单价及价格条款 UNIT PRICE & TERMS :USD18. 9 per dozen CIF Net Aukland.

(4)总金额 TOTAL VALUE :USD22 ,680. 00

　　　　IN WORDS : United States Dollars Twenty Two Thousand Six Hundred and Eighty Only.

(5)交货期 SHIPMENT TIME :

(6)目的港 DESTINATION :

(7)保险 INSURANCE :

(8)付款方式 PAYMENT :

(9)特殊条款 SPECIAL CLAUSE :

注意:开立信用证时,请在证内注明本确认书号码:

IMPORTANT :When Open L/C ,please indicate the number of this S/C in the L/C.

一般条款(见本合约纸背面)

GENERAL TERMS & CONDITIONS (PLEASE SEE OVERLEAF)

买方签章 **Buyers'Signature**　　　　　　　　　　　卖方签章 **Sellers'Signature**

请在本合同签字后退回一份供存档 **Please sign and return one copy for our file.**

某条内容同他的订单,而不是重新描述,自然一看而过,而不必照他的订单核对,自然会放心。

关于买方的订单,在此做简单介绍。一般订单都是买方根据自己所经营的品种牵涉的相关内容事先印制出来,用时将内容填上,有些地方会填内容,有的无关的地方则空着。所以看客户的订单,只看相关的条目即可,空白条目可以不管。

服装生意是国际贸易中最复杂的贸易之一。但读者从笔者所选举的十一个范例内容看,又很简单。如果再把范例前所述八条内容记住,学会变换之法,即使出口业务员是一个新业务员,也会被有经验的买方当成老手。记住八条内容易,但学会变换难。总要成功成交几笔生意,做过几个合同后才会有深刻的体会。服装合同内容虽然千变万化,但都不会离开"八条"内容,切记!

关于服装所用布料,也是服装一项重要内容,但在此章并未做详细叙述,因为纱和布都已详述,请读者到有关章节查阅。

第六章　家用纺织品类

内容提示

　　家用纺织品类的使用空间虽然只限室内,但品种也很多。本章主要介绍布类品种和毛巾制品两大类。布类品种主要介绍目前有出口的床上用褥垫、床单、床罩、被单、被套和枕套;至于其他一些布袋装饰品,如家具上的桌布、椅套、窗帘、贴墙布、餐巾等不一一介绍。毛巾布类主要介绍洗脸用的面巾、洗澡和游泳用的沙滩巾、枕巾。

第一节　梭织布和针织布类品种

　　床上用品所用布料有其特点,在成分上,纯棉成分占大多数,其次是涤棉,个别传统品种有麻、麻棉、丝等,但数量较少;从组织结构来看,平纹占绝大多数,高档品种有用缎纹的。柔软平滑织物,所用纱支不低于 20 英支。高档品种用到 40 英支、60 英支。经纱加纬纱的总根数须达 100 根左右,高档品种可达 200 根。

　　使用的成品布有漂泊、染色、印花、提花、色织。在前面第四章中都做了介绍,不再赘述。出口业务员要注意的是,目前床上用品都用独幅布做,特别像床单在床面上那块布不能是拼接的,垂下的头和边可以拼接。当接到订单成交做合同后,安排布料生产时要仔细计算布幅宽窄,太宽浪费料,太窄又不足。床上用品缝纫工费都很低,如果布幅事先安排不准,浪费布料,则成本增加,不仅不能赢利,还会亏本。

　　下面介绍目前出口的主要品种。

(一)褥垫

　　其广泛用于家庭、旅馆、医院,放在褥子或席梦思上面,床单下面。有两种不同结构:一种是二层布中间夹喷胶棉,喷胶棉的厚度,以每平方米多少克确定。合同中必须有"用多少克/m² 喷胶棉"以确定厚度,都采用行缝机行缝,行缝较密;另一种是底面上再压一层海绵,海绵与垫之间粘合。

　　使用布料的纱线多在 20 英支左右,漂白色布居多,很少用高档布。

尺寸分单人和双人,具体长宽各国不尽一样,根据人的高矮、所用床的尺寸不同而变化。四边用顺色或异色布沿边,四角有橡筋带以便固定在下边的褥子上。

出口业务员要注意,在此品种的合同中,规格方面必须有下列几条内容。

(1)尺寸,长和宽。

(2)布料规格描述,料色。

(3)絮棉成分和每平方米克重。

(4)沿边、行缝、橡筋带、商标、包装等。

(二)床单和枕套

它们用于家庭、旅馆、医院,放在褥子或垫子之上,直接接触皮肤,既有实用用途,也有装饰用途,所以用布料比床垫要好得多。高档品种用纯棉多,还有混纺布、棉/维、涤/棉、涤/麻等。由于在房间露在外,特别家庭使用,接触皮肤,经常洗涤,带有装饰作用,布的质量要求透气性、吸湿性好,手感舒适柔软,厚细耐磨,易洗快感等特点;布料所用的纱支从 20~100 英支都有,有用单纱织,也用股纱织,以增强其挺括和耐磨牢度;布料织地多为平纹和斜纹,质地较轻薄;医院和旅馆多用白色,家庭多用素色、条格、印花、提花。出口业务员要注意,床单多与枕套配对卖。有一床床单(单人)加一个枕套,称两件套。尺寸因民族人种和国家不同而不同。出口有单买床单加枕套的两件套和三件套,都是每套一个包装,但很少有单买床单不加枕套。也有与被罩、床罩、枕套一起卖,组成三件套(单人)和四件套(双人)。合同中要写的规格内容将在下边床罩、被套中集中介绍。

(三)床罩

床罩铺盖在床单之上,三面有下垂布,用于遮盖装饰之用。国内销售的床罩都比较花哨,但出口品种都比较简单。由于不接触皮肤,又须有装饰作用,所以所用布料化纤成分较多,也有与被套、被单和枕套用一种布料的。由于主要起装饰遮盖作用,用印花布较多,印花花型都是大花型,有满底花,有局部花,并带有装饰边角。出口业务员要注意,出口合同中,规格方面须有下列几条内容。

(1)尺寸,长、宽和垂边宽三个尺寸,如出口巴拿马床罩规格:137(宽)×193(长)×19cm(垂边宽)(垂边仅三面,床头一端没有)。

(2)所用布料成分和规格描述,料色。

(3)有的品种是单层布,有的背面加一层无纺布,有的品种有一层里,里表之间加一层薄絮,而且要行缝。加无纺布和棉絮,要订明所用无纺布和棉絮的平方米克重数,还应有里布的规格和色的描述。

(4)其他特别装饰物。

(5)包装,有时很简单,5~10 床装一袋,有时一床一胶袋,还要加纸板。因关系到计价成本和适应买方销售的需要,要清楚注明。

(四)被单、被套和枕套

从目前出口实际情况看,这三个品种都放在一起出口,出口包装也是成套装在一个袋子或盒子里,市场零售也是按套卖。所用布料也几乎都相同,大都采用纯棉、平纹质地、柔滑、轻薄布料。旅馆和医院几乎全是白色,家庭用的被套表有印花、染色,里多为白色,边缝有一长尼龙拉链,或一头用扣子,以便装入和取出被胆。床单放在床之上,被单则放在床单之上被之下。

1. 套装组合

下面是出口澳大利亚和新西兰的实际套装尺寸。

(1)单人三件套:2 个被单 160cm×260cm 加一枕套 48cm×74cm。

(2)双人四件套:2 个被单 203cm×260cm 加 2 枕套 48cm×74cm。

(3)双人大号四件套:228cm×265cm 加 2 枕套 48cm×74cm。

(4)双人四件套:一个床单 183cm×244 加一个床罩 137cm×199cm×19cm 加两个枕套 51cm×76cm。

(5)双人四件套:一个床单 228cm×274cm 加一个被套 210cm×210cm 2 个枕套 78cm×43cm。

(6)双人三件套:一个被套 210cm×210cm 加 2 个枕套 76cm×48cm。

(7)单人二件套:一个被套 140cm×210cm 加一个枕套 76cm×48cm。

2. 规格要求

(1)品名:如果是套装,要注明由品种和数量组成套,单价往往以套计。

(2)所用布料成分规格描述:如果套装中所用品种都用同一布料,可集中描述,如果不同,则须分别描述。

(3)尺寸:成套的要分别写明。另请注意,尺寸有的国家用英寸,有的用厘米为单位;枕套的尺寸有时用三组数表示,如 76cm×48cm×13cm,前两组数,76cm 是枕套长,48cm 是枕套宽,13cm 表示枕套开口一端上片内折 13cm,枕芯装入后不会脱出。

(4)包装:是简单包装还是复杂包装,包装方法,须详细注明。过去由于中国的印刷水平限制,买方要求简单包装,进口后再换包装销售。现在中国的印刷水平足以满足买方零售包装的需要。所以,买方要求在中国印刷,而且成本低于在买方国印刷。精细印刷的成本要加到价格里,所以要在计价前要明确。

第二节　毛巾布类制品

毛巾布类制品是每个家庭、旅馆每日不可离的使用品种。布料的特征是双面或单面有毛圈,以便使用时吸水性好,柔软不伤皮肤。布的织法有纬编织和经编织两种,有白色、素色、深色、色织、印花、提花、割绒等。毛圈用纱的成分绝大多数为纯棉。近些年出现用化纤成分的超细纤维,吸湿性和柔软度比纯棉好,发展前期良好。除毛圈用纱外,还有地经、地纬纱,因为不接触皮肤,一般用纯棉成分或其他成分的粗支纱。

为了简单明了,不对每一个品种单独介绍,只对一些出口业务员在推销和签订合同应注意的内容方面介绍如下。

(一)尺寸

虽然这类品种不需像服装对尺寸要求那么严格,但各国家也有其要求的习惯尺寸,举例如下。

(1)方巾:11″×11″,12″×12″,各国都适用。

(2)面巾:20 ″×35″,各国差别不大。

(3)浴巾:西欧 20″×35″,北欧 27″×54″,东欧 30″×60″,南非 23″×51″。

(4)沙滩巾:27″×54″, 30″×60″,35″×60″,浴巾和沙滩巾有时是通用,尺寸的大小也基本相同,只是专用于沙滩巾的花型与浴巾有所不同。

合同中要根据买方要求注明尺寸。

(二)定型办法

毛巾布不像梭织布用纱线粗细即可定型布的厚度,而像针织布一样,松软而不稳定。毛巾布定型有三个主要因素或称方法:一是所用纱的成分和支数,如100% cotton 21 英支/2×16 英支×16 英支,32 英支/2×21 英支×21 英支等,第一个纱支 21 英支/2,32 英支/2 表示毛圈的纱支。第二个纱支和第三个纱支表示毛巾布地经、地纬所用纱支数;二是单位重量,有用每平方米克重表示,有用一条或一打成品重量表示,计量单位用克、磅、盎司;三是尺寸。一件毛巾布制品有了这三个条件便可定型,如提花浴巾,尺寸 27 英寸×54 英寸,32 英支/2×21 英支×21 英支,全棉每条重 338 克。

英文:Jacquard Bath Towel, made of 100% cotton 32S/2×21S×21S, in size 27″×54″, in weight 338g per pc。这三项内容在合同中必须写明。

(三)花色

目前出口品种花色很多,有漂白、素色、色织条格、印花、提花、割绒、绣花等。出口业务员注意在合同中品名之前或其他适当的位置前要加上相应的字来说明,如:色织彩格面巾,英文:Yarn - Dyed Check Face towel;印花浴巾,英文:Printed Bath Towel 或 Bath Towel with printing;杂色绣花方巾,英文:Dyed Square Towel with embroidery;螺旋缎档四角绣花杂色浴巾,英文:Dyed Bath Towel in twisted piles and with satin border and embroidery on 4 corners。

(四)边角的处理

在 30 多年前笔者出口这些品种时,由于质量都不高,多数为粗支纱、漂白、染色占多数。现在不同了,花色、品种、质量档次都已达到世界一流水平。过去那种简单处理边角的方法对今天出口的高档次品种,好比一个漂亮女孩穿着旧衣服。现在都很讲究沿边布的成分、颜色搭配、处理方法及做工都要处理好,达到既经久耐用又漂亮美观。虽然这些内容不一定写入合同,但出口业务员在安排合同生产时,最好有实样给生产厂照做。没有实样,则须与生产厂商量确定处理边角的用料、用色和方法。

(五)包装

对于小尺寸的方巾、浴巾,都采用一打装一个胶袋。大尺码毛巾被采用一条装一胶袋。对于一些高档品种,或买方进口后不拆包零售,或许会有特殊要求。出口业务员在谈判时要问清买方,因为牵涉价格成本,而且合同中要写明包装细节,如多少条装一胶袋、多少条装一纸箱或布包。因为毛巾蓬松体积大,用包装材料相对多些。

此外,如果出口业务员自己新开发此类毛巾布品种,客户提出试订一个 20 英尺集装箱,会遇到两个问题:一是一个 20 英尺集装箱到底能装多少数量客户要订的品种;二是计算海运费须知道一个箱装多少。笔者提供一个参考资料来解决这两个问题。

一个 20 英尺集装箱大约可装毛巾布制品的重量 9500kg,浴巾一打重 26 磅(11.82kg)。

$$9500 \div 11.82 = 804(打)$$

茶巾(18 英寸 ×28 英寸),一打重 36 盎司(1.02kg)。

$$9500 \div 1.02 = 9314(打)$$

注:1kg = 2.2 磅,1kg = 35.27 盎司。

知道了一个集装箱整箱可装的重量为 9500kg,再将所卖品种以磅、盎司、克,换算为 kg,去除 9500kg,即可得出所装品种的数量,弄清当时每个 20 英尺集装箱运价,除以所装数量,即可得出每打、条的运费成本。如果是 CIF 和 CFR 价格条件,报价须加上。如果用户要试订一个 40 英尺集装箱,数量加倍即可。第一次照此法计算,交货装运前,出口业务员有时间应到生产厂看装货情况,是多了还是少了。取得经验,第二次就心中有数了。

本章所述目前出口的品种比较简单,对推销、谈判和合同中所牵涉的品名和规格方面的内容、变换写法都做了详细介绍,所以不再列举推销函电范例和合同范例。本章所述商品除品名和规格与其他章不同外,其他有关内容大同小异,读者完全可以参阅其他章节自己处理好。

第七章 合同中国际贸易方面的条款

内容提示

前面 2~6 章讲的都是商品方面的知识,范例合同中也只列商品方面内容。因国际贸易方面的知识,在纺织服装出口业务中所涉及的国际贸易方面的知识有共性,所以拿到此章集中叙述和讲解。

国际贸易知识比较广泛,但在具体使用时又很简单,属"养兵千日,用兵一时"那种知识。本章针对合同条款牵涉的几方面知识,列出常规条件下条款的写法。非常规情况下如何变化,再按实际业务需要,做必要的解释和说明。这样做对学过国际贸易的读者可以参考,稍学过和未学过的读者,可以直接"对号入座","即学即用"。当然建议读者抽时间广泛深入地阅读相关书籍,不一定全部背下来,应该做到需要时知道到什么地方查阅。

第一节 合同中装运期/交货期栏的写法

签订合同时必须考虑两方面内容:一是卖方在签订合同时,从自己实际具备的生产能力上考虑何时可以交货;二是该种出口产品买方实际需要的交货时限。

对纺织服装产品,绝大部分产品的交货时限是有规律的。卖方产品再好,价格再便宜,如不能在一定的时限内交货,买方也不敢买。所以,卖方不能只从自己的生产能力上考虑确定交货时间,要考虑买方实际要货时限。超出自己的生产量而勉强接受买方的交货时限,而最终不能按期交货时,买方很可能不要货,不仅卖方有经济和信誉方面的损失,买方也会因拿不到货失去他的客户。

纺织服装出口交货时限规律,对出口新业务员来说是比较难以掌握的问题。但此事实际并不难,只是未见有人总结叙述,作者在此做简单介绍。现以南北温寒带的市场/国家为例,介绍他们要求的交货时限。因为热带市场/国家一年中不像温寒带四季分明,只有夏季,交货时限不明显,比较容易掌握。每年 5 月 1 日这一天是北半球市场春夏季服装上市开始日,南半球市场秋冬季服装上市开始日。9月1日是北半球秋冬季服装上市开始日,南半球春夏季服装上市开始日。在开始上市前,进口商需要有一个月的时间整理分发货物到零售商/点。这就意为在上市日前一个月须收到货物,即是到货最晚时限。从卖方装运抵达买方需要一段时间,距离不同,时间也不同,问货运单位可知。这样推算,便会算出卖方最晚的交货时限。该装货最晚时限以前的时间便是卖方可用于生产的时间。对一些季节性强的服装可以此规律推算,对于季节性不强的,如床上用品类家庭用纺织品则比较宽松。对纱线、坯布和花色布来说,如果最终用于制作季节性强的成品(如服装),交货时限要求也很严格,比成品交货时限要早几个月。

该栏有下列几种情况和其写法。

(1)在某年某个月内交货,如 During January/February,2008。

(2)在某年某月底前交货,如 Before the end of February,2008。

(3)如果是现货、库存货,特别是纱线和坯布类卖库存,则可写 prompt shipment up－on receipt of Buyer's Letter Of Credit(payment,deposit),或者 Within × × days after receipt of Buyer's Letter of Credit(payment)。

(4)有时合同数量较大,可以要求分批交货,可写为(In three lots)During December 2007 30%,January 2008 30%,February 2008 40%,each lot contains all styles,sizes and colours,或者 each lot in average styles,sizes and colours。百分比也可放在月份前。

第二节　目的地栏的情况和写法

此栏包含二方面的内容:一是写明货物由何处起始装运,运抵何处止,二是运输途中是否直达目的地,还是中途须换转船或其他运输工具,都须在此栏写明。该栏有下列情况和写法。

一、如果是 FOB 价格条件

按国际惯例由买方租船订舱,但纺织服装批量较少,买方不易租船订舱。如果接受买方要求由他们租船订舱或指定必须装他们指定的船公司的船,这会给卖方带来风险,一旦买方不在装运期前提供所装船,则卖方无法履行装船。有不少人以此法诈骗。也有些买方与某船公司有特殊关系,指定要装该公司的船。在这种情况下,要事先打听清楚届时能否有该公司的船可装。如无,则不能接受。作者建议按如下写法可保安全而不上当。Destination:From (装货港名,如:Qingdao)to (卸货港名,如 London)by container,steamer booked by Seller On behalf of Buyer. ,freight to be collected and paid by Buyer 中文意为：从某装货港（如青岛）至某卸货港（如伦敦），集装箱运输，<u>由卖方代买方租船订舱，运费由买方下付</u>。如果是信用证付款方式，证中也须有下划线内容条款！

注意下划线的内容，运费下付是"船到卸货港付运费"。

二、CIF 和 CFR 价格条件

如果是 CIF 和 CFR 价格条件则比较简单。

（1）要求装直达船时的写法：Destination：From（加装货港口名）to（卸货港口名），by direct steamer（如果用集装箱再加 by container，如果不用集装箱则不加）。

（2）因无直达船而中途必须转船时，如货从青岛到伦敦在香港转船，写为 Shipment：From Qingdao to London with transhipment in Hongkong。

（3）有些内陆国家，要求卖方把货运到某一内陆城市交货，目前也很普遍，特别是用集装箱运输，要门到门交货（door to door delivery），称为"海陆联运"，还有"陆海陆联运"。还有一些国家，如美国和加拿大东海岸港口，一条路线是全程船运，绕道巴拿马运河再北上到达美国、加拿大东海岸港口。另一条线路是货先由船运至美国、加拿大西海岸港口卸下，再转用火车运至东海岸港口。由于两条路线运费不同，价格中包含运费，由卖方承担。所以，合同中必须订明装运路线怎么走法。具体写法如下：

①如"从青岛船运至旧金山再转火车运至纽约"，可写为 Shipment from Qingdao to San Francisco by steamer, in transit to New York by train；也可写为 Shipment from Qingdao to New York in transit in San Francisico by train。

②如"船运从青岛至纽约通过巴拿马运河"，可写为 Shipment from Qingdao to New York by steamer through Panama Canal。

注：也有一些短距离内陆运输不用火车而用汽车，用汽车叫 by truck。

第三节　装船标记

在国际贸易中，由于买卖双方相隔较远，不在同一地交收货物，需经出口报关验货、船方验货装船、中途转运、卸货港卸货、进口报关验货、填写有关单据和文件，都需要查对使用唛头。所以，不论是用布包、纸箱、木箱包装运输，在每个单独的包装件上都必须刷上唛头。此项内容要么写在"品名规格栏"内，要么写在"备注栏"内。通常唛头刷在包装物件的两端，便于使用时辨找。其内容最少须有四行，最多六行。

（1）第一行为买方公司代号，如公司名称为 A. B. C. Co., Ltd。买方可能选A. B. C. 或 ABC。当买方在收货时易于找到要找的货物。

（2）第二行写买方订单号或合同号，有时二者都写上，便于卖方查验装货。如 ORDER NO. ××× S/C NO. ×××。

（3）第三行写目的港名。这一行是供运输方，特别是船方使用。船方利用货物唛头上的港口名辨认卸货。

（4）第四行，如果在某港口中途转船，还须写上 WITH TRANSHIPMENT（简写 W/T）加上转船港口名。一般简写为 W/T 加港口名。如果不需转船，则不写。

（5）第五行写箱、包的顺序编号，如 NO. 加阿拉伯数字。箱号在装箱单、提单等单据上都要列上，而且必须相互一致才行。买方收到货后，凭借装箱单和箱号查找要找的货物而不需逐一开箱查验。在签合同时，如不知道将来包装件数共多少，则注明 No. 1 - up.

第四节　合同中单价及价格条款栏

此栏中除写价格用的货币代号和具体价格阿拉伯数字及价格计量单位外，还须写价格条款。价格条款主要涉及 13 种术语，可选择合适的术语，以适用于不同商品和贸易方式。现将纺织服装合同实际使用的术语加以介绍。适用纺织服装海运的术语，主要有三种：FOB、CFR、CIF。

以报价 USDl2.00/PC. CIFC5% LONDON 为例分析其含义如下。USDl2.00/PC 表示货币代号、具体价格、计价单位。CIFC5% LONDON 总体表示前面的价格中还包含这些条件。译出来为：成本加保险（费）加运费加 5% 佣金将货物运抵伦敦港口交货价格是每件 USDl2.00。CIF 的含义如下：C = COST，卖方产品的成本价格部分。当然是指实际成本加利润。注意这一部分价格只有卖方自己清楚。I = INSURANCE 保险，保险费。货物在运输途中难免发生风险，所以需向保险公司投保，以便在风险发生时从保险公司得到赔偿。它含二层意思：一是由卖方办理投保。二是由卖方承担保险费。注意保险费是公开的，卖方不能无根据地随便加，须向保险公司打听清楚。另外，有时买方让卖方报了 CIF 价后，又要求改报 CFR，不含保险，让卖方从报的价格中扣去，借以比较谁投保价格会低些. 所以，在报 CIF 价加保险费时要小心。F = FREIGHT，运费。国际贸易货物是跨国交货，运输要发生费用。此价格条件中包含由卖方承担运费。注意运费同保险费一样，也是公开的，卖方不能随意加。有时买方会让卖方改报 FOB 价，以查卖方的运费加的是否合理。所以，要注意，挣钱不能在此处挣。C = COMMISSION 佣金。有些买方是佣金商，只从交易中拿佣金。佣金有明佣和暗佣，明佣通常在价格条件中写明，暗佣则不写明。C5% 表示价格中含 5% 佣金。合同履行完后，按发票货值付买方 5% 佣金。对于不同产品不同买方佣金比例是不一样的。纱线坯布一般约 2%,服装成品一般约 5%。当然也有例外比较高的,买方要求高佣金时,一般都是暗佣,要特别提高警惕,防止上当受骗。另须注意,按行规佣金在买方收回贷款后付,不能提前,防止受骗。LONDON,伦敦,港口名。含意是卖方承担运费把货物运到伦敦港口交货给买方,即算完成交货任务。

价格条款也称"价格术语",表示卖方的价格中 USDl2.00/PC 包含付给保险公司的保险费,付给船公司的运费,付给买方的佣金。当卖方收回货款 USDl2.00/PC,付清这三项费用后剩下的才是卖方的产品本身的价格。所以,报价时不能漏掉这三项内容。有时价格条款订为 CFR,C = COST,FR = FREIGHT。意为价格中不含保险费,卖方也不负责投保。但按国际惯例,卖方装船后须立刻向买方发出装船通知,告知买方装货内容,以便买方据以投保。注意按国际惯例,如果卖方忘记发装船通知而货物在运输途些灭失,责任由卖方承担。千万不能忘记。

注:CFR 术语以前用 C&F 或 CANDF、C + F 表示。

有时价格条款订为 FOB,译为"货物越过船舷无责任",也可译为"货装/交到船甲板上即完成交货责任"。严格划分责任的话,货从船边陆地往船上吊装过程中,中途脱落,如脱落在船甲板上,算卖方完成交货,如脱落在船舷外边海里,卖方不算完成交货。

FOB 价格条款意为价格中不含保险费和运费,责任是把货装到船上即止,费用也是承担装船前发生的港站码头装船等费用。但是按国际惯例,装船后须立刻向买方发出装船通知,如同 CFR 一样,卖方忘发装船通知,中途如货物受损,损失由卖方承担。

上边讲了价格条款中 C5%,这一位置用来注明佣金。有时对一些买主,报价时不了解是否是佣金商,往往报价时报不含佣金的价格,而买方正好是个佣金商,买方有意或无意认为卖方知道他是佣金商,认为价格中包括了他那份佣金,不同意卖方在已报的价格上再加买方佣金,争来争去伤了和气。所以,建议报净价时,在价格术语后佣金的位置写上 NET,避免后来的不愉快争议。

《2000 年国际贸易术语解释通则》书中除以上 3 种术语外,还有其他 10 种术语如下:

EXW(EX WORKS):工厂交货。

FCA(FREE CARRIER):货交承运人。

FAS(FREE ALONGSIDE SHIP):船边交货。

CPT(CARRIAGE PAID TO):运费付至(一指定的目的地)。

CIP(CARRIAGE AND INSURANCE PAID TO):运费、保险费付至(一指定目的地)。

DAF(DELIVERED AT FRONTIER):边境交货。

DES(DELIVERED EX SHIP)：目的港船上交货。

DEQ(DELIVERED EX QUAY)：目的港码头交货

DDU(DELIVERED DUTY UNPAID)：未完税交货。

DDP(DELIVERED DUTY PAID)：完税后交货。

目前国际贸易运输虽然绝大部分采用海运,但边境贸易、陆运、空运也在增加,遇到特殊方式时,需弄清其基本含义,仔细选择使用,避免遇到争议时,无所适从。

第五节　付款方式栏的写法

由于从事国际贸易双方相距较远,不可能做到一手交钱一手交货。卖方希望先收到买方货款后再发货,买方则怕先付了货款收不到货,希望先收到货再付款。卖方又怕发货后收不到货款。为解决这一问题,实际业务操作中便出现了各种付款方式,如信用证、D/P、D/A等方式。目前国际贸易采用最普遍的方式是信用证,它的性质是由银行居间为买卖双方做保,卖方只要按照信用证的要求发货并提供证上规定的货运单据,银行保证卖方能收回货款。买方付给银行货款,即可得到相关的货运单据,再提取货物。银行承担了一定风险,但扩大了业务,赚取了可观的手续费,保证了买卖双方安心地交易,是件大好事。但是,利用信用证做欺诈的案例也时常发生。读者须注意信用证的两大特点:一是不看货物只认单据的字面性。二是其严格性,单据有一点与证要求不符,甚至字母顺序不对,也可能遭到银行的拒付货款。有些买方有意让银行开出卖方无法履行的信用证,而卖方恰巧没有审查出来。这样不能履行的信用证等于一张废纸。当卖方无法履行时,向卖方要求降价。所以付款方式对卖方保证收回货款非常重要。本章只介绍付款方式栏的写法。至于信用证方面的知识,留待后边第八章详细讲解。

一、跟单信用证付款方式的写法和讲解

常见有些合同中只简单写 BY L/C ,L/C AT SIGHT,都是不严格、不严肃的写法,会带来不必要的争议和麻烦,或处理争议时失去主动。下面是一个完整写法的例子。

Payment：By confirmed(1), irrevocable(2), Transferable(3), Letter of Credit, available (or payable) by draft(4), at (××days) sight with T/T reimbursement(5), reaching Seller (××)days before shipment time(6), allowing partial shipment and transshipment (7), allowing 5% more or less both on quantity and amount(8). 译成中文为:付款方式:(1)采用保兑的,(2)不可撤销的,(3)可转让的,(4)凭汇票见票即付,(5)见票即付或见票××天付款,(6)于装船前(××)天开达卖方,(7)允许分批装运

和转船,(8)数量和金额允许有5%增减。

并非每个合同都需照此写,但都离不开这些内容。要根据具体情况选择。现将相关词和短语进行详细说明,以便读者选择使用时确定那些该写、那些可不必写。凡是带下划线的字词意思都是必不可少的,其他要根据情况选择添加。

现将注逐个说明如下。

(1)CONFIRMED,保兑的。要求开证行对它开出的信用证让另一家大银行进行保兑。保是保证,兑是兑付,即当开证行倒闭、破产,卖方无法向开证行得到货款时,由保兑银行偿付。保兑行必须是国际上知名的大银行才能接受。如果保兑行也如开证行一样是个小银行,则作用不大。要注意的是,不可随便要求保兑。如果买方是通过一家知名大银行开的证,也要求保兑,是对开证行的不尊重,人家也不会接受。当不了解买方通过那家银行开证时,可以问问买方。但是,当签合同时,不知买方通过大银行,还是小银行开证时,写上也可以。

(2)irrevocable,不可撤销的。按照国际商会1994年1月1日启用的500号出版物规定:“信用证可以是可撤销的或是不可撤销的。如无该项指示,信用证应视作不可撤销的。”2007年修订的600号出版物第三条改为:“信用证是不可撤销的,即使信用证对此未作指示也是如此。”英文为:“a credit is irrevocable even if there is no indica-tion to that effect.”这是一个较大的改变。设想一下,原来规定可以撤销,对卖方设有保证,无法接受。既然600号有明确定义,信用证不再有可撤销和不可撤销之分,一律为不可撤销的,则irrevocable可以省去不写,写上也可以,目前信用证仍带有此字。

(3)TRANSFERABLE 可转让的。以前 TRANSFERABLE 和 DEVISABLE(可分割的)同时使用。即该信用证既可以转让给另外的受益人,也可分割成几部分转让给不同受益人。自国际商会500号出版物出版,规定 TRANSFERABLE 一字即含上述两种含意,不再用 DEVISABLE。这种方式在纺织服装行业出口并不常用。主要用于小出口商接到大订单,自己做不了,需要分出一部分给另一人或多人共同做时使用。也有一些不生产的贸易公司,接订单后转给生产厂,他们只从事出口操作,从中赚取差价。

国际商会600号出版物中第三十八条中,有11项内容叙述可转让信用证的相关规定。如果出口业务员遇到或要使用可转让信用证,请先仔细查阅第三十八条内相关内容。在此不多述。

(4)AVAILABLE(PAYABLE)BY DRAFT,用汇票收取货款。AVAILABLE, PAY-ABLE 意思是“可得到(付款)”,DRAFT 意为“汇票”。BY DRAFT 意为“用汇票或凭汇票(付款)”。通常卖方交货后,缮制信用证项下的所有单据,再根据该批货应收回的货款金额填制一张汇票,开证行或付款行照汇票上的金额付款。即期信用证也有不用汇票而用发票代替。但远期证一般都用汇票。因为不是即期付款,而是付款行收到汇票后先在汇票上背书,到该付款时才付款。所以都用汇票。

（5）AT SIGHT，AT（××DAYS）SIGHT，WITH T/T REIMBURSEMENT。AT SIGHT 是见票即付,俗称即期付款。AT（XX DAYS）SIGHT 是见票后××天付款,如 AT 30 DAYS SIGHT 是见票后 30 天用电汇方式付款。俗称远期信用证。此处 SIGHT 是收到。T/T REIMBURSEMENT 是电汇方式付款。T/T（TELEGRAPHIC/TRANS-FER）是"电汇方式"，REIMBURSEMENT 是"偿付"。信用证有即期和远期之分,即期 是付款行收到汇票即须付款。远期信用证是收到汇票后多少天付款。

（6）REACHING SELLER ××DAYS BEFORE THE SHIPMENT TIME,于装船日 期前多少天开到卖方。此段话的作用是防止一些买主签订合同后不履行合同,卖方 需要买方先开出信用证,卖方见到证并审核无误后才开始投产,俗称"见证生产"。对 信誉好的、老客户则无必要。因买方申请开证须缴部分押金,滞压买方资金。

（7）ALLOWING PARTIAL SHIPMENT AND TRANSHIPMENT,允许分批装运和转 船。如果已知将来不需中途转船可不加 TRANSHIPMENT，如需转船或海陆联运则须 写上。当货物分批装运时,一定要写上 ALLOWING PARTIAL SHIPMENT。特别是服 装等成品,很多情况下,最终生产出来的产品数量可能少于或多于信用证/合同上规 定的数量,特别是少于规定的数量时,卖方可利用这一规定按能有的数量装运而不算 违背信用证的数量规定。

（8）ALLOWING 5% MORE OR LESS BOTH ON QUANTITY AND AMOUNT,数量 和金额允许有 5% 增减。纱、布、服装等成品的生产,受很多条件限制,预计的投料往 往生产出的产品数量会多于或少于规定的数量,所以,卖方可要求买方证中加此条 款,对双方都无害处。

二、托收方式（COLLECTION）的写法

除信用证方式广泛使用外,对于信誉比较好的老客户,卖方也常使用托收方式。 托收方式有多种,如光票托收（CLEAN COLLECTION），一般用于小金额,如样品费、货 款尾数等。跟单托收（DOCUMENTARY COLLECTION），又分两种:付款交单（DOCU-MENTS AGAINST PAYMENT 简称 D/P）和承兑交单（DOCUMENTS AGAINST AC-CEPTANCE 简称 D/A）。这两种方式的操作过程前段都是一样的,即卖方装船后缮制 出相关单据,委托当地银行去托收,当地委托行再把单据寄到买方地一家银行,委托 该银行向买方收取货款。接下来是买方地银行向买方收取货款的方式和时间不同, 便有即期付款交单、远期付款交单、承兑交单之分。即期付款交单是买方先付了货款 才能取得单据,远期付款交单是买方在看到单据或者说在银行通知买方单据到达后 多少天后先付款再取得单据。承兑交单是买方不付款只承兑即可取得单据,到规定 的时间付款。接下来是银行把委托收到的货款汇到卖方地委托行,再交卖方。两地 委托行从中收取一定的手续费。承兑交单由于对卖方风险太大,一般不宜采用。相

比之下,付款交单的风险少些。因为是先付款后交单,买方如不买单,卖方丢不了货,可以运回或转卖他人。

下面介绍付款栏 D/P 方式的写法

(1)D/P 即期,SHIPMENT：BY D/P AT SIGHT。

(2)D/P 远期, SHIPMENT：BY D/P AT XX DAYS SIGHT FROM THE DATE OF B/L。

D/P 即期,按理是单据到后买方即应该付款买单。但是,如果货物在途时间较长,买方不会立刻买单,尽量拖一些时间。卖方的单据送到当地委托行在此要耽搁一段时间,再快递寄到买方地委托行,委托行再通知买主,买主再拖延几天,前后加起来恐怕要有 20 ~ 30 天买方才会付款买单。所以,有的聪明卖方采用 D/P 远期,从提单日起算 30 天时买方必须付款买单。回收货款的时间与即期差不多,又送了个人情。

三、电汇方式(TELEGRAPHIC TRANSFER,简称 T/T) 介绍和说明

有的外销业务员在付款方式栏只写"PAYMENT：By T/T",这样写概念不清。T/T 只表示一种汇款方法。至于在何时买方汇付卖方,买卖双方以什么条件这样做,未表示明确。如果买方在装运前无条件电汇给卖方,通常称"预付货款"。现在很少使用,因买方风险太大。如果买方在卖方装船后收到卖方的单据后,再电汇给卖方,卖方风险太大,卖方不会接受,因为比 D/A 风险还大。有的书上介绍一种老做法,买方以信汇(Mail Transfer,简称 M/T)、电汇、票汇(Demand Draft,简称 D/D)等方式,将货款通过买方当地银行汇给卖方所在地银行,并指示卖方所在地银行,卖方凭交付某些装运单据才能取得货款。这种做法如同 D/P 即期,不过付款在卖方所在地银行。这种方式也有缺点,买方的汇款是可以撤回的。在未撤回前,如卖方不能按期装运并提供相关单据,卖方须自己承担风险。针对此方式的弊端,现在出现一种不是银行的第三机构或叫第三者居间操作,解决买方汇款通过银行可随时撤回的问题。对于一些小量交易,如纱、布、服装库存,采用此种方式比较快和简单,而大宗交易和生产期长的,不宜采用。

四、其他付款方式

在国际贸易支付方式中,一般情况下,一个合同只使用一种付款方式。但有时也会根据不同情况,不同客户,不同地区,采用两种甚至两种以上方式相结合,常用的有部分托收和部分信用证相结合、跟单托收与预付押金相结合,还有跟单托收与备用信用证或银行担保书相结合等。纺织服装出口业务很少使用,在此不做讲述。现将两种可能用到的方式,在合同中付款方式栏的写法分述如下。

（一）跟单托收与不可撤销信用证相结合（或称部分托收部分信用证）

这种付款方式要求买方按合同部分数量和相应金额开立信用证，其余部分做为跟单托收（即期或远期）。此法对买方来说，可减少开证金额，少垫资金，节省费用。对卖方来说，虽托收部分有一定风险，因有部分信用证的保证，且货运单据在信用证内规定须跟随托收汇票，这样开证行须待全部货款付清后才能放单。为防止买方付清信用证项下货款即取得单据，而不付托收项下货款，出口合同付款方式栏应作相应的防范规定。具体写法和译文如下。

PAYMENT：By Letter Of Credit to reach the Sellers ×× days before the shipment time，stipulating that ××% of the invoice value available against clean draft，while the remaining ××% against the draft（at sight or at ×× days after sight）on collection basis. The full set of shipping documents shall accompany the collection draft and shall only be released after full payment of the invoice value. If the Buyers fail to pay the full invoice value，the shipping documents shall be held by the issuing bank at the Seller's disposal.

译为：付款方式：买方须于装运期前开达卖方信用证，规定××%发票金额凭即期光票支付，其余××%金额用跟单托收方式（即期或远期）付款交单。全套货运单据附于托收项下，在买方付清发票的全部金额后交单。如买方不付清全部发票金额，则货运单据须由开证行掌握，凭卖方指示处理。

（二）跟单托收与预付款（或押金）相结合

在跟单托收方式下，要求买方支付一定金额的预付货款或押金作为保证，在货物出运后，卖方可从货款中扣除已收妥的款项，其余金额通过银行 D/P 托收。如托收金额被拒付，卖方丢不了单据，可将货物运回，以预收金额来抵补运费、利息和发生的相关业务费用。至于预付款或押金订为多少，可根据买方资信和商品供求情况商订。但须注意弄清买方所在国家是否允许运入的货物退回。使用此付款方式合同栏写法和译文如下。

SHIPMENT：By D/P at sight，subject to an advanced payment（or down payment）amounting ×××× to be remitted in favour of Sellers by telegraphic transfer（or mail transfer）with indication of S/C No. ××××.

译为：付款方式：用 D/P 即期，但买方必须预付卖方预付款（或押金），金额为××××，直接电汇（或信汇）给卖方，注明合同号为 No. ××××。

第六节　保险栏的写法

谁负责投保和投保什么险别并付保险费，也与价格有关。如果合同报价为

FOB 和 CFR 不须卖方投保,由买方投保。这两种价格条件保险栏的写法:"IN-SURANCE:For Buyers' care 或 To be effected by Buyers"。译为:"保险:由买方办理"。如合同价格条件为 CIF,由卖方投保险并付保险费,该栏写法如下:"IN-SURANCE:To be effected by Sellers,for ll0% of the invoice value(1),covering × × Risks and War Risk(2),as per the Ocean Marine Cargo Clauses of PICC(1981 Revision)(3),additional coverage,if any, premium for Buyers' account (4)"。译为:"保险:由卖方投保险,按发票金额 110% 投保 × ×险和战争险(也称兵险),保险条款按中国人民保险公司 1981 年修订过的海洋运输货物保险条款,如果要增加保险险别,增加的费用由买方负担"。现分段解注如下:

(1)For 110% of the invoice value, 按发票金额 110% 投保。

为什么要按发票金额 110% 投保呢? 因为买卖双方在交易过程中要花费一些额外费用,如果货物灭失,如投保按 100% 发票金额,则额外费用无处补偿。所以,通常都再加 10%,按发票金额 110% 投。这在纺织服装业务中形成了一个卖买双方都接受认可的数目。

(2)× × × Risks and War Risk,投某某险和战争险。

不同产品由于发生风险的情况不同,往往选择不同的险别。纺织服装产品通常投下列三种基本险:

①平安险(Free From Particular Average),简称 FPA。

②水渍险(With Particular Average),简称 WPA 或 WA。

③一切险(A11 Risks)。

保险公司收取的保险费,③最高,②次高,①最低,当然承担的责任也不同。由于是卖方付费投保,买卖双方往往会有争议。现在,一般服装类习惯投一切险。纱布类如果采用集装箱运输,可以投水渍险,但需卖方向买方做些有关责任范围的介绍。具体险别责任内容将在第八章详讲。

(3)As per the Ocean Marine Cargo Clauses of PICC(1981 Revision)

按中国人民保险公司 1981 年修订过的海洋运输货物保险条款。虽然合同如此写,但买方开证时会要求按"伦敦保险学会条款(Institute Cargo Clause 简称 ICC)"投保,也可以接受。"中国人民保险公司"的水渍险与"伦敦保学会"的 ICC(B)条款相似,一切险与 ICC(A)条款相似。

(4)Additional Coverage,if any, premium for Buyers' account,如果增加投保险别,超出的保险费由买方负担。这段话只是备用的话罢了。有时买方开证时增加了,也很少要求加价,送个人情罢了,但还是写上好。此处只讲合同中保险条款的写法,至于各险别的内容,将在第八章中详细介绍。

第七节　备注栏和一般条款栏

（1）如果唛头不写在"品名及规格栏"内，可以写在此处。

（2）合同中有双方约定的内容无法归入其他栏的，可写在此处。

（3）提示双方都须注意的内容，也可写此处。

一般合同的正面用于填写具体商品的细节，这些内容总是变化的，包括贸易方面。另有一些适用所有纺织服装合同，如关于数量金额的增减、商标使用、品质保证的约定、出现争议索赔如何解决、出现人力不可抗拒怎么办、仲裁等。对这些通用的条款，都印在合同纸的背面，省得每次都重写，以节省时间。

在笔者30多年的出口业务生涯中，合同贸易方面条款内容大致如本章所述。这些内容可供签约时使用。签约后在执行合同的过程中还会有些变化，如买方开来的信用证内容与合同规定的内容之间的差异，在第八章中还有讲解。这两章的内容需要互相参考学习。本章内容是笔者在很多材料中提炼出来的，经过实践的检验，并对其中的一些道理也尽力做了详述，但毕竟国际贸易方面的知识是一门学科，面很广，读者还是应该多看一些专门书籍，扩大知识面，加深对本章内容的理解和运用。

第八章　制作出口单据和结汇方面的
操作及相关知识

　　内容提示

　　　一笔正式交易一般要有签约、生产、装运、出口、收回货款五大过程。一般回收货款都须提供相关单据。单据不全或有错而不符合要求，会影响货款的正常回收。由此可见，单据缮制是否正确是非常重量的。本章针对纺织服装出口制单结汇做详细讲述。

　　货物装运后回收货款需要提供哪些单据？每种单据依据什么做？不是随便想怎么做就怎么做，必须有其依据。笔者退休后曾在某学院教过半年"制单结汇课程"，因学院有固定课本，又赶进度，讲法不得不照本宣科。期末考试批卷时发现多数同学依旧掌握不了基本要领。经笔者反思后，认为其原因有二：一是课本内容太多，二是举例中牵涉的商品品种太多，学生易混淆。本书品种为纺织服装品种，相对单一，共性较多。在本章中，笔者将采用从一个具体服装范例合同讲起，利用范例中商品内容和所牵涉的国际贸易内容为依据，有针对性制作具体单据，再加上注释和讲解，给读者以触类旁通之效果。

　　目前出口纺织服装绝大多说都采用信用证付款方式，信用证又是制和提供什么单据的绝对依据。看懂和正确理解信用证条款内容，对初入行的出口业务员来说，并非易事。信用证从买方申请、开证行开出、传递到通知行，最后到达卖方手中，中间要经过好多人工和机械，难免出错，故卖方收到证后要仔细审核。本章首先介绍信用证的基本内容，让新入行的出口业务员审核证时作为依据。为了使读者更直观地认识信用证的基本内容，笔者从同事那里借用了一个正式的信用证，为了保密更改了真实的申请人和受益人名称，并做了一些补充和修改，使其内容更为完整和规范，再逐条进行讲解。在看懂信用证的基础上，再提出一些处理建议，为制单工作打下稳固的基础。然后再逐一讲解各种单据的用途和制法，给出范例、讲解变换方法。使初入行的读者学完本章内容后，便可自己做出合格的用于回收货款的单据。

第一节　跟单信用证的基本内容

一、跟单信用证的基本内容

信用证是开证行出具给出口人的有条件的保证付款的文件,虽无统一格式,但基本内容大致相同,主要包括以下几个方面。

(一)关于信用证本身

(1)表示信用证的形式(Form of Credit),如不可撤销或可转让(Irrevocable or Transferable)。

(2)信用证号码及开证日期(L\C No. & Issuing Date)。

(3)受益人(Beneficiary),一般为出口人。

(4)开证申请人(Applicant),一般为进口人。

(5)信用证金额(Amount),一般应有大写和小写数字。

(6)有效期限(Validity),一般应注明到期地点。

(二)有关汇票

(1)出票人(Drawer),一般为受益人。

(2)付款人(Drawee, Payer),一定是银行,不是进口人,所以才有保证。

(3)收款人(Payee),一般为议付银行。

(4)汇票期限(Tenor)。

(5)出票条款(Drawn Clause)。

(6)出票日期(Date of Draft)。

(三)关于货运单据

(1)商业发票(Commercial Invoice)。

(2)运输单据(Transport Document)。

(3)保险单据(Insurance Document),包括保险单及保险通知书等。

(4)其他单据(Other Documents),包括商检证、产地证、包装单据等。

(四)关于产品

(1)货物的描述(Description of Goods)。

(2)数量(Quantity)。

(3)价格条件和单价(Terms & Unit Price)。

(五)关于运输

(1)装运港或起运地(Port of Loading or Shipment From)。

(2)卸货港或目的地(Port of Discharge or Destination)。

（3）装运期限（Time of Shipment）。

（4）可否分批装运（Partial Shipment allowed or not allowed）。

（5）可否转运（Transhipment allowed or not allowed）.

（6）运输方式（Mode of Shipment）。

（六）关于包装和唛头(Packing &shipping marks)。

（七）其他事项

（1）开证行对议付行的指示条例（Instructions to Negotiating Bank）。

①议付金额背书条款（Endorsement Clause），议付后议付银行须在信用证正本背面做好必要记录。

②索汇方法（Method of Reimbursement），议付后议付银行向开证行索取外汇方法和路线，例如通过北京中国银行转账等。

③寄单方法（Method of Despatching Documents），单证如何寄送,例如必须分两个航邮寄开证行。

（2）开证行负责条款（Engagement/Undertaking Clause），每一信用证必须有此条款,表示开证行对付款责任的书面承诺。

（3）开证行名称及签字（Opening Bank's Name & Signature），包括电报、电传的密押等。

（4）其他特别条件（Other Special Conditions），除以上条款以外的事项。

（5）适用跟单信用证统一惯例规定的申明（Subject to UCP《600》Clause）。

二、信用证的有关当事人及流转程序

（一）信用证一般涉及的主要当事人

（1）开证人（Opener）又称开证申请人（Applicant），是指向开证银行（Opening Bank/Issuing Bank）申请开立信用证的人,一般是进口人。

（2）受益人（Beneficiary）是指信用证上指名有权使用该证的人,一般为出口人（Exporter）。

（3）开证行（Issuing Bank），是指接受申请开证人的委托,开出信用证的银行,它承担按信用证规定条件保证付款的责任,一般是进口人所在地银行。

（4）通知行（Advising Bank），是指受开证行的委托,将信用证转交出口人的银行,它只是证明信用证的真实性,并不承担其他义务,一般是出口人所在地的银行。

（5）付款行或称代付行（Paying Bank），通常为开证行或其所指定的银行,无论汇票的付款人是谁,开证行都必须对提交了符合信用证要求单据的出口人履行付款责任。

（6）议付行（Negotiating Bank），是指对受益人交来的跟单汇票，愿意议付单据或办理贴现的银行。有些信用证指定由某某银行付议，又叫做限制议付；有些信用证不作指定，叫做自由付议。因此，议付银行可以是通行证，也可以是由受益人选择的他在当地的往来银行。

（7）保兑行（Conforming Bank），保兑行是应开证行或受益人之请在信用证上加批保证兑付的银行，它和开证行处以相同的地位，即对于汇票承担不可撤销的付款之责，保兑行有必须议付或代付之责，在已经议付或代付之后，不论开证行倒闭或无理拒付，都不能向受益人追索。

（8）偿付行（Reimbursing Bank），偿付行可以是开证行自己，也可以是开证行指定的对议付行或代付行进行偿付的代理人（Reimbursing Agent）。偿付行接受开证行的委托，凭议付行或代付行的"明白证明书"（Certificate of Compliance）或索汇电，于开证行的存款或对开证行的受信额度足以抵付时进行偿付。偿付行对议付行进行偿付，不能视为开证行的付款。当开证行收到单据发现信用证条款不符而拒绝付款时，仍可向议付行要求退款。

（二）当事人之间的关系

开证行作为信用证的签发者，它是各个当事人的"中枢"人物，围绕着信用证，它与信用证内涉及的各当事人有着错综复杂的多边关系。

（1）开证人与受益人的关系是根据买卖合同确定的。

（2）开证行与开证人（开证申请人）的关系是以开证申请书确定的，往往是有条件的。例如，视开证人的信用情况不收取或收取一定数目的押金。因此，开证行接受了开证人的开证申请书后，便承担了在一定条件下必须向受益人付款的责任。

（3）开证行与受益人的关系是在开证行开立信用证而受益人接受后所确定，双方均受信用证的约束。

（4）通知行与开证行是一种委托代理关系，通知行只负责传递信用证，无议付或代付的义务，只有通知行愿意充当议付行时，通知行（议付行）与开证行的关系才以信用证来确定，这种关系是从议付时才开始的。

（三）信用证的一般支付程序

信用证的一般支付程序如下页图所示，其程序说明如下。

（1）进出口人在贸易合同中规定使用信用证方式付款。

（2）进口人按贸易合同规定向当地银行提出申请，并缴纳若干押金或提供其他担保，要求开证行向出口人开证。

（3）开证行开出信用证并将信用证寄交出口人所在地的分行或代理行（作为通知行）办理信用证的通知事宜（Advising）

（4）通知行核对信用证上的印鉴或密押无误后将信用证转递出口人，即受益人。

```
          进口人          ◄──────  合同  ──────        出口人
       (开证申请人)                                  (受益人)
                                   (1)


       (10)  (9)  (2)                         (4)  (5)  (6)



        付款行/开证行      ──────────(3)──────────►   通知行/议付行


                         ──────────(7)──────────
                         ──────────(8)──────────
```

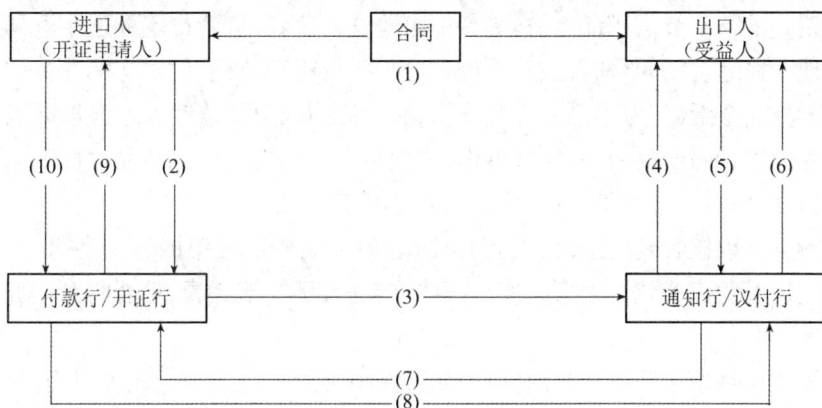

（5）出口人审核信用证与贸易合同相符后，备货装运，备齐各种出口单据，并开具汇票，在信用证有效期内向当地银行议付。除非信用证明确指定限制议付，可由任何银行自由议付，但一般以通知行议付为妥。

（6）议付行将单据与信用证核对无误后，按发票金额扣除邮程利息后付款给出口人（押汇方式）。

（7）议付行将汇款和单据寄开证行或其指定的银行索偿。

（8）开证行或其指定的银行审核单证无误后，偿付给议付行。

（9）开证行通知进口人付款、赎单。

（10）进口人备款向开证行赎取单据，提出货物。

列举此图例的目的是让读者了解卖方何时开始制单，单据在货款回收过程中的流转情况。了解这些过程也有益于制单工作。

本节内容主要是帮助读者全面了解信用证。在实际业务操作中，只有信用证基本内容会被反复用到。如新业务员在初次审核信用证时，不了解到底该有哪些内容，可参阅本节第一条内容。第二条内容是帮助理解记忆第一条。所以对第二条要理解，不要死记硬背。

第二节　信用证和剖析

本节所讲的信用证是买方与卖方在签订合同后，合同见第五章范例（五），向开证行提出申请，开证行开出信用证，并用 SWIFT 方式给卖方所在地通知行，通知行审核确认后转给卖方。卖方将凭此证的内容制单、交货和回收货款。本节将详细分解此证内容，逐段讲解，以期对读者有触类旁通之效果。

在正式讲解本节信用证之前,笔者坦率地告诉读者,笔者也不能逐字逐句地完全看懂此证。在笔者刚入行时,虽然在校学过一些信用证范例,但对实际业务中的真实信用证不能完全看懂,看不懂又害怕出错,所以便跑到银行请教。人家告诉笔者:"这几段是我们银行间的秘密,不能告诉你,你们也没有必要知道。商品方面的内容我们也看不懂,你们自己应该能看懂,你们若看不懂我们帮不了忙。"因此,笔者想告诉新手出口业务员审核收到的证时,没有必要,也不可能看懂证中的每个字每个句子,只要看懂应该看的部分就可以了。那么哪些该看懂,哪些不必看,笔者将利用此证详细分解说明。

单据不仅是用于回收货款的凭据,卖方在报关出口、税收、记账等方面,买方在清关、税收、记账、提货等方面,都需要单据为凭证。到底需要那些单据,每种单据制几份,对一个出口新业务员来说,刚开始很难找到头绪。笔者当年就是如此,所以在此做些介绍。每种单据需做几份,在讲解具体做单时将详细说明。

如果是信用证付款方式,信用证中单据要求部分会详细列明需要何种单据和其份数,照着信用证的要求做即可。但不要忘记自己公司的财务记账、单据留底、报关等需要的份数,加在一起即是某种单据的总份数。

如果是非信用证方式而是其他各种托收方式,合同中只写明了付款方式而没有写明所要的单据和种类和其份数怎么办呢?如果眼前有师傅或有经验的同事,先问他们。如果没有或有也弄不准,那就问买方。第一次弄清了,做个记录,以后一般不会有变化。

下面是针对第五章合同范例(五)卖方收到的信用证。

```
04NOV15   12:09:47

LOGICAL   TERMINALPA11

MSGACK   DWS7651   AUTHENTICATION SUCCESSFUL WITH

PRIMARY KEY

BASIC HEADER   F01BKCHCNBJA×××0405090946

APPLICATION HEADER

0705172591111DLGB22B×××D146251 5404111122222N

                              + DLAND BANK PLC

                              + LONDON

USER HEADER                   BANK. PRIORITY   113:
```

MSG USER REF　108：

:MT:700 ······ISSUE OF A DOCUMENTARY CREDIT······　　（注1）

SEQUENCE OF TOTAL	* 27：1/1
FORM OF DOC. CREDIT	* 40A：IRREVOCABLE TRANSFERABLE
DOC. CREDIT NUMBER	* 20：04/307599
DATE OF ISSUE	* 31C：2010/02/15
EXPIRY	* 31D：2010/05/15 CHINA
APPLICANT	* 50：LONDON IMPORT COMPANY；
	NO.5，CEMERY STREET，
	LONDON，U.K.
BENEFICIARY	* 59：TEXTILE ＆ GARMENTS EXPORT CO.,LTD.
	NO.78，ZHONGGUO ROAD，
	QINGDAO，CHINA.
CURRENCY CODE，AMOUNT	* 32B：USD50,000.00
PERCENTAGE CREDIT AMT.	
TOLERANCE	* 39A：05/05
ABAILABLE WITH ···BY···	* 41A：FREELY NEGOTIABLE AT ANY BANK BY NEGOTIATION.
DRAFT AT ···	* 42C：AT SIGHT
DRAWEE	* 42A：DRAWN ON US FOR FULL INVOICE VALUE
LOADING IN CHARGE	* 44A：CHINA
FOR TRANSPORTATION T	* 44B：LONDON
LATEST DATE OF SHIPMENT	* 44C：2010/04/30

PARTIAL SHIPMENTS * 43P: PARTIAL SHIPMENT ALLOWED

TRANSHIPMENT * 43T: TRANSHIPMENT ALLOWED

ADVISE THROUGH BANK ···

NAME AND ADDR * 57D: BANK OF CHINA, SHANDONG BRANCH

SWIFT BKCHCNBJ500

DESCRIPT. OF GOODS * 45A:

5000 SETS OF MEN's PYJAMAS, MADE OF 100% COTTON PRINTED FLAN-NELETTE, AT USD10. 00 PER SET CIF LONDON, OTHER DETAILS AS PER S/C NO. WG10/06.

DOCUMENTS REQUIRED * 46A:

+ FULL SET OF CLEAN ON BOARD OCEAN BILL OF LADING, MADE OUT TO THE ORDER OF DLAND BANK PLC. LONDON, MARKED FREIGHT PREPAID, NOTIFY ACCOUNTEE.

+ MARINE INSURANCE POLICY OR CERTIFICATE FOR FULL CIF VALUE PLUS 10 PERCENT, COVERING ALL RISKS (INCLUDING WAREHOUSE TO WARE-HOUSE CLAUSE) AND WAR RISK AS PER THE OCEAN MARINE CLAUSES (1/1/1981 REVISION) OF THE PEOPLE'S INSURANCE COMPANY OF CHINA

+ SIGNED COMMERCIAL INVOICE IN TRIPLICATE

+ PACKING LIST IN TRIPLICATE

CHARGES * 71B:ALL BANK CHARGES OUTSIDE OUR COUNTERS

ARE FOR BENEFICIARY'S ACCOUNT

PERIOD FOR PRESENTATION * 48: DOCUMENTS MUST BE PRESENTED WITHIN 21 DAYS AFTER ISSUANCE OF THE TRANSPORT DOCUMMENTS BUT WITHIN THE VALIDITY OF THIS CREDIT

CONFIRMATION OF INSTRUCTIONS * 49: WITHOUT

ADDITIONAL CONDITIONS * 47A: + A DISCREPANCY FEE OF USD50. 00 WILL

BE DEDUCTED FROM PROCEEDS ON EACH SET OF DISCREPANT DOCUMMENTS PRESENTED, IF ANY.

INSTRUCTION TO PAYING/ACCEPTING/NEG BK　＊78：

+ THE AMOUNT OF EACH DRAFT MUST BE ENDORSED ON THE REVERSE OF THIS CREDIT.

　+ ALL DOCUMMENTS MUST BE FORWARDED TO US BY COURIER SERVICE IN ONE LOT, ADDRESSED TO DLAND BANK PLC, 456 EAWSTICHEPT ST. , LONDON, UK

　SEND TO REC. INFO　＊72：+ PLEASE ACKNOWLEDGE RECEIPT BY TELEX/SWIFT

　　　　　　　　　　+ THIS CREDIT IS SUBJECT TO ICC UCP PUBLICATION No. 600

　　　　　　　　　　+ UPON RECEIPT OF DOCUMENTS IN ORDER,

WE SHALL REIMBURSE YOU AS PER YOUR INSTRUCTIONS BY TLX/SWIFT. OUR REIMBURSEMENT CHARGE OF USD65. 00 WILL BE DEDUCTED FROM THE PROCEEDS OF EACH CLAIM.

TRAILER　ORDER IS < AUT：> < ENC：> < TNG：> < PDC：>

　　　　MAC = 2D5FBOAF

　　　　CHK = 581E80220FB9

　　　　DLM

……END OF MESSAGE……

（注2）

　NO. 0413975999 信用证的注解和讲解如下：

　　①和②：内容是开证行与通知行之间事先约定的,只有他们两家知道,类似电影中做地下工作的接头暗语。凭此通知行可以判断出信用证的真实性。出口业务员不必看这两段,看也看不懂,问银行也不会告诉。

　　最原始的开征方式是书信形式。从其名称 Letter of Credit 中的 Letter 可以看出。

书信形式最后边都有签字或密押,这些签字或密押在通知行都有存档,通知行凭以核对来证的真假。后来开证改用传真、电传和现在普遍使用的 SWIFT 方式,密押也不断改变以适应不同开证方式的需要。

以下采用证中项目数字代号为注号,按证中出现先后顺序排列,不再另编注号。

(27)表示此证的总份数。此证只有一份。

(40A)跟单信用证的形式。DOC. 为 DOCUMENTARY 的缩写,译为"跟单"。此证形式为不可撤销的和可转让的信用证。

国际商会 500 号出版物第 8 条规定:信用证有可撤销的或不可撤销的。最新 600 号出版物第三条规定:"信用证是不可撤销的,即使信用证中对此未作指示也是如此"。为此笔者又查考了 600 号规定实施生效后,国外开来信用证的情况。大多数信用证中都注明不可撤销字样。这恐怕是新旧改变过渡阶段的习惯做法,知道有此注无此注都是不可以撤销的就行了,但要注意证中必须有适用 600 号出版物规则条款。

至于"可转让的"(TRANSFERABLE)意思就是受益人可以把证中货物转让给别人生产完成交货,特别对大数量简单款式的合同。为了及时交货而将数量分一部分给别人。偶尔有之,实际不多。但现在有些小的出口贸易公司,有能力接大单,但无能力和资金组织生产,往往把证转给别人打包贷款,组织生产,转给别人的价格低些,从中赚取差价。如果要这样做,请仔细阅读 600 号中的三十八条内容,上面讲得很详细。顺便讲一句,笔者一生从未做过转让信用证的生意。正规服装进口商很少接受卖方要求开具有可转让的信用证,因为风险太大。

(20)DOC. CREDIT NUMBER 跟单信用证编号,是每个证都必须有的。其作用是引用方便。

(31C)DATE OF ISSUE 开证日期。日期是一切文件、信函不可缺少的内容之一。虽然一般情况下无关紧要,但需要时却非常重要。

(31D)EXPIRY(信用证)有效期,有效期地在中国。注意信用证中有效期和装船期是不同的。正规的证中装期后 15 天为效期。也有两个期是同一天。遇到这种情况,必须提前装船,准备单据,在有效期前送银行议付。

有效期所在地,也有两种情况,正规的证都注明在受益人所在地,偶尔也有注明在开证行柜台上——即单据寄达开证行的日期为到期日。遇到这种情况,有两种解决办法:一是让买方改证;二是计算一下时间,如有充足时间提前装货,单据能在期内寄达开证行或付款行,也可以不改证。

600 号出版物第六条中 di. ii. e 款中有详细描述,读者可以查阅。但从译文中仍旧包含到期地点在开证行之意。所以读者审证时还是要留意证上的具体标注。有时开证行业务不熟,也有可能笔误,遇到这种情况,可采用下述办法处理解决。能否有把握使单据在期限内寄达开证行。计算办法:按习惯规定,议付行收到受益人提交的单据后,在五个有效工作日内审核并寄出给开证行或议付行,就算符合习惯规定。现在全世界都实行每周五日工作制,如果星期一送到议付行,它应该星期五将单据寄出。如果星期二送到,最晚它下周一寄出不算违反习惯规定。大多数情况下会有两天非正式工作日,这段应按七天计。用快递邮寄目前在途也要四天。这样算来从交单到议付行,议付行再快递到开证行/付款行,总共需要 11～12 天时间。如果能做到,则不必改证,如做不到,则须要求改证,把有效期所在地改在受益人所在地。这种情况的发生,多数是因为开证行业务人员业务不熟造成的,但也不排除有意而为,所以要认真对待这不起眼的几个字。

信用证在国外到期有以下文字描述,供审证参考。

(A)This Credit valid at our counter for presentation of documents on or before(某年某月)。our counter 是开证行的柜台,要改的话只把"at our counter"改为"at your counter"。全句为:Please change validity place at your counter instead of at our counter〔at your counter 和 at our counter:因为信用证是开证行以信的形式开给通知行(也是议付行),开证行如果说 at our counter,是指在开证行的柜台交单,当然付议地在开证行所在地。开证行如果对议付行说(在你的柜台交单),at your counter 议付地当然在议付行所在地。弄准说话人和听话人的位置,our 和 your 的本意也就清楚了〕。

(B)Draft accompanied by the documents specified herein must be presented to drawee bank not later than April 15, 2010.

此条款规定汇票连同规定的单据,不得迟于 2010 年 4 月 15 日前提交到付款行。如果付款行是国外开证行,则到期地点在国外开证行。要改的话只把 To the drawee bank 改为 To the negotiating bank 即可。

(C)Expiry date and place：June 30,2010 in London 要改的话把 London 改为议付行所在地即可。

(50)APPLICANT 开证申请人。

要仔细核对名称和地址是否对。如果不对,须通知要求开证申请人修改。因为发票、提单上都要用申请人的名称和地址。如果证上错了,照证上错的用,可以做到单证相符。但是在证以外的业务使用时,如发装船通知,用发票、合同申报海关,则与实际不符,会给开证申请人带来麻烦。这种修改所产生的费用应该由申请人承担。

(59)BENEFICIARY 信用证受益人。

这一条与(50)一样,也需要仔细核对。如不对,须通知要求修改。

(32B)CURENCY CODE,AMOUNT 货币代号和总金额。与合同金额核对,是否一样多。

(39A)PERCENTAGE CREDIT AMT TOLERANCE 信用证金额增减百分比。在服装实际业务中,有时因为所准备的布料不足,或做出的成衣次品多,补做又来不及,装货数少于证规定的数量,自然金额会少于证总金额。有时准备的布料多些,做完证规定的数量后,还剩有部分布料,受益人又不愿保存剩料,希望都做成成衣装给开证的申请人,一般他们也会接受。这样势必总金额要超过证中的最大总金额,怎么办? 一般服装证都有一条数量和金额允许增减5%条款。如果有此条款,而且增加的数量和金额又在5%范围内,很好办。如果增加的数额和金额超过5%,在征得申请人同意全部装运后,不必改证,可将超出部分单做一张发票、一张装箱单和一张以申请人为付款人的汇票,随同信用证项下单据一起送银行付议。事实上这一部分货款是托收方式,是委托银行向申请人收取,银行不承担或不保证申请人付款。因受益人已事先征得申请人的同意接受这部分货,所以会付给。

600 号中第三十条中对此有详细规定和说明。但从说明中可以看出,如果证中未注有允许数量有增减,纺织服装商品不能自动享受允许5%的增减。说明中指那些散装货,而纱布服装都有具体公斤、米、码、件、套规定数量,所以不能享受,这一点要注意。

(41A)(42C)(42A),这三条内容在信开的信用证中,连写为一条内容,容易理解和看懂。此证列为三条,对初次接触信用证的读者来说,不易完全理解。这三条内容在不同证中有不同变异。在此先把本证此条内容解释清楚,再详细解释此条内容在不同信用证的变换。

(41A)AVAILABLE WITH……BY,全文为 available freely with any bank by negotiation,可以自由选择任何银行为议付行,得到付款的方式为议付方式。

(42C)Draft at……,全文为 Draft at right,见票即付(即即期汇票)。

(42A)Drawee,全文为 Draft is drawn on us(开证行)for full invoice value,汇票按发票全额(金额)开给我们(指开证行)。

这三条合起来完整写法是:This documentary credit is available freely with any bank ④by negotiation① of beneficiary's draft drawn on us ②at sight③ for full invoice value.

其中三处内容是变化的。现分别注释如下:

① by negotiation 议付方式。还有二种:by payment,即单据送到议付行立即付款,而且没有追索权;by acceptance,承兑。用于远期信用证。

② on us(汇票)开给我们(我们指开证行)——即汇票付款人为开证行。还有写为 on ourselves,开证行的名称,意思都一样。也有 on 加开证行以外的付款行名。意思是由开证行以外的此银行付款,当然汇票付款人为此银行。

③ at sight 即期,见票即付。还有远期的,如见票30 天、60 天等。写法为 at × × days sight。

④ freely with any bank(由受益人)自己选择议付银行。也有开证行限定在某银行议付的情况。一般只有此两种情况。

　　此三条内容变化不定,出口业务员收到证后审核要注意是否与合同中规定的相一致。不一致时,该修改的尽快通知开证申请人——买方,让其指示开证行修改。

　　目前三种付款方式,"付款 PAYMENT"用的较少,主要是"议付 NEGOTIATION"方式,其次是"承兑 ACCEPTANCE"方式。

　　600 号出版物第六条中有此三项相关内容叙述。

　　(44A)、(44B)、(44C)、(43P)和(43T)应该是一组,此证中的文字很简单,不需翻译读者也可看明白,但是,在不同的证中有所变异。下面逐项介绍变异情况。

　　(44A)注明装货港在中国港口。给受益人方便,在中国的任何港口装货都可以。但通常证中注明在某一具体港口,两种情况都可接受。

　　(44B)注明目的港在伦敦。有的注明目的港在内陆城市,注明经某港口转往内陆城市。只要证中注明允许转运,就可以接受。

　　(44C)注明装船最迟日期,包含最后一天,但遇节假日和星期六日不扣除。

　　(43P)注明允许分批装运。读者要注意,分批装运除了表示一批货可以分批装运,如每次 50%,在两个月内分两批装出外,有时一批装运,但数量不足证中规定的数量,也可以利用此规定算是单证相符。另外,出口业务员要注意:尽管 600 号中有规定,证中不注明允许有 5%增减,也允许有 5%增减,但不适用于纺织服装商品。原因是有明确的码、米、件、套的计量单位。但证中有了允许分批装条款,实际装货少于证中规定的数量时,有的银行接受用分批装运条款算单证相符。

　　(43T)注明允许转船。读者也要注意含有两层意思:一是到达目的港没有直达船,需在中途转船;二是目的地在内陆城市,先海运再转陆运。也有在内陆城市交货,先陆运再海运。也有在内陆装货内陆交货,中间是海运的情况,也须有此条。

　　(57D)Advise through bank,通知行。词条内容在不同的证中,只有名称的替换而无变异。

　　(45A)Descript. of goods,(descript. is description),交货/装货的描述。

　　此条内容来源于合同内容,又是做发票的依据。应该包含三层内容:一是商品名称有关描述,二是单价,三是价格条件,三者缺一不可。

　　(46A)Documents required,(此证议付)所需单据。

　　注明共需提供四种单据。具体单据将在讲解制单时详细讲解。审证时主要审查要求的单据是否能够提供。

　　(71B)Charges,有关此证发生的费用的承担划分。

　　在笔者刚开始从事出口时,收到的证中并无此条款,费用都由开证行(实际是申请人)承担,后来才演变为分担。目前都采用在开证行地发生的费用由开证行负担,在受益人地发生的费用由受益人承担。有时证中还会注明其他情况下发生的费用归谁承担。笔者曾统计核算过,大金额合同银行费用占到货值的 0.5%~0.8%,小金额往往占到1%以上。

读者要注意,关于信用证项下修改所产生的费用,是谁的责任引起修改,费用当由谁承担才合理。所以,收到货款后,要仔细核对一下有关费用承担划分是否合理。数据都在议付行,可以索要。

(48) Period for presentation,(单据)提示期限。

每个信用证上都有此条款,而且内容相似,只是内中"21 days"处天数有所不同。21 天为最长,一般为 10~15 天,要完全理解和运用此条内容,必须与其他二条联系起来讲。信用证中有三个期限是相互制约的,一是装货期,二是有效期,三是付议期。有效期是绝对不变的,而装期和付议期是可变的。除极个别的证装期和效期是同一天外,大多证都是效期在装期后 15 天,以给受益人制单时间。本证装期为 4 月 30 日,效期为 5 月 15 日,议付期须在装期(假设提单日期同装期)后 21 天内付议。则必须于效期内 5 月 15 日前付议。假如货在 4 月 1 日装船,提单日期为 4 月 1 日,则必须在提单日期后 21 天内付议,也就是说必须与 4 月 21 日前付议。如果拖到 4 月 21 日后,5 月 15 日前,就算不符合证的规定,算单证不符而被拒绝议付,证也算失效。所以审证时,要很好注意这三个时限。

(49) Confirmation of instruction,(是否需通知行)加保兑提示。此证注 without,是不需通知行加保兑。如果是要求通知行加保兑,则注明"confirm"字样。只有这两种情况,无其他变异。

(47A) Additional condition,附加条款。

以上条款都是信用证必须含有的基本条款。如果还有其他一些特殊规定,一般都在此处列明。

(78)是开证行向付议行的指示,与受益人关系不大。

(72) send to rec. info 即 send to receiver information,是开证行给通知行或付议行的指示。

本节所用来做范例和剖析的信用证由英国一家银行开出,或许是因为业务熟练,故其内容比较精炼。而其他一些银行所开出的信用证往往复杂得多。有时候开证申请人也看不懂。笔者认为,在此再将其他常碰到的内容做补充介绍和讲解,会有助于读者更容易看懂信用证。通常会碰到下列条款。

a. 弄清信用证的性质和当事人

信用证由申请开证人(applicant)申请,开行正式开出,以信函的形式开给付议行(假设付议行和通知行是一家),付议行再通知受益人(beneficiary)。信用证是开证行开给付议行的。证中用代词 we, us, our, ourselves 是指开证行自己。证中用代词 you, you, your, yourselves,是付议行。牵涉开证申请人用 applicant,受益人用 beneficiary。明白了这些关系和词义,相关内容便容易理解和看懂。就是读者有八级英语水平,不明白这其中相互关系,也难看懂。

b. 在要求的单据中,有很多五花八门的证书,要仔细研读,弄懂,再看是否能够提供。

c. 在附加条款中,有时也有一些特别注明。看不懂不要不管,一定要弄明白,看是否合理,是否影响议付。特别是一些第三世界国家开来的信用证。

d. 此范例信用证中条款,在600号中有相关描述和规定,由于篇幅所限,未详细引用。希望读者设法找到此书,先读几遍,在审证制单实践中反复参阅,便能完全弄明白600号内容。

第三节 审证和改证

当收到银行送来的信用证,须将所有条款和全部内容以买卖合同为依据进行全面审查,这项工作称为"审证"。

在"审证"时,发现与合同规定不符而又不能接受或无法办到的条款和规定,要尽快地通知开证申请人作必要的修改,这项工作称为"改证"。

审证和改证是单证工作中的第一道工序,是保证安全收回货款的基础工作。只有在货物装运前把这项工作做好,才能最大限度地减少"担保",防止"拒付"或"迟付",为尽快收回货款创造条件。

一、对审证工作的基本要求

(一)审证必须及时

如果信用证中列有上述不能接受或无法办到的条款,必须修改后才能使用,而修改信用证是需要一定时间的。为了保证及时装运,一定要在收到信用证的两个工作日内审核完毕。对于没有问题的可以按照信用证的规定制单、托运;对于有问题的条款,则应尽快地通知开证申请人作必要的修改,这样就能避免在货物装运时才发现问题,而不得不在"担保"或"退关"之间做出被动的选择。

(二)审证必须全面

国外开来的信用证是五花八门多种多样的,内容繁简不一。但总的来说,近年来有逐步复杂化的趋势,特别是从第三世界国家开来的证,条款方面的限制和规定、单证方面的需索和要求也越来越多,需要审证人员付出最大的耐心,逐字逐句的核阅,才能把应该注意的事项和信用证中必须修改的问题统统找出来,尽早谋求解决。反之,审证时思想不集中,粗枝大叶,对条款不求甚解,不能及时发现问题就会出现严重后果。

二、信用证的重点审查项目

(一)信用证是否注明是"不可撤销的"

根据相关规定,信用证都是不可撤销的,不管有否 IRREVOCABLE 字样,都是不可撤销的,所以不必再关注此字。

(二)信用证是否已生效

凡是信用证内附有"保留"或"限制"性条款,如"待获得有关当局发给进口许可证后才能生效"或"待收到货物的样品并以函/电确认后方始生效"等类似条款的,都属于尚未生效信用证。对于此类信用证如不取消"保留"或"限制"性条款,就必须待生效通知收到后才能办理出运。

(三)金额是否与合同一致

信用证金额,除冠有"大约"字样外,不能超额支用,其币别和金额必须与合同相符。如信用证中列有商品数量或单价者,应复核总价是否正确。如金额不足,应洽开证申请人增加金额,以确保能回收货款数字。

(四)付款期限是否符合合同规定

除个别地区和客户外,我们一般采取即期付款的信用证。如在审证时发现远期付款的条款,则应核对合同,合同如为即期则应修改信用证,但要注意信用证是否假远期或远期加息。

(五)开证人、受益人的名称是否正确无误

开证人和受益人的名称和地址是出口单证中必不可少的,如果开证开错应及时修改更正,以免制单和寄单发生困难,影响收取货款。

(六)装期、效期、交单期以及到期地点有无问题

(1)如来证到时装期太近,无法按期装运,应及时要求展延装期和效期。

(2)如果来证的装期、效期为同一天,即"双到期",须自行将装期提前10天办理托运,使出运、制单工作有足够回旋的时间。

(3)如来证规定向银行交单的日期不得迟于提单日期后若干天,应注意该期限是否合理,能否办到。

(4)信用证的效期应规定在我国到期,如来证规定在国外到期,因我们无法确定单据到达国外银行的日期,一般不应接受。在来不及修改的情况下,必须提早一个邮程的时间向议付行交单,同时应提请议付行用快邮(Speed Post)方式寄单,尽可能减少意外风险。

(七)货物的描述是否正确无误

(1)来证所列商品名称、规格必须符合合同的规定,一般地说,为了卖方工作便利,品名规格要求尽可能简单。

(2)数量和金额都要求冠以"大约"一词,对纺织服装商品没有用处,应该用允许

×%溢短装条款较保险。

（3）佣金、折扣等要与合同相符，注意来证是否已经内扣，防止重付佣金。

（八）运输条款是否可以接受

（1）起运地和目的地必须与合同规定相一致。为了便利我方自行选择发货地点，起运地应争取为"中国"（China）或"任何中国城市或口岸"（Any Chinese City or Port）。交货地点必须与价格条款相一致，如价格条款为 CIF Los Angeles，交货地点为 New York 则必须修改，使两者相一致。又如价格条件为 C&F Damman 而目的地为 Riyadh，也必须将交货地点修改为 Damman in transit to Riyadh，并在修改书中明确 Freight charges from Damman to Riyadh for account of Buyer。

（2）如来证指定运输方式、运输工具或运输路线，卖方必须及时与承运单位联系，如办不到应即通知买方修改。

（3）如果来证规定由承运单位出具船龄证明或船期证明等，也要及时与承运单位联系。如办不到，则立即通知买方修改。

（4）要注意不许转运或特殊转运条款。多数来证是允许转运的（其中包括未注明可/否转运的），这对我方比较有利；但也有一部分信用证列明不许转运（Transhipment not allowed/Prohibited/Forbidden）遇到这类信用证条款时，我们应了解在装期内是否有直达船去目的地，能否提供直达船提单，如不能提供，则应尽快要求客户修改；也有不少信用证规定只许在某港转运或不许经某地转运，我们要及时与承运部门联系是否可以接受，如不能接受应立即通知客户改证。

（5）注意不许分运或特殊分运条款。如来证注明"不准分运"（Partial Shipment not allowed），我们应了解货源情况，是否可以在装期内一次出运，如无把握，应及时要求客户改为"准许分运"。

如果信用证列有必须分多批装运，并规定每批出运时间和出运数量，或类似特殊分运条款者，我们应根据货源情况决定是否可以接受。根据《600》号第三十二条规定，凡信用证要求分多批装运的，必须严格按照条款规定的数量和时间装运，其中任何一批不能按时装运，则该批以及以后各批均告失效。如果要继续装运，必须修改信用证的分运条款。

（6）注意来证对于货物包装的规定是否可接受。如来证规定木箱装（Packed in wooden cases），而我方货物为纸箱装（Packed in cartons）则须修改。

有的信用证对包装的规定比较具体，不仅指定外包装，还指定内包装。如要求发票必须注明每件成衣要装在胶带内，然后每半打装一纸盒，每 20 打装一纸箱等。出口业务员应通知生产厂照办，如办不到须及时修改。

（7）注意来证有无指定唛头。不少来证有指定唛头的做法，我们必须严格按照规定刷唛和制单，做到货物包装上以及有关单据上的唛头完全与信用证指定的唛头一致。

个别信用证所指定的唛头内容过于复杂,要求注明每箱内所装货物的颜色、尺码、搭配、货号、花型号等,给制单和刷唛工作带来一定困难,应向客户说明我们可将这些内容作为箱外刷字,刷在箱子的一侧,但不列入唛头之内,并请客户对信用证进行修改。

(九)保险条款是否符合合同规定

(1)来证要求投保的险别超出合同的规定,如保险责任扩展至内陆或加保各种附加险等,应与保险公司联系是否可以接受,由此而发生的超保费应由买方负担并允许在信用证项下支付。

(2)来证的投保金额应符合合同的规定。合同一般均为以发票价值增加10%作为投保金额,而有的信用证条款中,却要求过高加成,如增加30%或50%等,根据保险公司目前灵活做法,凡加成不超过100%,均可接受。但这种情况,信用证应同时规定"额外保费均由开证人负担,可以在信用证下支取",以避免增加卖方超额保险费的负担。

(3)如成交价为CFR,本应由买方自行投保,但来证为CIF由卖方办理保险,在这种情况下,只要来证金额中已包括保险费,或允许加收保险费,则可不必修改。

(4)凡成交价为CFR或FOB者,来证往往要求卖方在装运前以航邮或电传通知开证人投保并寄邮据(Postal Receipt)或电传副本(Copy of Telex)办理结汇,卖方必须及时做好这项工作并尽快取得该单据。但来证要求凭"投保声明的回执"(Acknowledgement of Insurance Declaration)办理结汇者,则不能接受,应请对方修改为凭投保声明的副本(Copy of shipper's Insurance Declaration)结汇。

如果读者头一次审证,建议利用此条的提示内容去核对证的相关内容,或者先看证,再用此条提示内容核对,或者两法兼用。

三、改证工作的注意事项

改证工作是审证工作的落脚点。审证时发现的信用条款的问题,必须通过改证加以解决,才能确保货物的按时装运和安全回收货款,做好改证工作一般应掌握以下各点。

(1)对于信用证主要项目的缺漏或明显的重大差错,如无效期、无金额、装期迟于效期、交货地点与价格不符等情况,可通过通知行提请开证行澄清,这样处理往往既快捷又节省修改费用。

(2)对于信用证条款与成交合同不符的,应联系买方,提出修改意见,由买方通知开证行修改。

(3)一份信用证如有几处需要修改,应集中一次通知开证人办理修改,避免一改再改,既增加费用又浪费时间。

(4)修改信用证一般应用最快捷的方式通知开证人或开证行,同时应规定一个修改书到达时限。

(5)收到修改书也要仔细审阅,如不符合我方要求,应予退回,或要求重新修改。

(6)修改书必须经原通知行传递方为有效。

第四节　制单、审单、交单和结汇

按业务实际操作,本节内容制单部分应放在制单前学,而审单、交单、议付应在做完单据后学。而本节把它们集中在此一节,有两个原因:一是具体制单内容太多,故单列一节;二是本节所讲制单和审单都是有关一般原则、规律、方法方面的内容,放在一起讲更有助于下一节具体制单。如果读者是个新手,从来设有制过单,则可一带而过,待制完第一套单据后,再来看此节审单内容。

制单和审单是单证工作中的主体工作。制单是指各种出口单证的缮制和签署,审单是指对各种出口单据的复核和全面审查。

一、制单

(一)制单工作的要求

单证工作的基础在制单,制单要求按照严格相符的原则做到四个一致,即单、证一致,单、单一致,单、货一致,单、同一致。虽然信用证下的单据银行只考虑单、证一致和单、单一致,但就出口人而言,则单、货一致,单、同一致也同样重要,否则即使银行付了款,事后进口人仍可根据合同向出口人索赔。

(二)制单的依据

制单主要以以下资料为依据。

(1)无证出口以买卖合同为依据。信用证项下出口,虽然以信用证条款为依据,但有些项目如商品品名、规格、单价、佣金等如信用证未作明确规定的,也必须参照合同条款。

(2)凡是信用证下的单据,必须严格按信用证条款制单。

(3)货物出仓单(仓库或工厂提货单)。有关商品的数量、规格、花色搭配、包装、件数、毛净重、尺码等均以此单为准。

(4)供货部门提供的原始资料,如棉布的乱码单、服装的工厂装箱单。

(5)业务部门的必要资料和特别要求,如买方的指定唛头、运输上的特殊做法、应收应付费用的收支办法、配额商品的类别号等。

（三）制单的操作规程和方法

（1）"核"。先将货物的出仓资料（出仓单或提货单）与信用证或合同核对，弄清证、货是否相符，如有问题须联系有关环节解决。

（2）"算"。单据中很多数字须要计算，例如货物的尺码，毛、净重，发票的单、总价，海关发票的 FOB 价，中间商的佣金等，这些都须在制单前把它算好。

（3）"配"。根据信用证要求把本批出口货物所需各种单据的空白格式按需要份数配置在操作夹内，既可以防止某一单据的漏制，又能提高制单工作效率。

（4）"制"。完成了"核"、"算"、"配"的准备工作，然后可以制单。制单可从发票和装箱单着手，因为发票记载的内容比较全面，它是一切单据的中心。发票制妥后，就可参照发票的内容缮制其他单据。

（5）"审"。单据制妥后，要求制单员自审一遍，如有差错可立即更正，这样可以收到事半功倍之效。如事后经后道环节发现再退回更改或重新返工就较费时费事，如果更改的内容牵涉其他单据那就更麻烦了。此条所说的审是过去外贸公司集中制单的做法，专门制单员做出单据后，再由有经验的人审核，再送银行。现在的制单员都是"单干户"，全靠自己。有些小公司，出口业务员同时也是制单员，就需要自己费心了。

二、审单

（一）审单的要求

在单证工作过程中，"审单"（即综合复审）是关键的一环，因为审单工作直接关系到单证的质量和收汇的安全，涉及企业的经济效益。对审单的要求和审证一样，既要全面，又要及时。如果审单不及时问题不能及时发现，酿成事故，便无法挽救。例如货物错装错运，在装运后发现，损失就难以避免了。故审单要全面和及时，两者不可偏废。

审单不是简单的文字核对，要从安全回收货款和整个合同的全面履行出发，既要考虑单据本身的正确，又要顾及单据更改过程中牵涉的一系列具体问题。例如审单发现唛头做错，就不能只顾更改单据上唛头，而必须首先更正货物的唛头；如果发现包装不对，也必须征得业务部门的同意后，才能更改单据。总之，审单必须联系实际，考虑整体，不仅要善于发现问题，还要善于恰当地处理问题。

（二）审单的几种方法

1. 纵横审单法

首先根据信用证的条款逐字逐句地审核各种单据的内容，要求两者严密一致，即达到"单证一致"的原则，这叫做纵向的审核。

完成纵向审核后，再以商业发票为中心，与其他单据相对照，要求单据与单据之间所共有的项目,或相关的项目相互一致,即所谓"单单一致"。例如货物标记、包装、件数等是商业发票、装箱单和运输单据的共有项目,必须保持一致;发票的金额和保险单的保额是相关的项目,审单时必须按照发票金额和信用证的规定来核定保险金额。这种方法称作横向审核。

2. 两道审单法

有些出口公司把制单工作分布在不同的部门,单据制妥后即由各个部门进行一道初审,待各种单据集中以后,再由专门的审单环节进行综合复审,初审往往是单一的、纵向的审核,复审则是综合的、纵横交错的审核,因此,不能把两道审单看做是简单的重复。

以上是过去大的出口公司制单、审单的正规做法。现在的情况大有改变。小的出口公司都由出口业务员自己制审,然后送银行议付;大一点的出口公司设单独制单员,但是很少设专门审单人员。单据送银行议付后,何时收到货款又成了财务的事。出口业务员、制单员、财务员三者谁也管谁也不管,等着银行送钱上门。过去都是国有企业,钱从国外收回来,存在那里都行,可是现在的情况大不同了。所以,笔者建议要确定一个环节专门负责追踪议付的货款回收。笔者有一次公司财务人员向笔者抱怨,银行收回货款后不及时转给公司。有一位同学在某银行工作,笔者便去找那位同学。同学听了笔者的话,他说:这不算什么,他花了半年时间去追国外不按期付款,追回了50多万美元利息。由此可见国外银行有意无意拖延付款是很普遍的情况。因此,为了及时收回货款,设置专门催收环节和人员是必要的。

制单虽然是小事,但也需要细心和经验。建议大的出口公司应设置专门审单员。同时利用他们的经验培训新的制单员,既能保证及时回收货款又能帮助提高制单员的整体素质,并不浪费人力。

(三)审单的重点项目

审单项目因信用证而异,但基本条款及其掌握原则,大致相同。现将国外银行"审核要点"(Check list)的部分资料列出,供参考。

1. 汇票

(1)大、小写金额必须一致。

(2)付款期限要符合信用证规定。

(3)汇款金额不得超出信用证金额。

(4)出票人、受款人、付款人都必须符合信用证的规定。

(5)货币名称必须与发票及信用证相一致。

2. 商业发票

(1)抬头人必须符合信用证规定。

（2）签发人必须是受益人。

（3）商品的描述必须完全符合信用证的要求。

（4）商品的数量必须符合信用证的规定。

（5）单价和价格必须符合信用证的规定。

（6）提交的正副本份数必须符合信用证的规定。

（7）信用证要求表明和证明的内容不得遗漏。

（8）发票金额不得超出信用证的金额，如数量、金额均有允许增减 5%，则不得超过此限。

3. 保险单

（1）保险金额的加成必须符合信用证的规定。

（2）险别必须符合信用证的规定。

（3）正副本份数必须符合信用证的要求。

（4）货币必须与信用证币别一致。

（5）包装件数、唛头等必须与其他单据相一致。

（6）运输工具、起运地和目的地，都必须与信用证及其他单据相一致。

（7）如转运，保险期限必须包括全程运输。

（8）保险单的签发日期不得迟于运输单据的签发日期。

（9）保险单除信用证另有规定，一般应作可转让的形式，以受益人为投保人，由投保人背书。

4. 运输单据

（1）单据的类型必须符合信用证的规定。

（2）起运地、转运地、目的地须符合信用证的规定。

（3）装运日期/出单日期须符合信用证的规定。

（4）收货人和被通知人须符合信用证的规定。

（5）商品名称可使用货物的统称，但不得与发票上货物的说法相抵触。

（6）运费预付或运费到付须正确表明。

（7）正副本份数须符合信用证的要求。

（8）包装件数须与其他单据相一致。

（9）唛头须与其他单据相一致。

（10）全套正本都须盖妥承运人的印章及签发日期章。

（11）应加背书的运输单据，须加背书。

5. 其他单据

如装箱单、重量单、产地证书、商检证书等，均须先与信用证的条款进行核对，再与其他有关单据核对，求得单、证一致，单、单一致。

6. 常见差错

(1)汇票大、小写金额写错。

(2)汇票的付款人名称、地址写错。

(3)发票的抬头人写错。

(4)汇票/发票/保险单中的货币名称写错。

(5)发票中对商品的描述不符合信用证的规定。

(6)超装或少装。

(7)单单之间商品名称、唛头、毛净重等不一致。

(8)单据不齐或份数不足。

(9)漏签字或盖章。

(10)漏背书(特别注意此条,很易漏)。

(11)逾期装运。

(12)逾期交单。

三、交单、付议和结汇

交单、付议、结汇在概念上是有所区别的:交单是指受益人在规定时间内向议付行提交信用证下的全套单据,议付是指出口地银行在保留追索权的条件下购买出口人出具的汇票和出口单据,结汇是指出口人所得的外汇按照银行牌价卖给国家银行。

由此可见,交单是议付和结汇的基础。一个出口企业只有按时交单,才能实现回收货款的目的。

交单的要求有三条:一是单据齐全;二是内容正确;三是提交及时。

为了达到以上要求,需要重视一下几个问题。

(一)最后交单期的检查和确定

最后交单期有三个含义:一是信用证的效期;二是信用证规定的交单日期,例如某些信用证订明"单据须在装运后十天内提交银行",这里装运后的第十天就是最后交单期;三是运输单据出单后的第 21 天,它是根据是 600 号出版物第 14 条规定"……银行不接受迟于运输单据出单日后21天提交的单据……"。但出口业务员要注意提单日期的确定。具体规定详见 600 号出版物上的规定和说明,在此不多述。上面本章在信用证注释中有例证可参考。

(二)押汇

所谓押汇即出口单据经银行审核无误后,银行以单据为押品垫付全额外汇给出口公司,但须按约定扣除邮程利息。押汇后如果由于单证不符被开证行拒付,议付行可以向受益人追索全部垫款及利息。如果由于议付行的工作失误而遭拒付,则不得向受益人追索。这一做法的好处大致有三点：一是划清了银、贸双方的责任界限，有利于提高双方在单证工作上的责任感；二是为出口企业创造了资金融通的条件，促进了企业的经济核算；三是银行可收取利息。

（三）改单

交单以后不可避免地会出现一些单据从银行退回更改，此项工作要迅速处理及时解决，不可拖延，更要防止过期。

对国外银行提出拒付或退回来要求更改的单据，应立即查明原因及时处理，对外做出恰当答复，有些问题还必须同银行一起研究解决；对国外无理挑剔的应协同银行向外交涉，维护我方权益。

经过更改的单据，内部留底都应做相应的更改，并且在留底上做好记录，以备日后查核。

（四）单证的档案管理

出口单证是出运和业务的资料，具有重要的查考价值。因此，交单以后，应有一套完整的副本单据存档。

曾经有一个进口商向卖方某公司提出索赔，理由是货物装运后未收到卖方装运电报副本单据，因而未能及时联系船公司提货，失掉销售时机，由此产生的货价损失须由卖方赔偿。经该公司查阅单证档案，货物发运时曾经发过装运电报，也寄过副本单据，于是以电报复印件和寄单函号为证去函说明情况，对方接函后即不再坚持索赔。单据留底档案的重要性，由此可见。

出口单证副本的归档保管期限可定为二年，每半年或一年清理一次。

第五节　非信用证项下制单时间和回收货款过程

在纺织服装出口贸易中，虽然多数采用信用证付款方式，但是当双方建立起信任以后，为了节省费用，也采用非信用证的付款方式。

非信用证方式有多种，这里只介绍目前适用的两种方式：一是 D/P 即期或远期，二是跟单托收与预付押金相结合。至于 D/A 和预付货款等方式，目前采用不多。D/A 方式对卖方风险大，预付货款对买方风险大。出口业务员不宜要求买方接受预付货款方式，也不宜接受买方要求的 D/A 方式。

一、D/P 付款交单方式制单时间和货款回收过程

（1）买卖双方签订了合同。

（2）卖方照合同生产出货物。

（3）卖方制单安排装运货物。

（4）卖方将货物装运完毕，取得提单。

（5）卖方将全部单据委托当地银行。

（6）当地银行接受委托，将单据寄给买方地与他有业务关系的银行，委托他向买方收取货款。

（7）买方地银行通知买方付款赎单。买方付款赎回单据。

（8）买方地银行将货款汇给卖方地银行。

（9）卖方地银行将货款交卖方。卖方地银行接受的委托完成。卖方收到货款，交易结束。

（10）买方利用单据从运输部门换出货物，买方交易结束。

为什么 D/P 方式目前采用较多，有两个原因：一是买方不用开证，可以减少资金积压，因为开证银行须收取买方一定金额的押金后才肯开证；二是卖方在买方拒绝要货时也丢不了货物。从过程第七步中可以看出，买方须先付清货款，银行才能给买方单据。买方不付款赎单，不要货，银行不会给买方单据而单据退给卖方，卖方可把货运回来。起码可以保证丢不了货，当然会产生运杂费和再卖货差价损失。

二、跟单托收与预付押金相结合的方式

这种方式也是目前出口常采用的付款方式。预付一定金额的押金（一般约20%）对卖方有三个好处：一是当货物生产出来而买方不要货时，可以没收押金作自己损失的补偿；二是督促买方履行合同；三是解决资金短缺，对买方的好处是比开信用证减少资金积压；风险是卖方不履行合同又追不回押金而损失押金。

此方式与 D/P 方式在制单时间和过程基本一样，只是在第一步双方签约后，先收到买方押金再开始正式生产货物。在第五步卖方委托银行回收货款的金额须扣除买方押金的金额。其他过程都一样。

第六节　缮制各种单据具体操作范例和讲解

与纺织服装出口有关的单证种类很多，共有 50 多种，越是贸易不发达国家要求越多。对于刚入行的新业务员来说，真是望而生畏。但是，如果把它们分类，也很简单。就其本身性质的不同可以分为三大类：一是商业单据，二是资金单据，三是各种证明、证书。

本节所讲的单据是出口商在装运货物后，为了收取货款而缮制的单据。具体到

一笔出口贸易,一般只需几种,而不是这 50 多种都需要。根据纺织服装出口贸易的实际情况,本章将详细讲解一类单据中的发票、海运提单、装箱单、保险单;二类单据中只讲汇票;三类单据中种类太多,只做些简单介绍和说明。

一、商业发票

(一)作用

它是卖方向买方开立的,凭以向买方收款的发货清单,同时也是卖方对于一笔交易所发货物的全方面说明,内容包括商品的规格、价格、数量、金额、包装情况等。它是全套出口单据的核心,其余单据均需参照它缮制,所以被称为中心单据。它有以下四方面具体作用。

(1)是卖方向买方发送货物的凭证。

(2)是买卖双方收付货款和记账的凭证。

(3)是买卖双方办理报关、清关、纳税的凭证。

(4)是卖方缮制其他单据的依据。

(二)主要内容

它虽无统一的固定格式,但一般应具有下列内容。

(1) 注明发票(INVOICE)或商业发票(Commercial Invoice)字样。

(2)出口人的全称,详细地址和传真号、电话号、E - mail。

(3)进口人(买方)的名称和地址。

(4)起运地和目的地。

(5)发票号码、合约号码及出具发票的日期。

(6)商品名称、规格、数量等对于商品的必要描述。

(7)商品的单价、总价和价格条款(如 CIF ××× 港等)。

(8)货物包装件数、毛净重及必要的证明文字等。

(9)唛头及件号。

(10)出口人(卖方)名称及其负责人的签字和签章。

以上内容不论是何种付款方式都必须有的内容;如果是信用证项下发票,信用证有规定,还需注明信用证号和开证行名称。

目前一些规模较大的出口公司采用印刷的发票,一些小的出口公司,甚至大公司都采用把格式输入电脑,在电脑上缮制完再打印出来,只要内容不缺,与先印刷再填制效力是一样的。

下面以一个服装发票为例,详细讲解发票的具体做法.

(三)WG10/005 号发票及注解和说明(表 8 -1)。

WG10/005 发票的解注和说明。

表 8 - 1　发票

① 纺 织 服 装 出 口 有 限 公 司
TEXTILE & GARMENTS EXPORT CO. , LTD.
No. 78 , ZHONGGUO ROAD , QINGDAO , CNINA.

② COMMERCIAL INVOICE

③ 发票号码
Invoice No.　　WG10／005

⑥致 London Import Co. , Ltd. ,

To No. 5 , Cemery Street , London , UK.

④ 青岛，日期
Qingdao　　15th April , 2010

⑤ 合同号: Contract No.

⑦ 装船口岸
Form　　Qingdao

⑧ 目的港
to　　　　London

⑩ 开证银行
Drawn Under　　Dland Bank PLC.

⑨ 信用证号码 04／3075999
L/C No

唛头及号码 Marks & Numbers	数量与货品名称 Quantity & Descriptions	金额 Amount
L. I. C. S/C No. WG10／06 LONDON No. 1 - 126 ⑪	⑫ 5000sets of Men's Pyjamas , made of cotton printed flan-nelette , at price USD10. 00 per set CIF London. ⑬ 　　Packed in 126 cartons only. ⑮ 　　Total : G. W. 2750 KGS. 　　　　　N. W. 2250 KGS. ⑯ Measurement : 12. 5 M3. ⑰	USD50 ,000. 00⑭

⑱
纺织服装出口有限公司
Textile & Garments Export Co. , Ltd.

Manager

179

①出口公司的名称及详细地址,信用证项下发票应与信用证上受益人名称相一致。

②单据名称,"INVOICE"字样应该用大写粗体字。

③发票号码。

④发票日期,不能迟于装期。

⑤合同号。

⑥进口人名称及地址,要求名称列为一行,地址合理分行缮打。

⑦装船口岸:要严格按信用证规定,如证规定为"ANY CHINESE PORT"也必须列出在某一中国具体港口装运;如果证规定起运地为"CHINA"则可在中国任何港口或内陆城市装运。

⑧目的地:也要严格按信用证的规定缮打,如信用证的目的地为"Australian Ports",我们可参照合约或订单将货物运往任何澳大利亚港口,但须注意目的地必须与价格条件相一致,如价格条件为 CIF Sydney,则我们只能将货物运往 Sydney,而不能运往其他澳大利亚港口。

⑨信用证号:信用证如无规定,此项亦可不填。

⑩开证银行:信用证如无规定,此项亦可不填。

在填写以上两项时,如果是经过转开的信用证,必须弄清哪个是原始开证行,哪个是转证行;哪个是原始证号,哪个是转开的信用证;一般应填写原始开证银行名称和原始证号。

⑪唛头及包装件号:信用证中对发票未要求填唛头的规定,系卖方代为编的。如果是散装货拼柜运输,为了卖方,船方和买方辨认货物,一定要有唛头。如果是整柜运输,则可有可无。如果没有唛头,则必须打上"N/M"字样,全写为"NO/MARK",无论如何此处不能空白着。

⑫对于商品的描述,是发票的主要部分。一般先将商品的名称和总数量打出来,然后再根据信用证或合约的规定打出详细规格、单位及有关订单/合约的号码等。如果规格、品种较多,可采取同类项集中并列的方法,减少重复,使人一目了然。

⑬价格条件:发票中的价格条件十分重要,不可遗漏。因为它关系到买卖双方承担风险和所负责任的界限划分的问题,牵涉运费由谁支付,保险由谁投保的问题,也是进口地海关核定关税的依据,发票漏打价格条件而被开证行拒付的案例是屡见不鲜的。

⑭单价、总价和累计总金额也是发票的主要项目,必须正确计算、正确缮打并认真复核。特别注意小数点的位数是否正确,佣金是否内扣,金额和数量是否符合信用证的规定,防止超金额担保出运。

⑮~⑰商品的包装、件数必须在发票中表明,同时应打出货物的毛、净重及包装

尺码,这些都是缮制托运单、提单、保险单等必要资料。如果信用证中未要求打出毛、净重和体积,也可以不打上。

⑱出口商的名称及负责人签字或盖章:目前不少公司都将公司名称及负责人签字印制在发票的右下角,这样可以减少一部分事物工作,也可以避免漏签字的差错。但要注意,如果信用证要求发票或一切单据均须手签时,必须另加负责人的手签。

此发票系一实例,内容系针对相关信用证要求而缮制。有些信用证会有一些特殊要求,所以要认真审核信用证相关要求内容,做到完全按要求缮制,一点也不能含糊,不然会使单证不符,遭开证行拒付款。

二、运输单据

运输单据是指出口商将货物交给承运人办理装运时,由承运人签发给出口商的证明文件,其中包括由船公司或其代理人签发的海运提单、由多式联运经营人签发的多式联运单据、由铁道部门签发的国际货协运单、由航空公司或其代理人签发的空运运单、由邮局签发的邮包收据等,现分别介绍。

海运提单(Bill of Lading)

1. 海运提单的性质和作用

海运提单是船方或其代理人在收到其承运的货物时签发给托运人的货物收据;也是承运人与托运人之间的运输契约的证明;在法律上它具有物权证书的效用。收货人在目的港提取货物时必须提交正本提单。由于海运提单具有以上重要作用,因此它是出口单据中的主要单据之一。

2. 海运提单的格式和内容

提单的格式很多,每个船公司都有自己的提单格式,但基本内容大致相同,一般包括以下项目。

(1)托运人(Shipper)。

(2)收货人(Consignee)。

(3)被通知人(Notify Party)。

(4)收货地或装货港(Place of Receipt or Port of Loading)。

(5)目的地或卸货港(Destination or Port of Discharge)。

(6)船名及航次(Vessel's Name & Voyage Number)。

(7)唛头和件号(Shipping Marks & Numbers)。

(8)货名及件数(Description of Goods & Number of Packages)。

(9)重量和体积(Weight & Measurement)。

(10)运费预付或运费到付(Freight Prepaid or Freight Collect)。

(11)正本提单的张数(Number of Original B/L)。

（12）船公司或其代理人的签章（Name & Signature of the Carrier）。

（13）签发提单的地点及日期（Place & Date of Issue）。

3. 海运提单的种类

随着国际航运业的不断发展,提单的种类也日益增多,目前常见的有以下几种。

（1）已装船提单（Shipped on Board B/L）,其特点是提单上必须以文字表明货物已经装在船上。

（2）收妥备运提单（Received for Shipment B/L）：其特点是在提单上只说明货物已经收到,准备装船,但在签发该提单时尚未装船。

（3）直运提单（Direct B/L）：即不可转船提单,提单上不得出现"在某地转船"字样。

（4）转运提单和全程提单：货物在装运港装船后,需要在中途换装另一船只运往目的港,有的甚至换船不止一次,在这种情况下签发的提单称转运提单（Transhipment B/L）,这种提单有时也称全程提单（Through B/L）,但后者可在中途换装其他运输工具,而前者仅限于转船。

（5）多式联运单据或多式联运提单（Combined Transport Documents – C. T. D. or Combined Transport B/L – C. T. B/L）：根据国际商会第298号出版物的定义,凡是使用两种或两种以上的不同运输方式将货物自起运地运至目的地,承运人可以向托运人签发联合运输单据。至于C. T. B/L的运输方式至少有一种是海上或内地水路运输,至少另一种不是海上运输。尽管理论上如此,事实上目前国内外各航运公司所签发的"联合运输提单"往往是双重功能的,既适用于多式联运,也适用于从我国港口直接运美国、欧洲、澳洲、日本等国外某一港口的集装箱货物运输。

（6）集装箱提单（Container B/L）：凡是以集装箱装运货物的提单叫做集装箱提单。集装箱提单有两种形式：一种是在普通的海运提单上加注"用集装箱装运"（Containerized）字样；另一种是使用"多式联运提单"（Combined Transport B/L）。使用多式联运提单应在信用证上有注明"Combined Transport B/L acceptable"或类似的条款。

（7）舱面提单（On Deck B/L）：凡货物装在船舶的舱面的提单称为舱面提单,提单上注明"在舱面"（On Deck）字样。因为一般货物如果装在舱面容易遭受损失,所以除非信用证特许,银行从来不接受舱面提单。近年来,由于集装箱运输的发展,情况有所变化,600号中第二十六条规定："运输单据不得表明货物装于或将装于舱面。声明货物可能被装于舱面的运输单据条款可以接受。但还是要避免这类字样出现提单之上。

（8）记名提单（Straight B/L）：在提单的收货人栏内如果直接写明收货人的名称,或写明货物交付×××（Consigned to ×××）的,就是记名提单。这种提单的特点是收货人已经确定,不得进行转让。

(9)指示提单(Order B/L):凡是在收货人栏内打出"Order"一字的都叫做指示提单,其特点是可以通过指示人的背书而进行转让。

指示提单又可分为记名指示提单和不记名指示提单两种。记名指示就是指定该提单的指示人是谁,常见的有以下三种。

①"Order of Shipper"即由托运人指示。

②"Order of Applicant"即由开证人指示。

③"Order of Issuing Bank"即由开证行指示。

不记名指示提单在收货人栏内只打"Order"一字即可,但也必须由托运人背书方可转让。

(10)清洁提单或不清洁提单(Clean or Unclean B/L):清洁提单是指承运人对货物的表面状况或其他方面未加批注的提单。货物的表面状况一般是指货物的包装情况,如没有包装则指货物本身的外表情况。事实上,一般提单都印有"在提单内所列表面状况良好的货物已经装船"的词句,未加批注,说明货物装船时外观良好,但并不包含货物的内在质量。

不清洁提单是指承运人对货物的表面状况或其他方面另加批注的提单。例如包装破损、污染或不良等。对于不清洁提单,银行为了保障买方利益,可以拒绝接受。因此,为了安全议付回收货款,在货物装船时,如果发现问题应及时采取措施,对不良的包装或货物进行整修或调换,力求取得清洁提单。

(11)过期提单(Stale B/L):超过提单签发日期21天或超过信用证特定期限向银行提交的提单称为过期提单。除非信用证有特许条款,银行可以拒绝接受过期提单。

(12)全式提单或简式提单(Long Form or Short Form B/L):凡是在提单的背面印有船方承运条款细则的叫做全式提单;反之就是简式提单。

(13)运输代理行提单(House B/L)和成组提单(Groupage Bill of Lading):为了节省费用,简化手续,运输代理行往往将不同出口人的小批量商品集中在一个提单上装运,由承运人签发成组提单(Groupage B/L)给运输代理行,运输代理行再分别向各出口商签发"House B/L",作为装运货物的收据。从法律上讲,"House B/L"不是一种给予收货人或受让人有权向承运人要求货物的物权凭证。如果需要使用此种单据办理议付,则需在信用证上规定:"House Bill of Lading Acceptable"。

4. 海运提单的实例

此提单系根据 NO.04/3075999 号信用证(详见第八章第二节)和发票 WG10/005(详见第八章第五节)内容而填制的海运提单(表8-2)。

按提单上原有的项目和增加的注号,分别讲解如下。

①托运人(Shipper):一般为出口商(信用证受益人)。个别信用证要求以某一第

表8-2　海运提单

中远集装箱运输有限公司
COSCO CONTAINER LINES

ORIGINAL

TLX：33057 COSCO CN
FAX：+86（21）65458984

PORT TO PORT OR COMBINED TRANSPORT BILL OF LADING

1. Shipper Insert Name Address and Phone/Fax TEXTILE & GARMENTS EXPORT CO. ,LTD. , No. 78 ,ZHONGGUO RQAD, QINGDAO ,CHINA.	Booking No. ⑫ 6032956490	Bill of Lading No. COSU6032956490⑬
	Export References	
2. Consigness Insert Name Address and Phone/Fax TO THE ORDER OF DLAND BANK PLC. , LONDON.	Forwarding Agent and References	
	Point and Country of Origin	
3. Notify Party Insert Name Address and Phone/Fax （It is agreed that no responsibility shall attach to the Carrier or his agents for failure to notify） LONDON IMPORT CO. ,LTD. , No. 5 ,CEMERY STREET, LONDON ,UK.	Also Notify Party – routing & Instuctions	
4. Combined　　Transport * Pre – Carriage by	5. Combined　Transport　* Place of Receipt QINGDAO ,CHINA	
6. Ocean Vessel Voy. No. HAMBURG BRIDGE 004W	7. Port of Loading QINGDAO ,CHINA	Service Contract No.　　Commodity Code
8. Port of Discharge	9. Combined Transport * Place of Delivery LONDON	Type of Movement FCL/FCL　　　　　　　　CY – CY

Marks & Nos. Container/Seal No.	No. of Container or Packages	Description of Goods （If Dangerous Goods, See Clause 20）	Gross Weight	Measurement
⑭ – L. I. C. S/C No. WG10/005 LONDON No. 1 – 126	126 CARTONS ⑮	MEN'S PYJAMAS. ⑯	⑰2750 KGS	⑱12. 5 CBM
⑲OCEAN FREIGHT PREPAID ⑳ ⎰ON CY – CY TERM 　 ⎱SHIPPER'S LOAD ,COUNT AND SEAL				

续表

㉑CBHU2991868/M77041 ㉒		㉓FCL/FCL		

Declared Cargo. Value US $	Description of Contents for Shipper's Use Only (Not part of This B/L Contract)

10. Total Number of Containers and / or Packages(in words) Subject to Clause 7 Limitation ONE CONIAINER   SAY ONE NUNDRED TWENTY SIX CARTONS ONLY.

11. Freight & Charges	Revenue Tons	Rate	Per	Amount	Prepaid	Collect	Freight & Charges Payable at/by

Received in external apparent good order and condition except as otherwise noted. The total number of the packages or units stuffed in the container, the description of the goods and the weights shown in this Bill of Lading are furnished by the merchants; and which the carrier has no reasonable means of checking and is not a part of this Bills of Lading contract. The carrier has issued THREE ORIGINAL.㉔ ginal Bills of Lading, all of this tenor and date, one of the original Bills of Lading must be surrendered and endorsed or signed against the delivery of the shipment and whereupon any other original Bills of Lading shall be void. The merchants agree to be bound by the terms and* Applicable Only When Document Used as a Combined Transport Bill of Lading.

Date Laden on Board 25th April,2010 ㉕
Signed by：

青岛中远集装箱船务代理有限公司 ㉗
COSCO ONGOAO COHTNNER SHIPPING AGENCY COITD.

9805 Date of Issue   25 APril, Place of Issue QINGDAO
  ㉖   2010.

Signed for the Carrier, COSO CONIAINER LIAIES

魏玉恨（E）
As Agent NANAGEH

185

三者作为托运人,亦可酌情接受办理。

②收货人(Consignee):如属信用证项下的提单必须严格按照信用证的提单条款缮打,不要擅自改动;如果是托收项下的提单,则一般只能做空白指示或托运人指示提单,即打"Order"或"Order of Shipper",然后加上托运人的背书,送交托收银行。托收项下的提单切不可做成以买方为抬头人的记名提单,也不可做成为买方为指示人的指示提单,避免在货款尚未收到时,货权即已转移。

③被通知人(Notify Party):这是货物到达目的港时船方发送到货通知的对象,有时即为进口人。如果是记名提单或收货人指示提单,而收货人又有详细地址的,则此栏可以不填,信用证也往往不作规定。如果是空白指示提单或托运人指示提单,则必须填写被通知人名称及详细地址,否则船方将无法与收货人联系。在信用证项下的提单,当信用证对提单被通知人有具体规定时,则必须严格按信用证的规定缮打。

④"Pre - carriage by"是指首程运输工具,可根据实际情况填写"火车"(Train)、"卡车"(Truck)等。用于从内陆地点算起始交货,即陆海联运。如从海港直接装船,则不用填写内容。

⑤"Place of Receipt"收货地点:可根据实际情况填写"北京"(Beijing)、南京(Nanjing)或上海(Shanghai)等地名。用于陆海联运,从港口直接装船,则不用填写内容。

⑥Ocean Vessel Voy. No.,填船名和航次。

⑦Port of Loading,装船港的具体名称,必须填具体港口,不能填"中国的港口"。

⑧卸货港(Port of Discharge):填写货物自所装载的船只(即第一程海运船只)卸下的地点,如经香港转船则应填写(Hongkong)。不转船则不填内容。

⑨"Combined Transport"Place of Delivery. 海陆联运最后交货地。如果只在卸货港交货,只填港口名,如此提单目的地港为 LONDON,只填 LONDON 即可;如果从 LONDON 转到内陆城市,填 LONDON INTRANSIT TO 内陆城市,或填为内陆城市名 + VIA LONDON。注意信用证或买卖合同规定的最后目的地。如遇有同名港,则必须加打国名,并注意与发票的价格条件及目的地相符。

⑩Total Number of Containers and Packages (in words),集装箱总数或包装总件数大写。此处填一个集装箱,再填大写126箱即可。但须注意大小写件数相一致。

⑪运费(Freight & Charges):此栏一般可不填写,但如信用证规定提单须列明运费,则在此栏打出运费及运费总额。

⑫Booking NO.,托运人订舱单号。

⑬提单号码(B/L NO.):便于工作联系和核查,提单必须编号。发货人向收货人发送装船通知的主要内容也包括船名及提单号码。

⑭唛头(Shipping Marks):如信用证有规定按规定打(应与发票核对是否一致);

信用证没有规定,可按发票上的唛头缮打。

⑮小写件数(Number of Packages):应与唛头中的件号的累积数相符。

⑯货名(Description of Goods):除信用证另有规定者外,只要打出货物的统称即可,不必详列商品的规格、成分等。

⑰毛重(Gross Weight):打出货物的毛重总数,除信用证另有规定者外,一般以公斤为计重单位。

⑱尺码(Measurement):即货物的体积,除信用证另有规定者外,一般以立方 m^3 米为计算单位,要保留小数三位。

⑲运费支付情况的说明:应参照发票中价格条件填写,如成交价为 CIF 或 CFR 则应打"Freight Prepaid"(运费预付,运费已付);如成交价为 FOB 则应打"Freight Collect",以明确运费由谁支付。

⑳ON CY – CY Term, Shipper's Load, Count and Seal,(集装箱)堆场至堆场条款,由托运人点的数、装箱和封箱。本提单项下的货物是由承运人拉空柜到生产厂装货,货由托运人点数、装柜和铅封好,再拉到码头装船,对于柜里所装货的数量、包装承运人没有参与点数和装柜,所以加此批注以分清责任。只要到目的港铅封不破,把柜交给收货人,即完成交货责任。至于柜里的数量、包装情况有问题,也不负责任。600 号规定,银行可以接受加此注的提单。

㉑CBHU 2991868 为集装箱号。

㉒M77041 为铅封号。

㉓FCL 为整箱,非拼柜。

㉔正本提单的份数(Number of Original B/L):如信用证有具体份数规定的,须按规定打;若信用证规定为全套,则作为 2 份或 3 份均可,并用大写 TWO 或 THREE 表示。正本提单不论多少张,其中任何一张正本提货后,其他各张正本即告失效。本提单是根据信用证要求出具三份提单。

㉕Date Laden on Board,装船日期,根据证规定填为 15th April,2010,证期 4 月 30 日,不晚于交货期。这是已装上船的批注(如果是多式联运提单则是"收妥待运"性质提单,如果信用证要求注明装船日期,或要求提供"已装船"提单(Shipped on Board B/L),则需在此加盖装船日期章,并由船方签字或简签。

㉖Date of Issue,提单出具日期,Place of Issue,提单出具地,一般出具日期与装船日期相同,但不能迟于或合同规定的最迟装船日期,审核时要仔细。如在青岛港装船,所以填青岛。

㉗船方的签字和印章:每张正本提单都必须有船方或其代理人的印章方始有效,公司收到提单后应逐张检查签章有无遗漏;同时注意信用证是否有提单必须手签的条款,对于提单签字,600 号有新的规定,现抄录如下:"显示承运人名称并由下列人

员签署:承运人或承运人的具名代理或代表,或船长或船长的具名代理或代表。承运人、船长或代理的任何签字必须分别表明承运人、船长或代理的身份。代理的签字必须显示是否作为承运人或船长的代理或代表签署提单。"

以此提单为例,过去只列出船代理名称,并注明 AS AGENT,再签名即可。现在增加签名人,必须注明其职务是什么。如果签名人是公司经理,则注明 MANAGER。

三、其他运输单据

除了海运以外,还有航空运输和铁路运输。航空运输主要用于数量大的样品,或要求交货快、数量少时。铁路运输主要用于出口到一些内陆没有港口的邻国,像俄罗斯、蒙古、中亚国家等。

航空运输由航空公司出具"航空提单"(AIRWAY BILL – AWB),铁路运输由铁路运输部门出具"承运货物收据"(CARGO RECEIPT – C/R)。由于这两类运输单据都由运输部门根据托运人提供的相关资料和实际货物缮制,所以,出口业务员遇到这两类交货,最简单的方法是去承运部门问清需提供的资料,如果是信用证项下,对证中的内容要向承运部门提供清楚,以便承运部门缮制出符合信用要求的单据,另外收到此类单据,要仔细审核是否与证的要求完全符合,以免影响议付。

遇到空运交货,可查询 600 号中的第二十三条的规定。遇到公路、铁路或内陆水运交货,可查询 600 号中的第二十四条的相关规定。600 号中的第二十五条中有快递收据、邮政收据或投邮证明的相关规定。

四、保险单据

(一)保险单据的作用

在出口货物从卖方运到买方的长途运输和装卸过程中,常常因自然灾害、意外事故或其他外来原因遭受损失。为了在货物损失后获得经济补偿,货主在货物储运前就必须及时向保险公司办理投保。保险公司在接受投保后必须签发承保凭证,此项凭证是保险人(即保险公司)与被保险人(即投保人)之间订立的保险合同,在保险的货物遭受合同责任范围内的损失时,它是被保险人索赔和保险人理赔的主要依据;在CIF 交易中,它又是卖方必须向买方提供的出口单据之一。

(二)保险单据的种类

1. 保险单(Insurance Policy)

俗称大保单,是一种正规的保险合同,除载明被保险人(投保人)的名称,被保险货物(标的物)的名称、数量或重量、唛头、运输工具,保险的起讫地点、承保险别、保险金额、期限等项目外,还列有保险人的责任范围以及保险人和被保险人的各自权利、义务等方面的详细条款。保险单如同指示性的海运提单一样,也可由被保险人背书随物权的转移而转让。

2. 保险凭证(Insurance Certificate)

俗称小保单,是一种简化的保险合同,只是该凭证上不印详细条款,其余内容与保险单相同,并且具有保险单的同样效力。近年来,我保险公司为了实现单据的规范化,已逐渐废弃此类保险凭证而统一采用大保单。

3. 保险通知书或保险声明书(Insurance Declaration)

在 CFR 或 FOB 的交易中,保险由进口商办理。但有些进口商与国外保险公司订有预保合同,他们往往在信用证中订立条款,要求出口商在货物发运时向进口商指定的国外保险公司发出保险通知书,通知书的内容除出运货物的具体品名、数量/重量、金额、运输工具、运输日期等以外还要列明进口商名称和预保合同号码。此项通知是卖方为买方提供的装运后服务,其副本则被列为议付单据之一,必须在装运前备妥。

须加注意的是有些信用证所订条款要求提供"Acknowledgement of the Insurance Declaration"这应理解为国外保险公司对我保险通知的确认书,它需要在保险通知书发出后经过一段时间才能从国外寄回,如把它作为议付单证之一,将影响及时议付,对出口方是很不利的,我们一般不予接受,应修改为装船人的保险通知书副本(Copy of shipper's Insurance Declaration)

4. 批单(Endorsement)

批单是在保险单已经出立后,因保险内容有所变动,保险公司应被保险人要求所签发的批改保险内容的凭证,它具有补充、变更原单内容的作用。保险单一经批改,保险公司需按批改后的内容来承担责任。

批改内容如涉及保险金额的增加和保险责任范围的扩大,保险公司只有在证实货物未发生出险事故的情况下才同意办理。

批单原则上须粘贴在保险单上,并加盖骑缝章,作为保险单不可分割的一部分。

(三)保险条款和险别

我国现行的货物运输保险条款是中国人民保险公司(The People's Insurance Company of China)一九八一年一月一日修订的货物运输保险条款(China Insurance Clause),简称"中国保险条款"即(CIC)。我国出口货物的运输保险原则上采用此条款,但为配合出口,适应对外开放,在国外客户的要求下,我国保险公司也可接受国际上通行的伦敦保险学会条款(Insurance Cargo Clause 简称 ICC)。

中国保险条款分基本险和附加险两种。

1. 基本险

其按不同的运输方式又可分为以下几种。

(1)海洋运输货物保险条款(Ocean Marine Cargo Clauses, OMCC),其承保的险别

有以下几种。

①平安险（Free from Particular Average，FPA），其保险范围与伦敦保险学会的 ICC（C）条款相似。

②水渍险（With Particular Average 或 With Average，WPA 或 WA）与伦敦保险协会的 ICC（B）条款相似。

③一切险（All Risks）与伦敦保险学会的 ICC（A）条款相似。

（2）陆上运输货物保险条款（Overland Transportation Cargo Insurance Clauses），其承保险别有以下几种。

①陆运险（Overland Transportation Risks）。

②陆运一切险（Overland Transportation All Risks）。

（3）航空运输货物险条款（Air Transportation Cargo Insurance Clauses），其承保险别有以下几种。

①航空运输险（Air Transportation Risks）。

②航空运输一切险（Air Transportation All Risks）。

（4）邮包保险条款（Parcel Post Insurance Clauses）。

①邮包险（Parcel Post Risks）。

②邮包一切险（Parcel Post All Risks）。

以上四种运输方式的基本险，海运为三种，陆、空、邮运各为两种，投保时按不同的运输方式选保其一种。

纺织服装习惯上选用一切险，虽费率略高，但它的责任范围大于其他基本险。例如海运一切险包括平安险和水渍险的责任外，还对保险货物在运输过程中因各种外来因素造成的损失，不论损失程度大小，均负赔偿责任。

海运水渍险除包括平安险的责任外，还扩大负责平安险不负责的部分损失。

以上各种基本险的具体责任范围可参阅中国人民保险公司的有关条款。

2. 附加险（Additional Risk）

附加险是不能单独成立的险别，它必须附属在基本险身上。因此，只有在投保了基本险后才能加保附加险。基本险只能选用一种，附加险则根据投保方需要多少种都可以。

附加险（不分海、陆、空、邮）包括一般附加险、特别附加险和特殊附加险。兹将适用于纺织服装的附加险择要分类如下。

（1）一般附加险。

①偷窃提货不着险（Risks of Theft，Pilferage and Non－delivery，TPND）。

②淡水雨淋险（Rain Fresh Water Damage，RFWD）。

③钩损险（Hook Damage）。

④混杂玷污险(Intermixture and Contamination Risks)。

⑤短量险(Risk of Shortage)。

⑥包装破裂险(Loss &/or Damage Caused by Breakage of Package)。

⑦受潮受热险(Damage Caused by Sweating &/or Heating)。

一般附加险实质上都包括在一切险之内,只要投保了一切险,就没有必要再保一般附加险中的任何一种险了。但有的国外贸易商和开证银行并不熟悉保险条款,因此在信用证条款中往往作多余的规定。例如 ALL Risks and TPND,由于 ALL Risks 已经包括了 TPND,这里的 TPND 完全是多余的。但为了单、证一致,我们的保险单必须依样画葫芦,把 ALL Risks 和 TPND 都表明在承保险别栏内。

(2)特别附加险。

①交货不到险(Risk of Failure to Deliver)。保险货物从装上船舶时起,满六个月未运到目的地交货,不论任何原因,保险公司按全额赔付。这种交货不到和提货不着(Non – delivery)是不同的,它往往不是运输原因而是政治上的因素所造成的。例如禁运、在中途港被迫卸货等。

②进口关税险(Import Duty Risk)。进口关税系按照进口时完好货物的价值来征收的,货物在进口时发生损坏或短缺,对该损失、短缺部分,有些国家规定可按其价值退、免税;有些国家则规定必须由纳税人证明是在进口前发生的才能退、免税,对进口后发生的损、短不能退免;也有些国家规定,对进口前发生的部分损失也不能退免。

进口关税险,由保险公司承保这部分关税的损失。也就是说,保险货物发生保险责任内的损失,不论是在进口前或进口后发生的,如须按货物的完好价值完税,保险公司对这部分关税损失予以负责。

关税险的保额,系由进口人根据其本国进口关税的税率考虑确定,通常都是按发票额的若干成投保。在保单上应将其保额单独列明,因而发生的额外保险费,一般应由进口人承担。

③舱面险(On Deck Risk)。海运货物一般装在船舱内,这是因为货物装在舱面极易受损,雨淋浪打水湿更为难免,但有些货物因体积过大、有些货物装在舱内会影响同仓货物的安全,不得不装在甲板上,这就需要加保舱面险以资保障。

④拒收险(Rejection Risk)。保险货物在进口时,不论什么原因被进口港或者有关当局拒绝进口或没收因而发生的损失,可以得到赔偿。

(3)特殊附加险。

①战争险(War Risk)。

②罢工、暴动民变险(Risk of Strikes,Riots and Civil Commotion,SRCC),此险实际上包括在战争险内,进口人要求加保罢工险,我保险公司可以承保,在投保战争险前提下,加保罢工险不另加费。如仅要求加保罢工险,则按战争险费率收费。

以上特别附加险和特殊附加险都不包括在一切险的责任范围内,如需投保,须在一切险之外,另行加保,并另行计费。

3. 信用证中常见的保险条款和习语

除了以上基本险和附加险以外,现对信用证中经常出现的一些保险条款和习语说明如下。

(1)转运险(Transhipment Risk)。转运属于保险责任起讫范围内。目前,我保险公司的扩展责任(Extended Cover)包括转运期间的责任。保了基本险,只要在保险单上加注转运险字样即可,不另计保费。

(2)内陆附加险(Inland Extended Cover)。货卸目的港后须继续转运到内陆,客户多要求将保险责任扩展至内陆,我保险公司可接受加保内陆附加险,但需加收保险费。

(3)仓至仓条款(Warehouse to Warehouse Clause,简称 W/W)。此条款是保险责任的起讫期限。不同的运输方式,保险责任的起讫也各不相同。

①海运"仓至仓":保险公司对被保险货物所负责任从运离保险单载明的起运港(地)发货人的仓库开始,到保险单载明的目的港(地)收货人的仓库为止,货物一经进入收货人的仓库,保险责任马上终止,在仓库中发生的损失不属保险责任。

但是,海运货物从目的港卸离海轮起算满 60 天,即使保险货物未进入收货人的仓库,保险责任也告终止。

②陆运"仓至仓"同海运一样,但到达目的地 60 天期限是以货物到达最后卸货车站起算。

③空运"仓至仓"与海运有所不同,当保险货物卸离目的地飞机后满 30 天虽未进入目的地收货人仓库,保险责任即告终止。

④邮运险不适用"仓至仓"条款。邮运险的起讫责任自被保险邮包离开保险单所载起运地点寄件人的处所运往邮局时开始生效,直至邮包运达目的地邮局,自该邮局签发到货通知书当日午夜起满 15 天终止,在这期限内邮包交付给收货人时保险责任也告终止。

(4)码头检验条款(Survey at Jetty Clause)。对偷窃短少的损失,只保到最后卸货港卸至码头货棚为止,并以保险公司在当地的代理人确定的损失为准。对一些国家港口的出口,因当地港口条件较差,偷窃严重,为限制"仓至仓"条款和 TPND 险规定的责任范围,我保险公司对出口至上述国家港口的货物保险,承保时须增加此条款以限制其风险范围。

(5)抛掷、海水冲击险(Jettison &/or Washing over Board,JWOB)。此条款一般适用于集装箱运输,因为集装箱有的装在舱内,有的装在舱面,装在舱面的集装箱有被抛掷和受风浪冲击落水的风险。

（6）不计免赔率（Irrespective of Percentage，IOP）。纺织服装商品无自然消耗，保险公司本来就不计免赔率，发生短损，在保险责任范围内按保险金额足额赔偿。

（7）卖方利益险（Contingency Insurance Clause Covers Seller's Interest Only）。在 CFR 交易以无证托收为付款方式的情况下，保险由买方办理。这里存在着一个问题，即买方赎单付款前如货物出险，卖方毫无保障，因此卖方有必要投保卖方利益险。出险后，卖方可根据投保的卖方利益险向保险公司索赔，此项保险费按承保原险别费率四分之一计收。

（四）办理保险的工作程序

1. 投保

出口公司一般在发票制妥后（海运在船只配妥不再发生变化后），即可办理投保。

为了简化工作，保险公司一般不硬性要求出口公司填制公司制定的投保单，而可以利用出口公司现成的发票副本代替投保单，但在发票副本上须填以下项目。

（1）运输工具：如海运须加注船名和航次，如转船须加说明。

（2）开行日期：海运一般可用 As per B/L。

（3）承保险别：根据信用证保险条款。

（4）投保金额：根据信用证保险条款，原则上为发票金额的110%。如发票扣佣，佣金应保在内，即按毛额加成投保；如发票有折扣，折扣金额可不保进去，按净额加成投保；但如来证条款为按发票全额（Full Invoice Value）加保，则均按毛额加成投保。

（5）赔款地点：根据信用证保险条款填写。

（6）保单份数：根据信用证保险条款提供。

（7）投保日期：不得迟于装运日期。

（8）其他要求：例如信用证要求出具保险收据，指定保险单的抬头人等，都须在投保时特别提出，以便保险公司在缮制保险单时参照办理。最简的办法是将信用证中有关保险要求内容的段落复印一份连同发票等资料提供保险公司。

2. 保险单的缮制和审核

保险公司根据上述资料缮制保险单，出口公司收到保险单后，根据信用证及发票等单据进行审核，现将其内容逐项说明如下。

①保险公司名称。

②单据名称。

③编号。

④投保人名称：应与信用证的受益人一致。如信用证规定过户给银行或第三者时，则在投保人之后加打 Held to the order of ×××。

⑤标记：参照发票上的货物标记。一种简化的办法是打上 As per Invoice No. ×××，这是因为保险索赔时必须提供发票，使两种单据可互相参照。

⑥包装及数量：参照发票填写。

⑦保险货物项目:可使用大类货物名称(如 Cotton Piece Goods),因 600 号第十四条(e)款规定:"除商业发票外,其他单据中的货物、服务或履约行为的描述,如果有的话,可使用与信用证中的描述不相矛盾的概括性用语。据此,使用大类货物名称,银行可以接受,但应与提单、产地证上的大类货物名称相一致。

⑧和⑨保险金额:按信用证条款加成,小数点后尾数一律进为整数,大写与小写金额必须一致。投保及赔款的货币名称必须与信用证的货币一致。

⑩保费及费率:一般只写"按照约定(as arranged)",但来证如要求标明保费及费率,则应写上具体数字及费率。

⑪运输工具:海运须写船名,有时包括航次,如投保时已明确须在途中转船,则在第一程船名后加写第二程船名;如第二程船名未能预知,在第一程后加写 &/or Steamers。

a. 火车运输,可写 By Train。

b. 航空运输,可写 By Air freight 或 Airplane。

c. 邮包运输,可写 By Parcel Post。

d. 陆海联运,可写 By Train &/or Steamers。

e. 海陆联运,第一程船名后加写 &/or Other Conveyance。

f. 陆空陆 TAT 联运,可写 By Train /Air/Truck。

⑫开行日期:海运用 As per B/L,陆运用 As per Cargo Receipt,空运用 As per Airway Bill,邮运用 As per Post Receipt。

⑬运输起迄地:参照提单,如中途转船须写明 With Transhipment。

⑭承保险别:按投保资料缮制,险别内容必须与信用证有关条款保持表面一致。

⑮保险公司在目的地或就近地区的代理人:应有详细地址,以便收货人在出险后向其联系和索赔。

⑯赔款地点:一般为进口人所在地。

⑰保险单签发日期和地点:保单日期应早于运输单据日期,为了便于掌握,有些出口公司要求保险公司在缮制保单时把发票日期作为保险单日期,因为发票总是在货物起运前缮打的。

⑱保险公司签章。

3. 保险单的注意事项

(1)出口公司取得保险公司签发的保险单后,凡是以出口公司为投保人的均须加背书,以利转让。信用证无特殊规定的都做空白背书,在保险单背面盖上出口公司和负责人签字式样的橡皮图章即可。如信用证规定背书给××银行则须在橡皮图章上端加打"Claim if any pay to the order of ×××× Bank"。

(2)保险单内容须与信用证、发票、提单的有关内容三者相互核对,做到单证、单单的完全一致。

(3)超过合同规定的附加险或超额保险费用须联系开证人争取由开证人负担,或征得代理商同意在其佣金中扣除之。遇到此情况,须在收到证后马上联系开证人解决,不要等到装船时再联系。

保险单据目前都由投保人提供相关资料,保险公司据以缮制。出口业务员的关键工作是收到制妥的保险单的审核工作。信用证项下保单必须与证的要求完全一致,然后再审查其他基本内容。有关内容本条详细列出,所以不再列举具体范例。

至于非信用证项下的保险单的填制和审核,可参照信用证项下的作法。

五、包装单据

(一)包装单据(Packing Documents)

包装单据是指一切记载或描述商品包装情况的单据。

出口商品在运输途中,有的不需包装,如谷物、矿砂、煤炭等,称之为"散装货物"(Bulk Cargo)。而绝大多数商品,必须加以适当的包装后才能装运出口,以保护该商品在运输途中的安全,如纺织品、轻工产品和食品等极大部分都属于所谓"包装货物"(Packed Cargo)。

纺织服装出口花色品种繁多,在一批货物中,往往包括若干个不同的货号,每一货号中又有若干不同的花型、不同的颜色和尺码搭配,如果没有包装单据来说明商品的包装情况,进口商将无法知道每件货物包件内的具体内容,无法对该批货物进行分发和销售,除非拆包或拆箱查看,这就需要支出很大一笔费用,他们必然会向公司提出不满意见甚至索赔,因此,认真做好包装单据,也是出口方单证的一项极为重要的工作。

常用的包装单据有以下几种。

(1)装箱单(Packing List/Packing Slip)。

(2)包装说明(Packing Specification)。

(3)详细装箱单(Detailed Packing List)。

(4)包装提要(Packing Summary)。

(5)重量单(Weight List/Weight Note)。

(6)重量证书(Weight Certificate/Certificate of Weight)。

(7)磅码单(Weight Memo)。

(8)尺码单(Measurement List)。

(9)花色搭配单(Assortment List)。

根据不同商品按信用证的条款提供适当的包装单据,应以既能符合信用证的规定,为银行所接受,又能满足客户的要求为原则。

如果信用证的条款只要求提供装箱单(Packing List/Packing Slip),而无任何特殊规定,可提供一般装箱单,将货物的包装情况作简要的说明即可。

如果信用证条款要求提供"详细装箱单",则必须提供尽可能详细的装箱内容,描述每件包装的细节,包括商品的货号、色号、尺寸搭配、毛净重及包装的尺码等。

(二)缮制包装单据应注意事项

(1)单据名称必须完全符合信用证的规定,因为包装单据的内容,既包括商品内容,也包括包装的种类和件数、每件毛净重和毛净总重量、每件尺码和总尺码(体积),所以,无论信用证要求的包装单据是什么名称,都必须按其规定照打。

(2)信用证的特殊规定必须在单据中充分体现出来。如信用证规定:每件装一胶带、每打装一盒、每 20 打装一箱,则须注明:"Packing:Each piece in a poly bag,each dozen in a cardboard box and then 20 dozens in a carton"。

(3)装箱单据一般不应显示货物的单、总价,因为进口商在转移这些单据给实际买户时不愿泄露其购买成本。

(4)本书共有纱线、坯布、花色布、家用纺织和服装五大类商品,每类的装箱/包单内容都不尽相同,最麻烦的是服装装箱单的缮制。如果信用证上对装箱单内容有明确规定,照做即可。但一般证上只列出"要装箱单和要几份",并无详细内容要求。笔者建议把制单人自己变成买方。当买方收到几百箱或包货时,要销售要使用,怎样才能不开箱不开包而能知道要找的货在哪箱在哪包,而只凭装箱单就能找到。所以,仔细思考一下,就能缮制出买方需要的装箱单。

(三)一个梭织服装装箱单范例和讲解

装箱单表 8-3 是根据合同 S/C NO.WG10/06、信用证 NO.04/3075999 和发票 NO.WG10/005 而缮制,现逐条讲解如下。

①出口公司名称。可以不列,但列上显得正规。如证有要求,则必须列。

②PACKING LIST,装箱单。字体要大粗一些,显得醒目。

③PAGE,页数。有时内容较多,一页列不完,需多页,此时需标上为第几页。

④INVOICE NO.,发票号,必须填上,因为装箱单是发票的补充,只有两者内容合起来才能把货物整个情况描述清楚。

⑤S/C NO.,合约号。可以列出,也可不列出。特别是非信用证项下列出便于参考。

⑥DATE,日期。注意日期与发票同日为宜,绝对不能晚于最迟装货日期。

⑦SHIPPING MARKS,唛头。有规定唛头即照发票填,没有唛头则打 N/M 无唛头,主要是为了买方找货时参考。

⑧MEN'S PYJAMAS,男睡衣套。为商品简单总名称,不必太详细。

⑨商品包装详细情况,从这部分内容可以不必开箱即可查到某箱号箱内所装花型、尺码和每码的数量,对买方销售选货非常方便。

这一部分内容是缮制装箱单最难最关键部分。如果买方订单上列出来每箱的装法,照打即可。如果没有列出,只有花型/染色、尺码的数量比例,就要费点思考,如何

表 8 – 3　装箱单

①纺织服装出口有限公司
Textlle & Garments Export Co., Ltd. ①

②装箱单/重量单
PACKING LIST/WEIGHT LIST②

③页数
Page:1
④发票号码
INVOICE No. WG10/005

⑤合同号：
S/C No. WG10/06
⑥日期
DATE　15th April,2010

SHIPPING MARKS ⑦

L. L. C.
S/C No. WG10/005
LONDON
No. 1 – 126

MEN'S PYJAMAS. ⑧

⑨ Carton No.	Design No.	Size	S	M	L	XL	QTY	per	carton	Total
1 – 62	No. 1		8	12	12	8	=	40 sets		
63	″		4	6	6	4	=	20	″	= 2500 sets
64 – 125	No. 2		8	12	12	8	=	40	″	= 2500 ″
126	″		4	6	6	4	=	20	″	5000 sets

⑩Packed in 126 cartons only.
⑪Gross Weight:2750 KGS.
⑫Net Weight:2250 KGS.
⑬Measurement:50 × 50 × 40cm × 124 = 12.4M3
　　　　　　　50 × 25 × 40cm × 2 = 0.1M3

Total 12.5M3

⑭
纺织服装出口有限公司
Textile & Garments Exports Co. ,Ltd.

MANAGER

合理清楚地排列,才能使买方满意。特别是服装装箱单,合同内容变化多端,没有规律可循。对于新入行的出口业务员,生产厂的装箱单是最好的参考。

⑩PACKED IN 126 CARTONS,(本批货)共装在126个纸箱内。必须有这句话。

⑪GROSS WEIGHT,毛重。

⑫NEIGHT WEIGHT,净重。

⑬MEASUREMENT,体积。此项分为三种情况:如果信用证上没有规定,可以不填;如果证中要求详细地列出各种不同箱子的单个尺寸和体积,则须细列;如果只简单要求列出体积,填上总体积数即可。

⑭出口公司名,印好或盖章,要与发票一致。

六、汇票

汇票(Bill of Exchange 或 Exchange)是一个书面的无条件的支付命令,在出口贸易中一般用于出口人(债权人)向进口人(债务人)索取货款,要求进口商见票立即或在一定时期内向持票人支付一定数额的某种货币。

出口人开立的汇票属于商业汇票,它和银行汇票不同。银行汇票是顺汇法,票据和资金的流向是一致的;商业汇票是逆汇法,票据和资金的流向是相反的。

汇票属于资金单据,经过付款人承兑的汇票,是一种有价证券,往往可以代替货币进行转让或流通。为了防止丢失,在出口贸易中使用的商业汇票一般都有两张正本,即 First of Exchange(第一正本)和 Second of Exchange(第二正本)。两张正本具有同等效力,但付款人付一不付二,付二不付一,先到先付,后到无效。所以在汇票的 First of Exchange 中注明"Second Exchange being unpaid",而在 Second of Exchange 中注明"First Exchange being unpaid"。银行在传送单据时,一般将两张正本汇票分为两个邮次向国外寄发,以防在一个邮次中全部丢失。

(一)汇票的必要项目

(1)写明"汇票"(Exchange)字样。

(2)有小写和大写的货币名称和金额。

(3)有出票日期和地点。

(4)有适当的文句表明为无条件的支付命令。

(5)有付款期限。

(6)有收款人名称。

(7)有付款人的名称和地址。

(8)有出票人的名称和负责人的签字或印章。

以上八点是汇票的要项,还可以加注"出票条款"(Drawn Clause),如在信用证项下的汇票中均应打明"Drawn under ×××(开证行名称)Irrevocable Letter of Credit

No.×××(信用证号码)dated ××(开证日期)";而在托收汇票中则可酌情打明"Drawn under ×××(合约号码)covering ×××(商品数量及名称)"以说明开出汇票的依据。

(二)L/C NO.04/3075999 项下汇票具体范例(表8-4)和讲解

表8-4的解释如下:

①银行编号:由付议行填写,主要是为了业务方便。

②汇票号码:供查考使用,一般使用发票号码,一看便知其所属发票。

③出票地点和日期:一般出票地点是印好的,出票日期往往由付议行参照货运单据的日期填写。

④票据名称:"EXCHANGE"即表明为"汇票"。

⑤小写金额:先打货币代号,紧接着以阿拉伯数字表明金额,一般保留两位小数点,第三位小数四舍五入,应端正地打在虚线格内,不得涂改。

⑥付款方式和付款期限:如果是即期付款方式,AT SIGHT,则在空中打六个点;如果是远期,如60天,则打60 days;如果不是从见票日期起算,而是从提单日期起算60天付款,则将 SIGHT 一字划去,填(AT)60 DAYS FROM DATE OF B/L。

⑦付一不付二。

⑧收款人:填付议行名称。注意不是填出口人名称。

⑨大写金额:由四个部分组成,IN WORDS 或 SAY+货币全称+金额的数目文字+ONLY。注意金额数字必须与上面小写阿拉伯数字相一致。

⑩出票条款:共三项内容:开证行名+信用证号和开证日期。注意信用证上的规定,如有 DRAWN ON US,填开证行,如果证中有规定 DRAWN ON 某银行,则填某银行名。

⑪付款人:证中有规定指示由某银行付款,则填某银行名;没有特别指示,则填开证行名。两者都须填清楚付款行的全称和详细地址。

⑫出票人:在汇票的右下角打上(或印上)出票人的中英文名称,并由负责人签字或盖章。

除以上内容外,在填写信用证项下的汇票时,还应注意以下几点。

a. 汇票金额不得超过信用证金额,信用证金额有允许增减幅度时,不超过允许的则可在10%的幅度内增减,原则上应与商品数量的增减幅度相适应。

b. 汇票收款人须按信用证规定填写,如信用证未作规定,一般应填写付议银行。

c. 汇票的付款人必须按信用证的规定详细填写,地址不要省略,因为付款银行在同一城市往往有多处分行,如果地址缺漏或错误,则会造成收汇延误。个别信用证未规定汇票付款人时,则应以开证银行为付款人。

d. 汇票的出票人应是信用证的受益人,必须将受益人的全称打/印在汇票的右下角,并加上负责人的签字或盖章。

表 8-4 汇票

(三)非信用证项下的一般托收汇票

一般托收汇票的内容与信用证项下汇票内容基本相同,只有几处不同,以上面 NO.WG10/005 信用证项下汇票相比较,有下列几处不同。

(1)一般没有银行编号。

(2)收款人,填卖方/出口人名称。

(3)出票条款,可以不填,也可以填"DRAWN UNDER ×××(合约号)COVER-ING ××××(商品数量及名称)",以说明开出汇票的依据。

(4)付款人,填买方/进口人名称和详细住址。

(四)一般托收汇票托收申请书

填制说明:托收申请书是出口商委托当地银行办理托收的委托书(Collecting Order),除列明汇票的全部内容外,另外向托收银行提出一些要求和指示,填制时应注意以下几点。

(1)应明确有关手续费由谁承担(一般应向付款人收取)。

(2)应明确货款收到后以何种方式汇入。

(3)应明确如被拒付,代收行应以何种方式通知,单据和货物由谁保管或处理。

(4)应明确是否同意分期付款提货。

(5)其他须加注意的事项。

以上前 4 项均应明确指示,以便委托行和代收行遵照办理。第 5 项则可根据合同的规定加注,例如合同规定为 60 天远期付款加收利息。为了使付款人早日付款,则可加注"如提前付款可减免利息"的指示。

各银行都有印好的格式,根据格式要求,参照以上说明内容填写。必要时可咨询委托行,填过一次以后就明白了,所以不再举实例。

七、其他单据

除了以上五种主要单据外,还有其他一些证明证书类单据也常在信用证中出现。有些是各国为了控制进口数量,如进口许可证;有的为控制质量,如商品检验证书;有的是统计货物来源和关税,如海关发票和原产地证书。这些证书有的须由政府机构,如商品检验局;有的要求民间机构出具,如贸促会;还有一些需由在中国的外国机构认证。由于种类太多太杂,又不是每个证都需要,所以本条只列出名称,并稍加说明,在实际业务中需要时,临时解决也不困难。

(一)检验证书类

(1)品质检验证书(Inspection Certificate of Quality)。

(2)重量检验证书(Inspection Certificate of Weight)。

(3)数量检验证书(Inspection Certificate of Quantity)。

(4)SGS 检验证书

(5)进口商驻出口地代表的装运前检验证书。

(6)生产厂或公司出具的检验证书。

(二)检验类证书应注意的问题

(1)商检证书的申报工作必须在货物装运前办理,因货物一经装上运输工具,商检工作就无法进行。

(2)检验证书上的发证日期必须早于运输单据的日期。

(3)检验证书上的发货人、品名、报验数量、重量、标记及号码(唛头)须与信用证规定和实际出运货物的发票内容相一致。

(4)检验结果必须与信用证的规定相符,无特殊规定的应力求简单,一般只打"与合同×××号规定相符"字样即可。

(5)商检证书是我国官方机构签发的文件,切勿擅自涂改。如确有需要,须按规定手续申请商检局方可更改。

(三)证明证书类

(1)贸促会出具的产地证。

(2)普遍优惠制产地证书。

(3)欧洲共同体纺织品专用产地证书(简称 EEC 纺织品产地证书)。

(4)对美国出口的三种原产地证明书。

(5)商检局产地证明书。

(6)纺织品出口许可证。

（7）海关发票。

（四）收据和证明类

（1）寄单证明（Beneficiary's Certificate for Despatch of Documents）。

（2）寄样品证明（Beneficiary's Certificate for Dispatch of Shipping Samples）。

（3）邮局收据（Post Receipt）。

（4）快（邮）递收据（Speed Post Receipt 或 Couriers Receipt）。

（5）装运通知。（Shipping Advice）

（6）有关船籍、航程、船龄、船级等证明。

（7）船长签发随船单据的收据

（8）其他一些买方要求的奇怪证明。

对于本条所列出的买方所要的单据,有些是合理的,有些是多余的。如果不是因为政治原因或无法接受出具,可以不必改证,按证要求出具,做到单证相符也就是了。

本章多处内容择取于中国纺织品进出口总公司一九八七年编写的供内部学习的《对外贸易出口单证实务》一书。笔者多年使用本书做出口和制单业务,实在是一本可供实用的好书。可惜没有正式公开发行。本章多处内容直接来自此书,或做适当修改以适应目前变化了的情况,在此特做说明。

目前出口公司中,大公司制单业务是单独有专人集中做。小公司由出口业务员兼做。其实本章内容不仅能指导制单业务,对不负责制单的出口业务员,有很大一部分内容也有指导出口业务的作用。在第七章合同中的国际贸易条款内容,有很多需扩展讲的内容,都在本章做了补充,如保险和保险条款等。不负责制单的出口业务员也需仔细阅读本章相关内容,以补足第七章内容,全面了解合同所牵涉的国际贸易方面的知识。

特别提示:笔者根据过去的业务档案稍做修改补充,在书中设计出一个完整的男睡衣套品种交易过程。实例分别散于各章中。如果读者能从书中摘录集中起来研究学习,相信效果会更好,也便于单独翻阅参考。具体资料在书中的位置如下:联系函在 P117、P118 和 P119;合同在 P121,表 5 – 10 S/C NO. WG10/06;信用证在 P158 ~ 161 证号 04/3075999;发票在 P179 表 8 – 1;提单在 P184 表 8 – 2;装箱单在 P197 表 8 – 3;汇票在 P200 表 8 – 4。

第九章　纺织服装出口价格计算方法

内容提示

①讲述具体品种具体计算方法。②报价技巧。③因为纺织品从原料纤维纺成纱,再织成布,再到成品,是一个有序的系列加工过程。所以,讲述办法由纱线讲起,再到布,再到成品。这种排列讲法能够帮助读者在市场变化时,适当调整价格,谈判讨价还价时,有力地争取好的价格。④每种价格基本由两大部分构成:一是成本价,是由生产该种商品实际消耗的原料和辅助材料,工费,管理费,税收构成;二是利润,是由市场供求决定的。本章只讲成本价格的计算方法,至于利润该加多少,须根据报价时市场供求情况加上。⑤成本价格的各种因素在不同生产厂的数量和价格是不同的,有多有少,有高有低,只能取平均值,才能计算出市场接受的价格。

最简单的报价是 FOB(在装运港口上交货价)价,其次是加运费的 CFR 价,再加保险为 CIF 价,再加佣金为 CIFC 价。CIFC 价中有四项内容构成:C 为商品本身成本价,I 为保险费,F 为运费,末尾 C 为佣金。下面逐项讲解,商品本身成本价最为复杂,单独一节,保险费、运费、佣金三项集中到一节。商品本身成本价是必须有的,而其他三项须根据买方报价要求加上去,有几项加几项。笔者认为这样安排既方便又明了,便于实际操作。

第一节　商品本身成本价的计算

本书的读者——刚入纺织服装行业的出口业务员,不管是英语专业、国际贸易专业,甚至纺织服装专业,绝大多数没学过纺织服装出口价格的计算。而在出口推销中,价格计算的正确与否,掌握的高低幅度,是能否成交和盈利的关键。在已有的成交价上,再根据国际市场原料的涨落和市场供求变化,如何调高或调低价格,也是出口业务员必须掌握的知识和方法。

笔者是学国际贸易专业,刚入纺织服装出口行业时,就遇到使人头痛的报价计算问题,反思当年所苦,思为当今读者之易。笔者认为当首先分析价格之构成,使纲举而目张,既便于读者顺理而记忆,又便于无遗漏之操作。

纱、布、家用纺织品、针织服装和梭织服装的价格构成,有一个普遍规律:都由原料、加工费、包装物料费和税额四大部分构成。而这四大部分中,原料是变化最大的因素,而其他三项在一定时期相对稳定。所以,出口价格的调高调低,除市场实际供求变化影响外,原材料的变化影响最大,是卖方要求买方调高价格、买方要求卖方调低价格的依据。由于原料价格的变化,对已有的成交价格进行调整,依据是什么,怎样计算才合理,能说服买方,本节将做相关介绍。

一、纱线成本价的计算

公式:单纱成本价 = 纤维材料单价 × 用量 + 纺纱工费 + 包装费 + 纳税额

现分别解注如下:

1. 纤维材料单价 × 用量

"用量"包括纺纱过程中原材料的损耗。纺不同纱支的纱原料损耗率是不一样的,如全棉普梳纱 20 ~ 30 英支,在 10% 左右,40 英支在 15% 左右。精梳纱 40 英支,在 30% 左右。与配棉好坏和纱的支数关系很大。正常情况下针对某种支数的纱,配棉和损耗率都有行业习惯平均值。

具体计算很简单。如纤维平均价为 15 元/千克,纺 30 英支普梳纱,损耗率为 10%,则:

$$纤维原材料价 = 15 × (1 + 10\%) = 16.50(元/千克)$$

注意:混纺纱要分别按每种纤维所占比例计算,然后再相加,并注意不同纤维的损耗率是不同的。

2. 纺纱工费

此项包含的内容很多,主要有工人工资、能源费、机器的折旧费、管理费等。生产厂是一项项具体计算,但对外往往只给一个总数,如纺纱工费 5000 元/吨,实际里边包含着生产的一切费用。这个数字在不同生产厂会有所不同,出口业务员只能从不同生产厂取得不同数据,采用中等水平数据为宜。

3. 包装费

由于出口包装要求不同,所以生产厂都要单列此项。别小看小小包装,它牵涉七种材料:纸管、塑料纸管撑垫、塑料袋、箱内每层一垫板、牛皮纸、铁腰子、纸箱。每箱装筒纱数量不同,其价格也不一样。每箱装的筒纱越多,包装费越高。当告诉生产厂包装要求时,生产厂会给出一个包装费总数。可以从不同生产厂取得不同数据,择中等水平或加权平均值而用。

4. 纳税额

目前中国实行增值税法,本有统一规定,但各生产厂纳税率却是不同的。按规定,生产厂的销向税额减去进项税额其差为纳税额。所谓增值税法,是指生产厂的产品销售总额减去所用原材料总额,增值这一部分按17%缴纳增值税。很多税务部门为了简化,根据生产厂产品的增值数据,核出一个百分比,让生产厂按销售价,按此百分比纳税,俗称"税负"。一般纱布厂税负在7% ~ 10%之间,服装厂在6%左右。不同地区,不同生产厂会有一些差异,但幅度不大。

(1)如果是股线,在工费项内加合股费。合股又分一般设备合股和倍捻机合股,倍捻机合股费要高于一般合股。此两种数据要取得并记录,以应付买方提出要求时加上。

(2)有些纱买方有特殊要求,如上蜡、热定形、电子清纱、自动络筒等,当买方提出要求时,在基本的加工费上加上这些费用。

(3)纳税项是最后一项,是把前边总成本价作为纳税的基数,再乘以税负。

(4)纳税的讲解说明同样适合用于下边布,成品价格计算,在此讲明,下面不再重述。

二、坯布成本价的计算

公式:坯布成本价 = 用纱价 × 用纱量 + 织布费 + 包装费 + 纳税额

分别解注如下:

1. 用纱价 × 用纱量

用纱价格,即织布厂购买纱的价格,如果是既纺纱又织布的生产厂,也会计算出一个供织布的纱的价格,以便核算坯布价格。用纱数量不是用秤称出来的重量,而是用一个公式计算出来,叫"百米用纱量"。下面介绍此计算公式。

(1)如果所用的经纬成分、支数相同,用下式计算:

(经纱寸密根数 + 纬纱寸密根数) × 布幅宽 ÷ 纱支数 × 系数 0.06464 = 百米用纱量千克数

注:经纱寸密根数指每英寸里的经纱根数;纬纱寸密根数指每英寸里的纬纱根数;布幅宽的单位为英寸。

如:纯棉细布,经纬纱支20英支 × 20英支,经纬纱寸密根数 60 × 60,幅宽36英寸,则:

百米用纱量 = (60 + 60) × 36 ÷ 20 × 0.06464 = 13.96(千克)

(2)如果经纬纱成分不同,需要计算出各自的用纱量,用下式计算:

经纱百米用纱量 = 经纱寸密根数 ÷ 经纱支数 × 布幅宽 × 系数 0.06464

纬纱百米用纱量 = 纬纱寸密根数 ÷ 纬纱支数 × 布幅宽 × 系数 0.06464

如:蚕丝纱与羊毛纱交织细布,经纱为蚕丝纱40英支,纬纱为羊毛纱60英支,寸密根数40×60,布幅宽为47英寸。

$$经纱百米用纱量 = 40 \div 40 \times 47 \times 0.06464 = 3.04(千克)$$
$$纬纱百米用纱量 = 60 \div 60 \times 47 \times 0.06464 = 3.04(千克)$$

用各自的用纱量乘以各自的纱价,再相加,便可求得总的纱成本价。另外纱线在织布过程中也产生损耗,一般2%左右。求出百米用纱量以后,再加2%损耗,再乘以纱价,便得出100米的成本,除以100便得出1米布的成本。

2. 织布费

与纺纱工费内容一样,只是折旧的机器是织布机,而不是纺纱机。生产厂往往对外也是报个总数。需要注意的是,织机先进程度和布幅宽度对织费的高低影响很大。

3. 包装费

出口坯布包装一般比较简单,一种为布包,一种为卷装外套塑料袋。包装费平均到每米布上也就1~2分钱,有时忽略不计。

4. 纳税额

与纱一样。详见纱价计算。

三、花色布成本价的计算

公式:花色布成本价 = 坯布价 + 漂白、染色、印花加工费 + 包装物料费 + 纳税额

分别注解如下:

1. 坯布价

大部分印染厂都是从外厂购进坯布使用。还有一种情况是委托加工方式,由委托方购坯布委托印染厂加工。采用委托方式,委托方只与印染厂确定后三项的费用。纳税基数不包括坯布价。

2. 漂白、染色、印花加工费

此项工费的内容较坯布多,工人工资占的比例较小,因印染机械化程度比较高。电力、水、染化料、助剂的费用占比例大。通常需先提供染色和各数量比例,质量要求,印花花型,生产厂才能计算成本。注意同种染色,染料要求不同,价格差别很大。

通常会有三种情况:全漂白,染色和印花,事先生产厂必须先知道具体情况,才能给出一个总的确切价格。如果生产厂没有提出零次布的处理办法,一般都会包含在工费里。

3. 包装物料费

色布和花布包装费较坯布贵些。买方进口后,一般直接用于做成品,宽幅的一般卷装,窄幅的要装纸箱,告诉生产厂具体要求,即会给出一个价格。

4. 纳税额

同纱线计价项的解释,不再重述。

四、家用品纺织品成本价格的计算

(一)布类

床单、被套、被单、枕套等。虽然品种、尺码各异,但仍可使用下列统一公式。

公式:成本价 = 布价 ×(用量 + 损耗率)+ 缝工费 + 辅料费 + 包装费 + 纳税额

1. 布价 ×(用量 + 损耗率)

布类家用纺织生产厂大致有三类:从织布到印染再到缝纫在一个厂生产;从外厂买坯布自己印染,再自己缝纫;单纯的缝纫厂。目前,大宗出口都由生产厂直接出口。如果出口业务员在这些生产厂做出口工作,据此公式,问清数据,很易计算出成本价。在出口贸易公司做出口,可以自己照此公式积累数据,自己可以计算比较准确的成本价。

如果是贸易公司,一般自己采购布料,委托缝纫厂加工,自己采购的布料自然知道布价。关键是与缝纫厂核算用料量。实际计算比较简单,关键是损耗多少。虽然布料是按成品尺寸生产的,但长度方面总会存在断料的问题,况且花色布的匹长都比较短。生产厂总会要求有2% ~3%的损耗率。

另外,布类家用纺织品有单、夹、棉之分。如褥垫,有三种用料,表、里和中间的絮棉,应分别计算再相加。

2. 缝工费

缝工费虽然数目较小,但包含的内容却不少,应有工人工资,缝纫线费(通常都由缝纫厂提供,含在缝工费内)、电费、机械折旧费、管理费等。生产厂也是在弄清式样、尺寸后,给出一个总数。

3. 辅料费

过去床上用品出口都是比较简单的大路货,现在出口品种中花色货越来越多。各种辅料品种也越来越多。如床罩上的绣花、贴花、装饰花边,被罩用拉链,缝边用装饰缝线等,都归于此项。

4. 包装费

由于是成品,而且大部分利用原包装零售,每条、套都是单独包装,内包装还会带有图片、说明书,比较讲究。外边一般装在纸箱里。先要弄清买方要求,再与生产厂核定,不能含糊内容,而简单地与生产厂核定。不然,当生产厂看到要求的包装内容比原预计的复杂,则会要求加价,但对外调价就难了。

5. 纳税额

详见纱线计价项的讲解。

（二）毛巾类制品

方巾、面巾、沙滩巾、浴巾等毛巾类制品，目前别省份采用什么办法不清楚，山东省的生产厂仍旧采用过去沿革下来按重量计价的办法。即生产厂凭买方提供的样品计算出一个总价，如50克多少钱，按样品的总重量计算出总价格，再除以人民币对美元的比价，即得出FOB美元价。

笔者为此询问了一个贸易公司的出口业务员，问他如何判断生产厂报出的价格是高是低，是否合理？他的答案很简单："多问几个生产厂，取中间价"。笔者认为，对刚从事出口的业务员来说，也不失为一种简单的实用的办法。待业务熟悉了，再采用与生产厂逐项核对计算成本价的方法。

实际上生产厂报出的每50克的综合价不是凭空喊出来的，而是有具体内容的。织毛巾先要确定所用纱的支数和成分，确定纱的成本价，再加织费和织耗，得出毛巾坯布价；若进行漂染，加上漂染费、染化料费、损耗，得出半成品价；然后裁开、缝边，做成成品。如果有特别要求，还会加上印花、绣花、装饰线等，最后还要加上包装费用。其中包括人工工资、管理费、机械折旧费、纳税额等所有费用。从涉及的内容看，确实太多，不易逐项核算。当初有些出口业务员总结出一揽子综合计算办法确实很聪明，再采用多问几个生产厂，取中间价而用之，也切实可行。

毛巾制品用纱量较多，价格的高低变化主要受纱价高低影响，而且棉纱成分为主，棉纱又受棉花价得影响。如果市场上棉花，棉纱价格稳定，毛巾制品的价格一般不会变。出口业务员推销报价时，注意一下国际市场棉花价格涨落趋势，留有余地。

五、针织服装成本价的计算

针织服装的价格计算往往使新入此行的出口业务员望而生畏。但却比梭织服装的价格更容易独立操作，即按照公式和积累的数据资料，出国推销、广交会上，在没有生产厂技术人员帮助的情况下，出口业务员可以根据买方提供的必要资料，计算出成本价和报价，然后再与生产厂核准确定。而梭织服装却难以达到此水平，须依靠生产厂技术员的帮助才行。

笔者仍保存30年前做针织服装出口时所用的全国统一计价手册，其计价项目内容今天仍旧使用，只是各项目中的数据有了变化。

本条将列出项目公式和项目中一些计算公式及公认的相关数据，对于一些变化了的数据，则靠出口业务员自己积累。

大的项目公式与前面所讲的纱线、坯布、家用纺织品一样，只是每个项目的内容不一样。

公式：成本价 = 面料成本 + 辅料成本 + 缝工费 + 包装成本 + 利润 + 纳税额

(一)面料成本

它包含内容有:所用布料的价格计算,都以重量为计价单位;计算出每件、套、打所用布料的面积,再计算出重量。布料单位重量的价格乘以每件、套、打所用布料的重量,即得出面料成本价。目前,针织服装生产厂大致可分三大类:一类是纱是从别的纺纱厂购进或者进口,有自己的织布、漂染和缝纫分厂;二类是只有缝纫工序,织布和漂染委托别的生产厂加工;三类是有织布和缝纫工序,漂染在别厂加工。或非织造布,只有漂染和缝纫工序,织布在别的厂加工。不论出口业务员在生产厂从事出口业务,还是在出口贸易公司从事出口业务,其计算办法都是一样的。

用做衣服的成品布价,由纱的单位重量价 + 织布损耗 + 单位重量织布工费,得出坯布价,再加漂染损耗 + 漂染费,便得出供做衣服的成品布单位重量价格。

每件、套、打衣服的用料重量的计算:针织服装用布都以单位面积的克重数来确定布的厚度,在报价时,买方会提出要求,用每平方米多少克的布。所以知道了单位面积的重量,再计算用料面积,两者相乘,便可求出用料重量。

出口业务员明白以上的道理后,便会知道此项成本是怎样计算出来的。下面将讲解具体计算方法。

1. 所用布料的计算方法

公式:所用布料成品价 = 纱价 + 织布损耗 + 织布费 + 漂染损耗 + 漂染费

(1)纱价。即织布厂购进纱的价格,一般都以吨计。

(2)织布损耗。有公认的一个损耗率,是国家过去规定,现在仍旧沿用。精梳纱和普梳纱的损耗率是不一样的。普梳纱织损率2%～2.5%之间,精梳纱的织损率在1.5%～2%。普梳大丁精梳。

(3)织布费。一般生产厂报价都以织一吨布加工费多少。笔者从实际业务中了解到,织布厂对外接受委托加工的要价,比织布厂内部调拨实用的作价要高一些。如平纹汗布的加工费对外报价为1500元/吨,而内部调拨使用作价为1200元/吨。织布费除市场供求因素的影响外,国产织机低些,进口先进织机高些,两者相差30%～40%。另外,不同品种由于组织结构难易不同,产量不一样,织布费是不相同的,越复杂的结构,织布费越高。出口业务员要自己询问老业务员、师傅和生产工厂,慢慢积累。一般在一定时期,织布费不会变化,或不会有大的变化。

另请出口业务员注意,横机领一般以千克计织布费。棉绒类布开绒和不开绒价格不一样,因为开绒是布织好后另加一道工序,把毛圈割开,所以棉绒布分开绒和不开绒价。

(4)漂染损耗。布织出以后,再漂染加工,加工过程会有损耗,即原坯布重量会减轻,投入1吨重量的坯布,待漂染完会不足1吨,就存在着损耗。所以要把这块损耗的重量加到成本中。如普梳纱织的坯布,1000千克坯布经过漂染后只能出来900千克的布,其他10%的重量在漂染过程中都化掉,所以要多拨10%的坯布,才能经漂染后出来1000千克成品布。精梳和普梳坯布,漂白、中浅色和深色损耗率是不一样的。漂白:精梳6%~7%,普梳8%~10%;中浅色因为要先漂一次再染色,损耗率与漂白差不多:精梳6%~7%,普梳8%~10%。深色不必漂而直接染色,所以实际损耗率只有6%左右,而且因染色后融进一些染化料,增加一定的重量。

(5)漂染费。漂白分氧漂(次氯酸钠)和亚漂(亚氯酸钠)两种。亚漂手感好于氧漂,漂费比氧漂要高约30%。只是笔者根据过去的数据换算出来,仅供参考。具体漂白费多少,需出口业务员自己打听当时的实际价格。

一般中浅色一个平均价,深色一个价。浅色一般指浅黄、浅蓝、中蓝、浅粉等色;深色指深蓝、紫、宝蓝、大红、黑等色。染费随色的深度增深而增加,幅度较大,有的深色价是中浅色的一倍以上。请注意深色用不同的染化料,价格差别也很大,如按笔者手中过去的资料:用硫化等染料,价为9000~12000元/吨。出口业务员在调查积累数据时,要问清使用的染化料种类,还要注意各种不同染化料染出的布的质量、色牢度。不能只注意价格的高低而不管质量。注意纳夫托染得大红虽然外观好,但含偶氮,欧美市场禁止使用,因有致癌的副作用。

按以上公式,了解了有关数据,出口业务员便能自己计算出成品坯布单位重量的价格。

2. 每件、套、打所用的布料的面积和重量的计算

目前使用两种办法计算用料面积:一种简单的办法是,如果买方提供一件款式样和尺码表,样品完全符合计价要求,就把这件衣服用秤称一称,求出衣服的重量,一般用千克表示,再加剪裁损耗,一般为3%左右,款式不同,损耗会有些差异,再乘以每千克布的价格,便可求得布料的成本价。

另一种情况是没有实样,买方只提供一个尺码表和款式图。就要采用按尺码计算的办法。先计算出衣服的面积,再乘以衣服用布的平方米重量,便得出衣服的总重量,再乘以重量单价,便得出衣服的成本价。关键是要把衣服面积先计算出来。此法是聪明人总结出来的,目前仍旧适用。出口业务员按此法计算出来的结果,生产厂可以接受。

公式:用料面积 = 宽度 × 长度

(1)上衣大身用料面积,单位为每件用料面积。

①宽度分两种情况。

a. 圆筒:即两边不开缝,宽度 = 胸围尺寸。

b. 开缝:即两边开缝,宽度 = 胸围尺寸 + 2.5cm缝头。

②长度也分两种情况。

a. 卷边下摆,长度 = (身长尺寸 + 卷边宽 + 1.25cm) × 2 × (1 + 3%)。

b. 罗纹下摆,长度 = (身长尺寸 - 罗纹宽 + 1.5cm) × 2 × (1 + 3%)。

(2)上衣袖子用料面积单位为两只袖子用料面积,共分四种情况。

①卷边袖口。

宽度 = 袖笼尺寸 + 袖口尺寸 + 2.5cm。

长度 = (袖长尺寸 + 袖卷边宽 + 1.25cm) × 2 × (1 + 3%)。

②滚边袖口。

宽度 = 袖笼尺寸 + 袖口尺寸 + 2.5cm。

长度 = (袖长尺寸 - 滚边宽 + 1.75cm) × 2 × (1 + 3%)。

③罗纹袖口。

宽度 = 袖笼尺寸 + 大袖口尺寸 + 2.5cm。

长度 = (袖长尺寸 - 罗纹宽 + 1.5cm) × 2 × (1 + 3%)。

④斜插肩袖:不论是那种袖口,宽度不变,长度一律再加6cm。

有的上衣有横机领,有的下摆和袖用罗纹,要单独计算出重量,他们的价格与大身料不一样。上面所讲不包括横机领和罗纹下摆和袖。下面讲的裤子的罗纹裤口也不包括,需单独算。

(3)裤子用料面积分两种情况。

①卷边裤口。

宽度 = (横档尺寸 + 2.5cm) × 2。

长度 = (裤长尺寸 + 裤口卷边宽 + 腰头卷边宽 + 1.25cm) × 2 × (1 + 3%)。

②罗纹裤口:

宽度 = (横档尺寸 + 2.5cm) × 2。

长度 = (裤长尺寸 - 罗纹宽 + 腰头卷边宽 + 1.25cm) × 2 × (1 + 3%)。

注:①上述各公式里长度里的3%是坯布自然回缩率;

②按上述公式计算出的用料面积须再加3%的损耗,才是计算用料成本的实际面积。

为了便于读者理解,请参照上衣和裤子示意图(图9-1)

(二)辅料成本

针织服装所用的辅料可分为功能性和装饰性两类,现分述如下。

1. 功能性辅料

功能性辅料有缝纫线、纽扣(普通扣和装饰性扣)、拉链(尼龙质,铝质,铜质,塑料质等)、松紧带(普通和带装饰性的)、白纱带(用于边缝加牢)、纱绳(用于腰头系用)、帆布腰带(用于游泳裤)、各种衬布(棉布、树脂布、非织造布等)、商标、吊牌、洗涤标、成分标、尺码标等。这些辅料品种并非每件衣服上全有,根据实际款式所用而加,需平日积累各品种的价格资料。

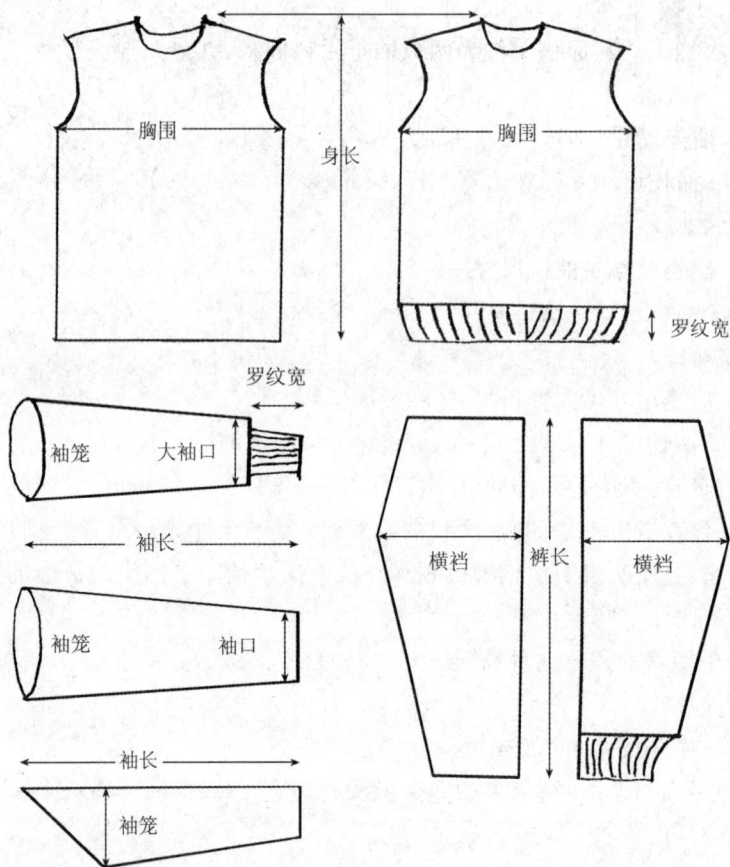

图 9 - 1 上衣和裤子示意图

2. 装饰性辅料

装饰性辅料有花边(多用于女和女童装)、绣花、贴花、印花(水印、胶印、发泡印等)等。横机领、袖口、领口、下摆处所用罗纹也可归在此类。

(三)缝纫工费

此项费用包含工人工资、动力费、企业管理费、折旧费等。缝纫线也归于此项,一并计算。

缝纫工费与款式简繁关系很大。如何做到出口业务员自主计算出适中的缝纫工费,在成交后能被生产厂接受,也有规律可循。过去笔者利用的计价手册上采用,先确定基本款式工费,在此基础上往上增加。如款式要求拼布,二种色拼,需多裁剪一块,增加缝纫量,自然加工费要增加一些,再如加花边装饰,增加口袋,自然也增加缝纫工作量。把这些资料积累起来自然会计算出适中的工费。

（四）包装成本

对针织服装,包装成本通常包括下列内容。

每件或每套衣服里放一纸垫板,外置一印字或不印字的胶袋,再用牛皮纸包成小包,再装纸箱,用胶带或塑料腰子封牢或打牢。大致会用到 5~6 种材料。这些材料费在一定时期变化不大。出口业务员在根据服装种类不同,归纳出一个总的价格数,用时相应加上即可。

（五）利润

通常缝纫厂要求有5%左右的利润,是合情合理的。计利基数是前边4项的总和。

（六）纳税额

以上 5 项的总和为基数。一般缝纫厂税负为 6%~7%,有织布、漂染和缝纫的针织服装厂税负会稍低些。

将以上 6 项加起来,便得出成本价。

六、梭织服装价格的计算

梭织服装的计价公式与针织服装项目一样,只是内容稍有些不同,笔者认为采用比较讲解会更有助于理解和记忆。下面先列出公式,再比较讲解。

公式:服装价格＝面料成本＋辅料成本＋缝工费＋包装费＋利润＋纳税额

（一）面料成本

面料成本等于面料价、里料价、絮棉价分别乘以其用料面积。

面料、里料和絮棉价按购买价,容易取得。唯用料面积很难计算。梭织服装款式比针织服装复杂,而且裁剪时采用套裁办法,以求尽量使用布料,减少浪费。要先根据尺码表和款式样剪出纸样,再在布上排列、调整,直到最大限度利用布料,才能计算出最少用布量。对一些简单大路款式,如衬衫、裤子等,有经验的师傅可以在纸上用画图方式排料。对刚入行的出口业务员很难计算准确,不像针织服装靠公式和数据即可计算准确。所以,先要向生产厂技术员提供款式样和尺码表,由他们帮助计算才行。笔者做了十几年梭织服装出口,也未达到能准确计算用料的水平。在万不得已的情况下,可以采用针织服装计算用料的办法,再根据款式不同,加上点保险系数。

（二）辅料

梭织服装所用到的辅料与针织服装一样,也可分为功能性和装饰性两大类。

（1）功能性有缝纫线(分普通的和带有装饰性的),纽扣(分普通的和带有装饰性的),拉链(尼龙质、铜质、塑料质、铝质等),各种衬布(不挂胶的、挂胶的、单面挂胶和双面挂胶、可水洗的、可干洗的、梭织布质地、非织造布质地、不同厚度的),砸扣(普通的和带有装饰性的),商标,尺码带,吊牌,成分、洗涤标,领、袖口、下摆用的罗纹等。

（2）装饰性有花边、绣花、贴花、印花(水印,胶印,发泡印)。近几年兴起的女装上的各种装饰辅料,以后还会层出不穷。

对于上述辅料,不仅要积累价格资料,还要积累产地资料,以备成交后采购。

(三)缝工费

由于梭织服装款式比针织服装复杂得多,缝工费差别也很大。对外行人来说,有时款式看来挺复杂,但缝工费不是太高,而有的款式看起来简单,缝工费不一定低。基本款式,如衬衫、裤子等比较稳定,容易掌握;对一些复杂款式,建议先与生产厂协商,再确定。

缝工费实际上包含工人工资、动力费、企业管理费、折旧费等。生产厂在报缝工费时,也习惯把缝纫线成本计算在内。笔者认为比较方便,应该如此,况且所占比例不大。

(四)包装费、利润和纳税额

同针织服装注释,在此不重述。

本节讲述了六大类商品的价格计算方法。其中纱线、坯布、花色布公式中都未提及利润一项。笔者在过去的实际业务中,与生产厂核对价格和生产厂报价时都不提利润,或许包含在工费项目中,所以,公式中未列此项。这并不说明生产厂不要或没有利润。出口业务员与生产厂核对定价时应挑明,工费是工费,利润是利润。

家用纺织品、针织服装、梭织服装公式中都列有利润项目,按此节公式计算出来的价格,是出口贸易公司的进货价格,并不含出口贸易公司的出口利润。对于生产厂直接出口,也不含出口部门的费用和利润。报价时都需根据市场情况和销售意图适当加上,然后折成出口外币价,即为 FOB 价格。

FOB 价格条件和交货条件在纺织服装实际出口业务中很少使用,也不宜使用。但以上本节所列出的公式和办法,可以计算出 FOB 价格条件的报价。用这样一层一层相加的方法,也是为了计算 CFR、CIF 和 CIFC 打下基础。这样既便于讲解和记忆,也便于实际操作。

不管是在出口贸易公司还是在生产厂的出口业务员要注意,上面所计算出的FOB 价格是出厂价。假如真的报 FOB 价,还要再加上相应的费用和利润才对。近几年,有不少外国公司在中国有分公司或办事处,要求报 FOB 价,并有 FOB 价格条件实际成交。特在此提请注意。

第二节　保险费、运费和佣金的计算

这三项都是卖方加到报价上,待从买方收回货款后,分别付给保险公司、船公司、佣金商,卖方一点也得不到。如果计算高出国际水平,买方会提出异议,不予接受,计错计低,自己要赔上,所以也要认真计算。

一、保险费的计算方法

公式:保险费＝发票金额×保险费率

1. 发票金额

在计价报价时,不知道发票金额怎么办? 实际上使用已计算出的 CFR 单价为基数就可以了。信用证上一般要求按发票金额加上一个百分比,纺织服装一般都加10%,即按发票金额的110%为基数投保。在以单价为基数计算时,可在 CFR 价上加上 10%～12%为基数,再乘以保险费率,因为保险费率在1%～2%。

2. 保险费率

保险费率由五项内容组成:被保商品易损程度,风险越大保费越高;保险险别;运输方式(海运、陆运、空运、邮运);不同目的地(距离和目的地治安状况);社会动荡(主要指战争险)。

各种情况下的费率多少,保险公司有一个表,可以索要。出口业务员也可从老同事、师傅那里抄录备用。

二、运费的计算方法

公式:运费单价＝总体积运费÷总数量(件、套、米、码)

1. 总体积运费

目前主要有两种情况:装集装箱和零运或拼箱。各种集装箱的运费可以从船代理处取得。零运或拼箱一般按体积计费,如每立方米多少钱,也很容易从船代理处取得。

从船代理和其他运输部门取得的运费数据,是指把要装运的货物送到他们手中以后的运费。而在这之前,需从生产厂运到装货地点,生产厂的报价一般是出厂价,不包括将货物送到装货地点的运费。这就需要加上这段运输费用。不管是贸易公司购进出口,还是生产厂直接出口,如果 FOB 价不包括此段运费,都需加上才合理。

有的货物在运输途中,还要经转船或转换运输工具,都要产生额外费用。对这些额外费用都须了解清楚,计算出来加上。

2. 总数量

即一个集装箱能装多少数量,一立方米包含多少数量,只有弄准此数据,总运费除以总数量便得出单件、套、码、米的运费。至于每个集装箱或,1 立方米能装多少数量,不同品种是不同的。没有固定的公式,简便的方法是问有经验的同事、师傅和生产厂。如果生产厂能估算出单个包装的体积和数量,就可以自己算出来。比如知道 1 立方米的运价,又知道生产厂计算出来 50 件装一纸箱,每个纸箱的体积有 0.5 立方米,则 1 立方米总数量为 100 件,1 立方米的运价除以 100 件,便得出每件的运价。集装箱也是一样,集装箱的尺寸和空间都是定型的,有了每纸箱的体积和集装箱的空间,自己大致也可求出一个集装箱所装的总数量。

三、佣金的计算方法

公式:佣金额 = 计佣基数 × 佣金率

计佣基数可按 FOB 净价或按发票金额。

在实际操作中,如按 FOB 净价,佣金商也无话可说,可能不愉快。如果是在计算出 FOB、CFR 和 CIF 价的基础上再加佣金,可采用除以 $1 - x\%$ 佣金率,付佣时再乘回来——基价 × 佣金率,对卖方没有损失。佣金商不会有意见,买方如果有意见,他会帮忙说服。佣金商挣点佣金也不易,给点好处,以资鼓励,多做点生意就有了。所以,大多数情况下实际操作脱离理论,而按发票金额为基数计佣。

纱布服装行业佣金率有习惯,纱、坯布为 2% 左右,花色布为 3% 左右;家用纺织品和服装为 5%。

四、出口利润和费用的计算办法

以上所讲各种费用没有出口贸易公司和自己出口的生产厂出口部利润和费用,因此要在报价中加上这一块。

这一块包括实际费用和净利润两项内容,合起来称毛利润。有些大公司对实际费用确定一个固定的百分数,不管什么价格条件,一律不变按此百分数加,是不合理的。费用百分数是用每年公司的总费用和总经营额相比换算而出。在财务项目上分为两个科目:银行费用和业务费用。银行费用是指借用银行资金所产生的利息;业务费用是指公司里人员工资、通信费、差旅费、管理费等。笔者在管理一个公司时曾与财务部门协商,把这块费用分为两部分,由出口业务员按实际业务情况增加。银行费用单列出来,根据这笔交易从资金投入到出口后资金收回的时间长短,和银行放款的利率,照实计算;而对其他费用确定一个不变的固定百分比。笔者认为采用此法,计算并不难,也比较合理。净利润加多少合适,既决定于市场对推销的品种的供求情况,也决定于出口业务员的市场信息和贸易技巧,还要与国家实行的退税政策相关联。对刚工作的出口业务员要先了解公司的规定加多少,再少加一点试报价,作为买方还价的余地。如低于公司的规定,则须向领导汇报后再降低,不宜擅自做主。还应与退税相结合,净利一般应在 10% 以上才合乎常理。

五、出口退税的计算方法

退税是国家为了支持出口,将应该缴纳的增值税全部或部分退还给出口人。这不仅是中国的政策,几乎所有国家都实行此政策。目前,对出口贸易公司和生产企业自产自己出口的政策一样,但办法不同。

(一)出口贸易公司

按出口贸易公司从生产厂购进货物的含税价,除以(1+17%),得出无税价,乘以当时国家规定的退税率,即得出国家给予的退额。例如,购进一批货物,总值为30万元,内中含缴纳的17%增值税,国家规定退税率为17%,退税额为300000元÷(1+17%)×17%=43589.74元;国家退税率为14%,退税额为300000元÷(1+17%)×14%=35897.43元。这14%等于国家送给出口贸易公司的净利润。这就是在计价时不再另外加利润这一块,而利用退税抵消应加的毛利润。假如实际费用为4%,则净利润为10%,假如实际费用为5%,净利润为9%。

(二)自生产自己出口的企业

对白生产自己出口的企业,国家采用免税的办法。此办法颁布多年,仍未完全实施。就笔者所知,有的地区照中央政府政策全面实行,有的有所变化。如果出口业务员在生产企业出口,询问一下财务部门或同事,便会知道具体办法。

过去退税基数有两种办法:一是采用根据进货发票的人民币含税价,一种采用根据出口FOB价。可任选一样,但一个年度内选中一样不能再变;若要变,须等到下个年度再变。如果出口赢利,则按FOB价为退税基数为宜。现在是否仍有此项规定,请读者自己查询。

本章所讲的各种计价办法,并非笔者的"发明创造",一些老出口业务员都在自觉和不自觉地使用。笔者把它们整理条理出来,供新业务员使用,达到高屋建瓴之效。但新业务员们还须搜集准确的数据,开始计价时,照公式做好详细记录,待资料积累到一定程度时,进行总结、归纳,形成自己一套更简便的计价方法和习惯。

计算价格只是一项工作,会加减乘除做四则应用题即会计价。但报价、讨价、还价确是技巧问题。一个英国商人告诉笔者:"任何东西都取决于价格"。一笔交易的成否主要看价格。卖方在报价前会想,如何使成交价高些,买方则相反。对有经验的老手,会找出许多理由,使买方接受他的报价,还击买方的还价。而对新业务员来说,难具备讨价还价的经验和技巧。怎么办? 笔者建议报价要适中,留一点小的余地,然后不讲理由,坚持下去。实在坚持不住,则请示领导。这种作法并不丢人,买方会认为你是个认真忠于公司的业务员。对卖方来说,特别是新业务员,态度表现卑一点比亢好。待具备相当经验和技巧时,再不卑不亢。卖方报给买方价格后,有时买方也在核算能否接受。如进口商,他们的计算方法是:在卖方CIF价的基础上加20%毛利,一般20%中会有5%的业务费用,15%的净利,零售店再加上200%~300%的毛利,即为零售价。零售毛利因品种不同而不同。大路货全年可卖的品种,一般在100%~200%,花色时装达600%。如果读者有机会出国推销,多抽时间了解自己出口品种的零售价水平,会对自己判断报价高低大有帮助。

第十章 贸易纠纷和索赔及相应防范和解决办法

内容提示

　　索赔大体可分为两类：欺诈或事先设置陷阱再事后索赔，我们不妨称它们为有意索赔；实际出口业务中，由于买卖双方工作疏忽大意、误解、设计不清楚而造成，我们不妨称它们为无意而发生的索赔。从索赔的方向分，有买方向卖方索赔(占多数)和卖方向买方索赔(占少数)。

　　笔者根据在30多年的出口业务中亲自处理过的索赔案例、听到和帮助同事处理过的案例、内部通报过的案例，特别一些欺诈性案例，综合归纳出一些实用有效的处理和防范方法，供初入行的读者参考。

第一节 欺诈性和有意设陷阱类索赔及防范

　　因为纺织服装出口合同金额一般不大，10万美元左右算是大合同，所以发生欺诈性索赔案件较少。欺诈性合同主要发生于大宗商品，如上100万美元金额的合同。但是近年来随着互联网的普及，业务联系费用的降低，一些发展中国家的不法公司在网页上登出较大订单，谎称受某国际组织的委托订购像文化衫、床单、毛浴巾类等简单大路商品，用于救灾、集会等用途。其出价高于一般市场价格，条件优惠，一般先签订合同，然后找借口向卖方要钱和物，说去打通关系。如果卖方给了东西和钱，买方再找借口继续索要，永无止境，直到卖方不再给，联系就中断了。所以，卖方要避免此类骗子，唯一要记住的是不要被他们的大合同、优惠的价格和条件迷惑。但大合同也有例外。笔者曾与一非洲国家的教育部做过一笔学生服出口生意，金额100多万美元，是通过我国驻当地商务处谈成的。因有商务处从中帮忙，所以没出问题。

　　还有一类来自于发达国家的买主。这些买主在当地有垄断性质,要货数量大,价格和条件也优惠,对卖方很有吸引力。但其在合同条款中或购货协议中巧妙设下陷阱。如果卖方不熟悉业务或没有仔细研究即接受,后果会很严重。他们最常用的手法是,在信用证中规定装船前由买方验货,出具品质合格证明。此证明为信用证议付单据之一。纺织服装生意,特别是成品,要挑出点毛病是很容易的。买方往往会在装船前几天来验货,借口质量问题迟迟不出证明,而使信用证过期。待卖方处于被动地位后,提出降价后才要货,一般会提出降价 20%。这样就把当初成交时给卖方的优惠和卖方的利润全拿去了。更有甚者,要求卖方 D/A 付款方式发货,卖方当然不会接受,则要求 D/P 方式。货到以后,买方利用银行担保把货提出,卖掉货以后才会迟迟把货款付给卖方。这样恐怕会拖几个月的时间。

　　还有一个实例,广东一生产厂通过香港一代理商成交一笔生意,正常谈妥的价格为 80 万美元,代理商把价格加到 100 万美元。条件是开证金额为 100 万美元,信用证开到后即付给他 10 万美元,另 10 万美元算给卖方的好处。卖方贪图 10 万美元,便同意了代理商的要求。证到后审查无问题,便付给了代理商 10 万美元,认为有信用证就安全了。证中价格条件为 FOB 黄埔港,按惯例 FOB 由买方派船。卖方生产妥货后,距离装船日期还有十天的时间,买方也未告知卖方船名,卖方便催买方。买方答应找船,直到只剩下五天,还未派船。后提出先来看看货。倒数第五天下午来到卖方。晚上卖方请客,故意喝醉,第二天头痛未看成。第三天去看了,说质量有问题,得回去商量。第四天回去了,第五天来电话告,由于质量问题要求降价 20%。第六天再联系,找不到人了,联系中断。证已过期,变为废纸。此案的关键在于卖方贪心;不了解信用证的实质,不能完全履行信用证上的条款,信用证起不到保证付款的作用;FOB 条件是由买方派船,一旦买方在装船期内不派船来,卖方无法履行装船义务;不了解国际贸易惯例,只有在卖方平安收回货款后,才能付给代理商佣金,没有提前付的。如果卖方不贪心,了解信用证的实质,在 FOB 买方派船条款后面加上一句话:"如果买方在装期内未订到船或未派船来,由卖方代买方订船,运费下付"。卖方按惯例在收回货款后再付代理佣金,卖方就不会上当受骗。

　　像以上这类例子很多,都有一些共同点:一是卖方贪心,对买方的优惠条件不能冷静对待,急于做成生意;二是业务不熟,经验不足;三是买方有意设立陷阱。解决办法很简单,遇到此类生意一定要冷静,商场上多问几个为什么,便会发现对方的企图,不懂的或不敢肯定的地方,多向有经验和有国际贸易知识的人请教,一般不会上当受骗。

第二节　买卖双方无意发生的索赔及防范

尽管买卖双方都刻意避免发生索赔,但大小索赔在正常出口交易中还是经常发生。既然是不可避免,则须有一种正确对待态度和处理方法。同是一种索赔,处理得好,生意可以继续;处理得不好,则双方会不愉快地中断交易,多年建立起来的交易关系,则毁于一旦,实在可惜。所以要慎重、合理地处理好索赔。

具体引起索赔的内容大致有以下几方面。

一、纱和坯布内在质量有问题引起买方索赔

纱和坯布外观质量方面引起索赔比较少,多数索赔是在内在质量方面,即在使用后才能发现,如,纱在织成布后,发现异型纤维数量超标,混纺纱各种纤维混得不均匀,染色后出现色花色差。装箱时装错纱支,织布时未发现,造成织成的布的布面不平不能使用。这些质量问题都能影响布的利用率。遇到这些情况,买方便会提出索赔,起码也会抱怨。通常买方并非直接使用方,但卖方也要妥善处理好此类抱怨或索赔,不然会影响以后的生意。

二、梭织花色布、家用纺织品类和针织色布坯类的索赔

这三大类纺织品发生索赔的情况比较少。唯独针织色布坯类厚度,即克重方面易发生索赔。因为买方订购时是照着衣服订单数量计算出购买色坯的数量。如果色坯比要求的厚了,则做不足衣服订单上的数量,还要增加成本。如果比要求的薄了,虽然布料会有剩余,但成衣买主会向成衣卖主提出索赔。对这类情况,买方提出抱怨较多,真正索赔的比较少。但是卖方也要妥善处理好。

三、针织和梭织服装类

这两类成品索赔,小的索赔在不断发生,大的偶尔也有。一旦发生索赔,小的易解决,大的则比较麻烦。成衣类季节货较多,如果质量出了问题而不能销售,补货又来不及,索赔会很大。不仅仅限于衣服本身的价值,而且还要加上费用和额外的损失,一般要求在衣服的价值外再加20%～30%。

过去发生索赔的数量较多,近些年比较少了。因为买卖双方对质量特别关心,现在通信、交通都比较方便,卖方很方便到生产厂查验货物的生产情况,买方在装船前也会来验货,或者委托一些特别机构代为验货,出具验货合格证明,并把证明书作为

信用证议付单据之一。因为有了这些先前的把关工作,所以出现索赔比过去少了。

有一个实例,笔者的一个同事把尺码表译错了,结果衣服全部做错,货到以后,买方发现,完全不能销售,买方提出索赔,要求按全部货值外加20%赔。由于责任全在卖方出口业条员,不得不照买方要价赔付。事后仔细分析原因,只有衣服袖长一个部位尺寸弄错。因为袖长至少有三种量法,从后背中到袖口、从肩领缝交点到袖口、从肩头到袖口。她把从肩头量译为从领缝和肩缝交点量,短了一个小肩的长度,衣服袖长做成四分之三袖长,当然不能销售。生产厂曾提示过出口业务员袖长比例不对,但业务员坚持没有错。一旦遇到这类大的索赔,首先仔细查出原因,再确定责任在何方,分清责任,再研究处理办法。

另一个实例,笔者在国外成交一个合同,回来交给徒弟履行,生产厂有意用了比合同要求厚的库存布料,徒弟也未注意到布料厚了。结果货到买方后,买方发现布料厚了,提出索赔20%。后来笔者去见买方谈新生意并处理此事。笔者事先仔细想了想原因和如何谈的方法。笔者先问买主衣服可否正常销售,买主答可以正常销售。笔者接着告诉买主,卖方用了厚料,增加了成本,是对买方有好处的错误,应该加价,而买方还要索赔。双方都笑了起来,索赔也了结了,继续谈新生意。

从此实例可以看出解决索赔的关键一条是:先分析原因,再找出责任在何方,再看出现的问题对销售和使用有多大的影响,再谈具体索赔就比较容易了。

第三节 除商品以外贸易方面的索赔

本节所述的索赔不包括欺诈性索赔。贸易方面的索赔多为卖方向买方的索赔,主要是付款方面。其主要有以下几类。

一、买方全额预付货款和部分预付货款

这种部分预付款有两个概念,在中文中分"订金"和"定金",还有"押金"和预付款的叫法。英语中也有与汉语中相对应的词:ADVANCE PAYMENT(PAYMENT IN ADVANCE)、DOWN PAYMENT、DEPOSIT, CASH PLEDGE。这些概念存在法律和实际使用两方面的问题。"订金"和"预付款",英文 ADVANCE PAYMENT、DOWN PAYMENT, 是买方预先付给卖方的全部或部分货款,所有权仍旧是买方。在法律上,如果合同没有履行,买方可以索回。而"定金"和"押金",英文 DEPOSIT、CASH PLEDGE, 则是买方为了保证能履行合同而付给卖方。所有权转移给卖方,或者说部分或有条件地转移给卖方。一旦买方不能履行合同,则卖方可以没收。从法律上如上所述,但是在具体业务操作和说法上要灵活点。假如买卖双方的生意谈得基本完

成,卖方提出让买方先付20%保证金,买方立刻会感觉到一股冷气向自己袭来,生意可能中止,因为他认为卖方不相信他。如果卖方换个说法,让买方预付20%货款,买方的心情就不同了。而对卖方来说,预付款到了卖方之手中,基本上也起到保证金的作用。

二、信用证项下的索赔

信用证是由银行居间担保,只要卖方做到单证相符,银行便保证付款。银行只认单据,不管货物。所以,大多数索赔是在卖方交货收回货款、买方收到货后才发生。买方发现货物质量有问题而提出索赔。一般信用证项下会出现下列索赔、纠纷和麻烦。

1. 买方开来的信用证中条款复杂不清

这些信用证多从发展中国家开出。买方和银行对信用证业务不熟悉,为了限制卖方和保证自己的利益,在证中放了许多条款。有时有些条款连买方自己都不清楚要卖方做什么,引起往返联系修改证中条款。有时卖方不及时审证,到装货时才发现证中条款不能履行,要求修改,使信用证过期。好的买方会修改并展期。有的则不改,要求卖方在信用证项下担保装运,其实信用证已无任何保证作用,与 D/P 托收装运是一样性质。这时卖方失去主动权,货到买方后,买方可要可不要。在笔者的业务生涯中发生过多次。最严重的一次是出口法国一批货,信用证过期,买方不展期,要求担保出运,保证货到付款,结果货到后他又不要了,只得把货运回来,白付了往返运费。

另一个实例,笔者的一位同事与一美国客户做生意,每笔生意都开信用证,证中有一条款:卖方装船后正本提单直接寄给买方,副本单据用于信用证项下议付。卖方按期交货的几笔货款回收都无问题,很正常。有一次信用证过期了,买方不展证,要求担保出运。装船后这位同事仍然将正本单据直接寄给了买方,副本通过银行去收款,单据到后银行拒付款,因为信用证已过期。然后她就联系买主,买主回复他们未收到卖方寄的正本单据。就这样白白把货丢了。由于这位出口业务员不知道信用证过期就是一张废纸,而正本提单和其他正本单据是货权文件,丢了这些正本文件就等于丢了货物。

后来笔者给她讲了讲原因,建议她要求证用正本单据议付,副本单据直接寄给买方作参考,以后不要接受此类反常的信用证。

2. D/P 付款方式出现的索赔和纠纷

过去 D/P 付款方式出现问题最多,现在由于采用的少了,一般对卖方熟悉的老买主才使用,所以发生纠纷也少了。此付款方式虽然可以保证丢不了货,但买方很少按期付款赎单,总会拖期,一般要拖到货物到港需用单据提货时,才会付款赎单。对于买方这种拖延情况,卖方只能无奈而忍受,既不能索赔也不宜抱怨。买方在要求用 D/P 时往往同时要求远期,如 30 天、60 天,当年笔者考虑后认为,干脆同意并设个时限。所以,同意 D/P 30 天,30 天的计算日从提单日期起算。这样回收货款时间与 D/P 即期差不了多少天,有时甚至会快些。既送了人情,又不晚收货款。建议在买方提出使用 D/P 远期时,卖方要接受,但要确定一个起算日,最好按提单日期,比较清楚而买方又不得不接受。

3. D/A 远期付款方式出现的索赔和纠纷

此付款方式是卖方的单据到达买方地受委托的银行,银行即通知买方单据到了,买方到银行在单据上签字,便可取得单据。一般 D/A 远期较多,如 30 天、60 天。待到了 30 天或 60 天是否付款,或者拖期,卖方无法控制,全靠买方的商业信用和良心,受委托的银行不负责任。此付款方式只有在特殊的条件下使用,建议不用。特别是新出口业务员对新客户更不宜用。但委托银行可以帮做一件事,提供买方取走单据的证明,作为向买方索赔打官司的证据和依据。

三、其他方面

在海运、陆路等运输保险方面,纺织服装发生索赔比较少见。偶尔发生,一般在目的地理赔,由买方自己与保险公司处理,卖方并不知道。

第四节　解决索赔和纠纷的原则

一笔纺织服装业务,一般要经过寄样品、报价格、订合同、生产、交货、回收货款一系列过程。每个环节除要细心地去做,还牵涉知识和经验。其环节多而且变化,对于初入行的出口业务员很难做到全面驾驭。还有,一笔生意由很多人参与其中,出差错是很正常的。既然不可避免,唯有正视并采用正确的处理方法,才能处理好,减少损失,不致影响其后的交易。根据笔者的经验,在此提供下列处理原则供参考。

(1)不要怕,出现了索赔不要隐瞒,要正确对待。当然这首先要取决单位领导的态度。如果不分青红皂白一味批评罚款,业务员自然会怕,会隐瞒,会拖延,最后宁愿中断以后的生意也在所不惜。笔者在当领导时,对出口业务员出现索赔和纠纷案时有一个公开的处理原则,同样的错误第一次不批不罚,给予讲解,分析出差错的原因,帮助处理好。第二次只批不罚,再次讲解分析原因。第三次才又批又罚。所以,业务员一旦出现索赔,立刻汇报,要求帮助找到原因,因为他们没有理由隐瞒和掩盖。所以说领导的态度非常重要。

(2)仔细分析原因,找出责和错在何方,以便有礼、有利地进行处理。

（3）具体处理方法。不管是面谈还是书信往来,用语都要温和,摆事实讲道理。责和错在买方则态度不亢,责和错在自己则不卑。有了这些前提和气氛,该赔的可能不赔,多赔的可以少赔。

对于必须赔的,除了全额赔或超过70%货值赔外,一般不采用直接汇款赔付,而是留与以后的交易一起处理。金额少的可以采用从下笔交易中降价方式,该提价不提价方式,从货款中扣除的方式。这样做可以使交易继续进行下去,双方关系会更加巩固。

（4）当然要注意从解决索赔和纠纷的过程中学习,减少以后类似索赔和纠纷也是非常重要的。

第十一章 深入学习的方法和建议

内容提示

一个全才的出口业务员,在知识方面,须具备三种知识:他所经营的商品知识、国际贸易知识和外语。如果他只有商品知识,他可以从中文书籍中查找相关的贸易知识,再请一个专业翻译。如果只懂外语和国际贸易商业知识,而不懂商品知识,则生意无法进行,可见商品知识的重要性。本书用较多篇幅介绍纺织服装知识,其目的就在于此,以帮助进入纺织服装行业准备从事出口业务的学外语或国际贸易专业的毕业生,尽快进入角色。

本章针对这三方面的内容,向读者介绍一些笔者的体会和建议。

一、英语方面

笔者的英语水平按现在实行的考级标准,大概只能过四级。笔者做了一遍 2009 年高考英语试卷,对照答案,得了 120 分左右。但是做纺织服装出口业务,出现语言障碍的时候不多。笔者估计,凡购买并阅读此书的读者英语水平都在四、六级水平,有的达到八级。笔者接触过具有英语六级及以上的毕业生。但笔者发现,大都存在专业英语方面的语言障碍。究其原因,是不熟悉纺织服装行业专业英语。知识分各种领域,相应的英语也分各种领域,别的语种也是一样。所以,刚入纺织行业的出口业务员,首先要抓紧时间熟悉商品知识和相应的专业英语,才能应付出口业务。

另外,每个行业的英语都有其习惯说法。本书有些较长的段落都是行内人的习惯用法,不要随便更改。改了对方会觉得别扭或不懂,或以为你是个外行。英语水平高的读者,在与英语为母语的买方谈判时,显示一下自己的英语水平,会有助于提高自己的形象。但是,如果专业英语跟不上,业务不熟,效果会适得其反。而对那些英语不是母语的买方,则千万不可有意显示自己的高水平。这好比两个人,一个穿着华丽的衣服,一个穿着破旧的衣服坐在一起,穿破旧衣服的人会觉得不自在。这样生意就会受到影响。

其实很多纺织服装专业英语单词,在学普通英语时都已学过,只是当时没有注意用于纺织服装的词。如 TOP 指上衣,SHORT 指短裤,GREY AND DYED FARBRICS 指原色坯布和染色布,GREY 不是指灰色,而是从灰色引申出的,还有一些介词的用法,都已经形成习惯,要记住。

二、纺织服装商品知识方面

当买方购买纺织服装系列中任何一个品种时,买方首先关心的是品质,其次是价格。而品质好坏取决于有没有疵点,或疵点的多少。从纤维纺成纱线、织成布、再做成成品,中间要经过至少四道工序。有时成品上的布料疵点与纺纱所用纤维有关。所以笔者建议读者,即使读者专做服装生意,最好从纱线学起。在纱线、坯布和漂染印花章节中,内容都分为两大部分:一是商品方面,二是出口推销方面。在这三章中,笔者用使专家见笑的外行语言叙述了商品的生产过程和原理,点出了一些常发生影响质量的疵点,提请出口业务员注意。但对那些疵点是如何产生和怎么样克服和避免,因属生产方面的责任,均未叙述。目前市场上有许多教科书和参考书可以阅读。如果是纺织专业的毕业生,本书相关内容应该都已学过并会笑话作者。而国贸、英语专业的毕业生需补上这块知识。从笔者的目的讲,这些商品知识就是为这两类毕业生而写。

没有商品知识就无从谈推销,即使英语达到八级水平。所以,刚入行的新业务员首先要补上这一课。学习的方法莫过于理论联系实际。如果读者在生产厂,建议先到生产车间看一遍,回来再读此书,会很易理解此书所述的商品知识内容。读后再到生产车间看,认真向生产技术员请教。所知道的知识会超过本书内容。如果在出口贸易公司,建议先仔细阅读此书,多争取跟师傅或同事到生产厂看看,再回来看书,大概会掌握推销所需要的基本知识。

三、国际贸易方面的知识

国际贸易方面的知识是"养兵千日,用兵一时"。对于学国贸的毕业生,对理解本书第六章的内容自然不难。但对未学国贸专业的毕业生,可以暂时只认真仔细阅读此章内容,采用对号入座的方法。笔者对此章内容做过仔细思考,认为对一位新入行的出口业务员来说,合同中贸易条款不会超出此章的内容范围,也不宜超出此范围而接受更复杂的方式。读者先把商品知识和专业英语熟悉,再抽时间全面学习。

国际贸易知识方面的课本和参考书很多。30 多年前出的版本对出口业务讲得比较详细,但现在都已停版,而现在有很多新出版的书。新版本的此类书特点是"纲"多"目"稀,只能网"大鱼",只能采用"各取所需"的方法阅读。但有国际商会出版的几本小册子则必须认真阅读。

（1）《跟单信用证统一惯例（UCP600）》是使用信用证付款方式的"圣经"材料。本书第八章制单也用到此手册。

（2）《托收统一规则》是使用信用证以外付款方式的必读材料。

（3）《国际贸易术语解释通则》详细介绍各种贸易术语，买卖双方的责任义务及各种费用的划分，是研究学习和了解各种价格术语的必读书。

（4）《跟单信用证案例研究》介绍一些具体案例，帮助理解信用证相关内容，有时间也应该读一读。

四、制单学习说明和建议

如果读者只从事制单工作，不管出口业务，那就只读此章，别的章节可以不读或晚读。读懂此章内容，便会自己制单；如果读者只从事出口工作，而不管制单，可以晚读此章，先熟悉商品和专业英语，然后读此章关于信用证内容，因审证时有用；如果读者既从事出口工作，也负责制单，则需要晚些时候阅读全章内容。

后　记

本书从 2008 年 3 月开始构思设计,到现在完成草稿和一次修改,已有两年多的时间。笔者退休之后,曾应邀到一些纺织服装生产厂和出口贸易公司帮助做出口业务,提供业务咨询,又在某学院做过客座讲师,教授过外贸英语和英文制单课程。在这些实践中,深感年轻出口业务员具备的知识之不足,影响出口业务的快速增长。曾想组织几位同学一起到山东省内各地区巡回讲座,提供一些咨询,提高生产厂出口业务员的水平,但都难成行。后来青岛大学纺织工学院的王金泉教授提议,用写书的办法来介绍纺织服装出口方面的实用知识和经验,可以帮助提高年轻出口业务员的业务水平。经笔者仔细考虑,认为此法会有效果,便商量合写此书。笔者做了一辈子具体业务,有些实践经验和教训。王教授就是教纺织服装专业,具有理论方面的知识。理论和实践相结合,当会写出一本既有理论又有具实践性内容的书。我们是本着这一愿望和目的,分工合作来实施。先由笔者起草,以实际业务操作内容为主,再由王教授提升到理论。笔者曾多次去青岛最大书店,翻阅过一些关于纺织服装方面的书,其大致可分两类:一类是针对出口贸易,另一类是针对纺织服装的生产。前者理论性内容较多,后者内容是为培养生产厂的技术员和工程师。所以,本书内容尽量想补此两类书之偏轻部分,以适合刚毕业从事纺织服装出口的年轻业务员。由于想达此目的,所以书中较大篇幅用于讲述具体操作方面和范例。有些范例在推销中可以“对号入座”。

本书共有十一章,尽管作者都已尽力写了,但仍觉得有些章节不尽满意,需要改进。最满意的是第五、七、八、九章四章,都是笔者从二十多年的具体实践中提炼出来的,相信会对年轻出口业务员提供一定的帮助。

由于编者水平所限,书中内容错漏肯定会有,欢迎读者发现并提出。作者在此留下 E - mail 地址,欢迎来信指出书中的错误,也可提出实际业务中遇到的问题,我们将会尽力回复,帮助解决。同时也会成为本书再版时修改补充的宝贵材料。

E - mail:刘昭林　liuzhaolin@ 163169. net

王金泉　gezhi_qd@ 163. com

参考文献

[1]中国大百科全书编辑委员会. 中国大百科全书:纺织[M]. 北京:中国大百科全书出版社,1984.

[2]国际商会中国国家委员会. 国际贸易术语解释通则[M]. 北京:中信出版社,2000.

[3]过念薪. 织疵分析[M]. 北京:中国纺织出版社,2008.

[4]上海市纺织工业局《英汉纺织工业词汇》编写组. 英汉纺织工业词汇[M]. 纺织工业出版社,1979.